铁路运输安全要素

《铁路运输安全要素》编写组　**编著**

北京交通大学出版社
·北京·

内容简介

本书由国家铁路局安全技术中心联合北京交通大学组成的编写组编著，以铁路运输安全为主线，梳理分析了我国铁路运输安全管理发展历程，整理了国家、行业相关法规制度对铁路运输安全管理的要求，搜集研究了国内外铁路安全管理体系建设情况，实际调研了我国铁路安全管理总体情况及组成部分，并对其基本要素现状进行归纳。相关内容主要依据国家铁路展开，同时尽量考虑地方铁路、合资铁路、专用铁路和铁路专用线的情况。本书可作为铁路行业安全相关从业人员和大中专院校学生的教材或参考书。

图书在版编目（CIP）数据

铁路运输安全要素/《铁路运输安全要素》编写组编著．—北京 ：北京交通大学出版社，2021.4

ISBN 978-7-5121-4429-3

Ⅰ.①铁…　Ⅱ.①铁…　Ⅲ.①铁路运输-交通运输安全-安全管理　Ⅳ.①U298

中国版本图书馆 CIP 数据核字（2021）第 049619 号

铁路运输安全要素

TIELU YUNSHU ANQUAN YAOSU

责任编辑：韩素华

出版发行：北京交通大学出版社　　电话：010－51686414

　　　　　北京市海淀区高梁桥斜街 44 号　　邮编：100044

印 刷 者：北京时代华都印刷有限公司

经　　销：全国新华书店

开　　本：185 mm×260 mm　　印张：12.25　　字数：313 千字

版 印 次：2021 年 4 月第 1 版　　2021 年 4 月第 1 次印刷

定　　价：35.00 元

本书如有质量问题，请向北京交通大学出版社质监组反映。对您的意见和批评，我们表示欢迎和感谢。

投诉电话：010－51686043，51686008；传真：010－62225406；E-mail：press@bjtu.edu.cn。

《铁路运输安全要素》编写组

组　　长：王志刚　鲁　放

副 组 长：尚宾宾

成　　员：刘瑞芳　刘向东　刘　哲

聂天琦　王江丽　杨　笑

杨君仪　钱　蕾　武丽馥

王斌杰　杨智轩　周　旭

前　言

建设交通强国是党的十九大作出的重大战略决策。铁路是国家战略性、先导性、关键性重大基础设施，是国民经济大动脉、重大民生工程和综合交通运输体系骨干，在经济社会发展中的地位和作用至关重要。统筹发展和安全，树牢安全发展理念，落实总体国家安全关，强化责任落实、制度落实、标准落实、机制落实，加强风险管控、过程控制、应急处置、责任追求，确保铁路安全，是实现铁路高质量发展的前提和基础。本书以铁路运输安全为主，相关内容主要依据国家铁路展开，同时尽量考虑地方铁路、合资铁路、专用铁路和铁路专用线的情况。近年来，伴随铁路大提速和高铁的迅猛增长，铁路技术装备水平不断提高，专用铁路、合资铁路、城际铁路等也迅速发展，铁路安全管理范畴进一步扩大，必然要求更加先进的管理手段和系统化、规范化的管理技术相适应，特别是在实施铁路政企分开改革之后，铁路行业安全管理模式和监管主体发生了重大变化，国家对铁路安全体系建设也提出了新的更高要求，铁路安全管理面临不同以往的新形势。

基于以上背景，为进一步提升铁路运输安全管理水平，向铁路行业安全运输管理相关人员提供综合性参考资料，国家铁路局安全技术中心联合北京交通大学组成编写组编写本书。本书的基本编写思路是：按照法律法规如何规定、部分铁路运输企业安全管理做法、国外可借鉴的经验等技术路线来梳理，期望以此为铁路安全管理相关人员提供参考。在实际编写过程中，梳理分析了我国铁路运输安全管理发展历程，整理了国家、行业相关法规制度对铁路运输安全管理的要求，搜集研究了国内外铁路安全管理体系建设情况，实际调研了我国铁路安全管理总体情况及组成部分，并对其基本要素现状进行归纳。

本书在编写过程中，谢仙舟、李捍东、李建卿、夏道明、熊伟俊等专家提出了宝贵意见，刘海兵、孔德鑫、涂晓文、王乾、贺相林、赵彦星、张万民等铁路运输一线的专家们贡献了资料和思想，在此一并表示衷心的感谢。

由于编写人员水平有限，书中难免会存在许多疏漏和不准确之处，热忱欢迎使用本书的广大读者及行业内专家学者为本书提出批评、指正意见，以利后续完善和编写丛书所用。

编　者

2021 年 2 月

目录

第1章 绪　　论

1.1 中国铁路安全发展历程

自1876年中国铁路诞生以来，一代代铁路人对铁路安全的研究一刻都没有停歇，在安全机构、安全法规、安全管理手段、安全环境营造等方面进行了长期、艰苦、细致的研究与探索，取得了丰硕成果。但同时我们也应看到，铁路安全问题依然存在，特别是在新中国成立前，政出多门，各自为政，事故频发，混乱不堪；新中国成立后，安全形势逐步趋好，但期间也出现了数次不同程度的安全波动时期。按照时间顺序可以将中国铁路安全发展历程分为3个重要时期，分别为：恢复与曲折发展期、探索与快速完善发展期、创新与稳定发展期。

1.1.1 恢复与曲折发展期（1949—1977年）

在这一阶段，铁路安全部门颁布实施了大量关于列车行车安全、事故等相关的规则、条例与办法，很多地方建立了铁路监察部门并颁布了安全监察规则。这一阶段铁路安全的主要工作重点在于列车行车安全，不断探索完善铁路行车安全制度，为今后的铁路安全工作奠定了基础。

1949年6月9日，中国人民革命军事委员会铁道部制定并公布实施了《铁路运转事故报告及处理暂行规则》。1949年10月1日至1950年4月30日，由铁道部监察室负责行车安全。1950年5月1日，铁道部正式成立行车安全监察机构，各铁路局、铁路分局也相应成立安全监察部门。各级监察室比照铁道部安全监察定编分别设置了车务、机务、车辆、工务、电务、锅炉和救援设备、事故分析、调度员等专业监察。同时，在路内广泛开展群众性的安全监察活动，全路组织了一支数千人参加的不脱产的安全通讯员队伍，效果很好。

1950 年 4 月 3 日，铁道部在执行《铁路运转事故报告及处理暂行规则》的基础上制定公布了新中国成立后的第一部《铁路行车事故处理规则》附《救援列车章程（草案）》（央运字〔1950〕第 809 号令），于 1950 年 5 月 1 日起实行。随后，铁道部陆续颁布了《关于防止事故保障行车安全的命令》《实施安全负责制暂行办法》《行车事故处理规则及救援规则》等文件。

1951 年 5 月 31 日，铁道部公布第二部《铁路行车事故处理及救援规则》（铁监〔1951〕字第 37 号令），1951 年 7 月 1 日起实行。同年政务院颁布《铁路旅客意外伤害强制保险条例》，铁道部颁布《铁路职工因工伤亡报告试行办法》等多个铁路安全相关条例及办法。

1955 年 9 月 5 日，铁道部公布第三部《铁路行车事故处理规则》。

1957 年 12 月 23 日，铁道部公布第四部《铁路行车事故处理规则（草案）》，自 1958 年 1 月 1 日起试行。

1958 年，铁道部商务局并入货运局，行车安全监察室改为安全监察室，国家监察局改为人民监察局；颁布了《安全监察工作二十条》；铁道部、公安部颁布《铁路行车路外人员伤亡及铁路与公路车辆冲突事故调查处理办法》；同年 3 月，中共中央决定改革铁路管理体制，实行地方分权，把包括铁路局在内的大部分中央企业的管理权下放地方。1958 年 12 月 15 日，铁道部公布第五部《铁路行车事故处理规则》，自 1959 年 1 月 1 日起执行。

1958—1960 年铁路的中央集中统一的领导体制实际上被改变，全路运输组织和行车统一调度指挥的体制也被削弱，铁路一系列行之有效的规章制度遭到废止与破坏，无章可循、有章不循的现象十分严重；这一阶段的职工生活困难，饿肚子干工作，难以保证行车安全和人身安全，这是新中国成立以后铁路安全出现的第一个低谷。

1961 年 1 月，中共中央颁布《关于调整管理体制的若干规定》，全国铁路恢复由铁道部集中统一领导。1962 年以后，铁道部陆续公布执行《铁路安全运输安全工作条例（草案）（铁路六十条）》《铁路劳动保护工作的几项规定》等文件。

1967 年 5 月 31 日，中央为稳定因派系夺权引起的日益混乱的运输局面，对铁路工作实行军事管制，成立了铁道部军事管制委员会。这是新中国成立以来第二次对铁路实行军事管制（第一次是新中国成立初期）。军管会对铁路各项工作实行统一领导，有关生产运输调度和部属各单位必须服从军管会集中指挥，军管会下设“抓革命”和“促生产”两套班子，将安全工作由外行来管理，期间军管会与革委会并存。

1967 年，中共中央、国务院、中央军委、中央文革小组分别陆续发出《关于对铁道部实行军事管制的决定（试行草案）》《关于坚决维护铁路、交通运输革命秩序的命令》《关于派国防军维护铁路交通的命令》《关于确保铁路运输物资安全的通令》等文件。

1968 年 11 月 12 日，全路安监部门被全部撤销，监察干部下放劳动，安全管理失去依托，运输安全基本处于无人管无人问的状况，当年事故数量与上一年相比大幅增加。

1967—1970 年，交通运输发展一度受到严重干扰，铁路成为重灾区，安全监管机构被削弱和撤销，安全法规被废除，铁路行车重大、大事故频频发生，运输秩序出现前所未有的混乱，这是新中国成立以后铁路安全出现的第二个低谷。

1970 年，中共中央发出《关于加强安全生产的通知》（中发〔1970〕71 号）；1970 年 6 月，全路撤销军事管制。7 月 1 日，组建新的交通部，负责铁路安全的专职人员在运输组中。同一天，铁道部、交通部、邮电部（邮政部分）合并成立交通部革命委员会。

1972 年，交通部颁布《关于加强安全运输生产的紧急通知》（〔1972〕交办字 102 号）；交通部调整 8 个组均改为局，增设外事局、船检港监局、科学技术委员会、安全监察委员会；1972 年后，随着安监机构的恢复、健全，各种安全法规也逐步地恢复起来，与此同时，全路开展了整章建制、整顿生产秩序和劳动纪律为重点的企业大整顿活动，这一切使安全生产形势出现了阶段性的好转。

1975 年 1 月，铁道部恢复了。第四届全国人民代表大会第一次会议决定，交通部划分为铁道部和交通部；任命万里为铁道部部长。部机关设办公室、运输局、机车车辆局、工务电务局、工业局、基本建设局、计划统计局、人事局、财务局、物资局、外事局、公安局、科学技术委员会、安全监察委员会；同年，中共中央发出《关于加强铁路工作的决定》；首次提出“三不放过”：查不清事故发生原因不放过，查不出事故责任者和责任者未能接受教训不放过，未订出防止措施不放过。

邓小平对铁路安全工作极为重视，他强调铁路要集中，要实行军事化管理，这形成了后来的中共中央《关于加强铁路工作的决定》，即著名的 9 号文件。铁道部于 1975 年 3 月 7 日召开全路电话会议，万里亲自传达 9 号文件，并提出了贯彻落实的措施。经过整顿，全国铁路运输形势大为改观，运输生产出现了多年不见的喜人景象。1975 年 12 月，铁道部公布第六部《铁路行车事故处理规则》，自 1976 年 1 月 1 日起执行。

这一时期的中国铁路坚持“严字当头，铁的纪律”“安全正点，优质服务”，研究制定并逐步完善了《铁路技术管理规程》《铁路行车事故处理规则》等规程、规则和规章制度。铁路管理体制经历了分权与集权，安全理念、制度机制经历了“宽”与“严”，在曲折中不断发展进步，形成了“安全与效率并重”“安全生产事故预防为主”“抓生活、促生产、保安全”“安全思想，家喻户晓”等安全理念。同时，建立了以技术业务为中心的教育培训制度体系，以技术纪律与劳动纪律为核心的领导干部逐级负责制度与机制，“处处有人负责安全，事事有人负责安全”的安全管理制度机制。

1.1.2 探索与快速完善发展期（1978—2012 年）

面对严峻形势，全路各级组织各个系统进行全面整治，特别是在改革开放之后，中国铁路安全工作进入了一个良性的发展阶段。

1978 年，改革开放揭开了中国经济社会发展的新篇章，铁路步入了快速发展阶段。这一年对中国铁路安全乃至整个铁路工作来说，都是一个重要转折点。同年 12 月，中共十一届三中全会决定把全党工作的重点转移到社会主义现代化建设上来，安全工作成为铁路重中之重的第一要务。

1978 年 12 月 16 日，发生了震惊中外的杨庄重大伤亡事故，使铁路安全再次成为全社会关注的焦点，同时也给全路敲响了警钟。为深刻铭记这个教训，铁道部将每年 12 月 16 日定为全路安全教育日，各局年年把安全生产措施作为第一号文件颁布，对“安全第一”观念的强调达到空前的高度。

1979 年 1 月 26 日，国务院针对杨庄事故发文强调：铁路运输业必须把安全生产放在首位。同年 2 月，铁道部发布《关于确保行车安全的命令》，要求全路牢固树立“安全第一”的思想，保证铁路运输特别是旅客列车的绝对安全。各级领导要把对职工的安全教育放在首位，做到人人关心安全，人人保证安全。这个命令的发布，既表明了铁道部力求彻底扭转安全生产被动局面的决心，又给铁路局、分局、站段明确了责任，增强了各级领导放手抓安全的权威性。杨庄事故引发铁路安全理念、管理手段、法律法规和安全投资诸方面的改变和完善。

1979 年 12 月 28 日，铁道部公布第七部《铁路行车事故处理规则》，自 1980 年 1 月 1 日起试行。

自 1980 年起，铁道部每年 5 月份都部署开展安全生产月活动，要求竭力消灭重大、大事故，尽量减少一般事故，加强管理，常抓不懈，警钟长鸣，保证安全。1981 年 5 月，铁道部向全路宣布，恢复 1975 年提出的“四通八达，畅通无阻，安全正点，当好先行”这个口号，把安全问题再次摆到了重要位置。

从 1980 年至 1985 年，全路重新修订、制定了许多安全法规、制度，特别是新的《行车安全监察工作规则》和《铁路行车事故处理规则》的实施，大大加快了铁路安全法制化建设的进程。到 1985 年全路的安全形势大为改观，各种指标均达到了又一个新的历史高度。

1985 年 3 月 5 日，铁道部公布第八部《铁路行车事故处理规则》，自 1985 年 4 月 1 日起试行。

1986 年 3 月 31 日，铁道部对《铁路行车事故处理规则》进行了修改，严格界定了构成列车事故的条件，扩大了调车事故的范围，以利于处理好安全与效率的关系；并修改了《铁路运输安全奖惩办法》，统一了全路安全奖惩标准，调动了职工的生产积极性。同年 6 月 22 日，铁道部公布第九部《铁路行车事故处理规则》，自 1986 年 7 月 1 日起在全路试行。

1987 年 12 月 10 日，铁道部公布第十部《铁路行车事故处理规则》，自 1988 年 1 月 1 日起施行。

正当全路安全形势向好的方向发展的时候，安全生产再次陷入被动局面。1988 年一季度，全路连续发生 4 起旅客列车重大事故，震惊中外。当年铁路共发生重大、大事故 49 件，是改革开放以来安全形势最严重的一年，也是新中国成立后的第三个安全低谷。究其原因具体有以下几个问题：旅客列车事故严重；行车设备质量不良造成的事故多；违章违纪的比重较大；社会治安秩序不好，严重危及行车安全；行车重大、大事故造成的损失严重，对运输影响大；路外伤亡事故增多，且性质严重。

1990 年 8 月，在全路安全工作会议上，铁道部推广了上海铁路局车机联控的经验。1991 年 7 月 20 日，全路实行了列列站站呼唤应答模式。在 1991 年铁路运输最繁忙的 2 月和 8 月，全路先后实现两个“安全月”，并两次保持连续 43 天未发生行车重大、大事故，创铁路安全历史最好成绩。

1990 年 9 月 7 日，经第七届全国人民代表大会常务委员会第十五次会议通过，我国公布实施了第一部《铁路法》。在“科学技术是第一生产力”理论的指导下，中国铁路行业形成了“科学技术保安全”理念并付诸实践。在改革开放大潮中，不断总结安全生产经验教训。

1991 年 1 月 16 日，在临汾铁路分局召开全路运输安全工作会议，提出了进一步巩固和发展全路安全形势的总要求。坚持“三个三”（三个不变：安全第一位置不变、主要领导抓安全不变、党政工团齐抓共管不变；三个环节：领导、群众、设备；三个重点：防列车冲突、防断轴、防断轨）和“两手抓”（一手抓管理、一手抓安全技术设备）。会后，铁路部门广大职工在继续坚持“三个不变”的指导思想和狠抓落实“三防”措施的同时，积极推行车机联控的安全管理办法，取得显著成效。

1992 年 12 月召开的全国铁路运输安全工作会议，第一次确立了“安全生产是铁路改革和发展的重要前提与基础”的“基础地位”，形成了“从严治路，基础取胜”的重要思路。

为了确保运输安全持续稳定的局面，从 1993 年开始，铁路运输企业进行安全基础整顿，开展安全标准线建设，铁路安全基础得到加强。

从 1993 年底到 1996 年底，全路广大干部职工经过连续三年的艰苦奋战，安全基础建设取得了令人鼓舞的成果，四大干线初步建成安全标准示范线，六大干线建成了安全标准线，45 条支线也基本达标。

1994 年，是铁路深化改革，加快发展的一年，运输生产超额完成任务。整顿安全基础工作取得比较明显的效果。1994 年发生行车重大、大事故 34 件，是历史上事故比较少的年份之一，全年没有发生后果严重的旅客列车重大事故，险性事故和一般事故均比上年有所下降。

1995 年，是“八五”计划的最后一年，也是铁路决战“八五”取得重大胜利的一年。铁路建设大会战取得了决定性的胜利，运输安全也取得历史最好成绩。全路以围歼客车事故为重点，以安全标准线建设为载体，全面加强安全基础建设，取得了明显成效。全路发生行车重大、大事故总件数比上年下降 4.1%，比历史上安全情况最好的 1993 年减少 13.6%，没有发生后果严重的旅客列车事故。全路实现了 4 个“安全月”，并且创造了连续 87 天无行车重大、大事故的历史最好记录。

1996 年，全路按照深化建线、强攻内实的部署，深入开展全员大练功、设备大整治、管理上规范活动，在深化建线上取得显著成效。全路首次实现了安全百日，全年实现 7 个安全月，是历史上安全月最多的一年。全路行车重大、大事故比上年下降 47%，险性事故下降 28.2%。其中客车重大事故下降 75%，消灭了客车险性事故。

1997 年，铁路运输生产在新的形势下，安全又一度滑坡，特别是 4 月 29 日在京广线荣家湾车站发生了客车重大事故，死亡 126 人（是新中国成立以来一次事故死亡人数最多的一起）。这也说明，安全基础建设不能“毕其功于一役”，当时，铁路的安全基础仍然比较薄弱，安全基础建设的任务远未完成，距离实现“有序可控、基本稳定”的目标仍有很大差距。铁道部在 1996 年和 1997 年底的两次运输安全工作会议上都指出，要把安全基础建设作为一项跨世纪的基础工程坚持不懈地抓下去。特别要在安全管理和控制上取得重大突破，把安全作为中国铁路现代化发展的一个重要目标，努力实现安全技术装备的现代化和安全管理的现代化。

1997—2007 年，我国铁路通过六次大提速，开行时速 200 km 以上动车组列车，部分干线区段开行 5 500 km 重载货物列车，实现扩大再生产，缓解了铁路运输能力紧张状况。

1997 年 4 月 1 日零时，第 1 次大提速。全路把安全工作作为铁路跨世纪的基础工程继续深入推进。三大干线更换了提速道岔，对行车主要设备进行了大规模整治，安全周期有所延长，实现了 5 个安全月。全年发生行车重大、大事故 19 件。

1998 年 10 月 1 日零时，第 2 次大提速。这一年，铁路改革与发展各项工作都取得了新成绩。铁道部机构改革顺利完成，运输安全以确保旅客列车安全为重点，规范管理，强化监督，运输安全形势总体上保持相对稳定。全年发生行车重大、大事故 28 件。

1999 年，铁道部决定实行资产经营责任制，出台了《关于全国铁路运输安全“强基达标”的意见》，把安全指标作为资产经营责任制的一项重要考核内容，实行“一票否决”，强化了安全管理的约束机制。运输安全以“规范管理、强基达标”为主线，以提速和旅客列车安全为重点，基础建设不断深化，多数单位运输安全保持了相对稳定。全年共发生行车重大、大事故 25 件，同比减少 3 件。

2000 年 10 月 21 日零时，第 3 次大面积提速。已初步形成我国铁路“四纵两横”的提速网络，提高了铁路客运的质量，扩大了铁路在社会上的影响力。这一年安全形势基本稳定，铁路部门进一步提高对安全生产的认识，紧紧抓住“规范管理、强基达标”这条主线，大力推进安全基础建设。同时，以贯彻新《铁路技术管理规程》（简称《技规》）为契机，形成了以新《技规》为核心的我国铁路安全技术管理体系。通过落实安全负责制，进一步强化各级安全管理措施，使铁路运输安全形势保持基本稳定。全年共发生行车重大、大事故 19 件，同比减少 6 件。同年 4 月 28 日，铁道部发布第十一部《铁路行车事故处理规则》，自 2000 年 7 月 1 日起施行。

2001 年顺利实施了第 4 次大提速，取得了良好的社会效益和经济效益。安全基础建设进一步深化，运输安全保持了相对稳定。始终坚持把安全工作摆在第一位，集中力量，突出重点，深入开展安全大检查和安全生产专项整治，促进了“规范管理，强基达标”的落实；积极采用新技术，行车安全技术装备有新的改进，为加强安全控制创造了条件，运输安全保持了相对稳定。全年发生行车重大事故 11 件，比上年减少 6 件，下降 35.5%。3 月、10 月和 12 月实现了 3 个全路安全月。

2002 年 11 月 1 日，《中华人民共和国安全生产法》（以下简称《安全生产法》）施行。铁道部召开安全生产委员会会议，向全路部署学习、宣传、贯彻《安全生产法》。

2003 年 10 月 12 日，中国第一条快速客运专线——秦沈客运专线开通运营。这是我国首条快速客运专线铁路，设计时速达 200 km。

2004 年，党中央、国务院批准了《中长期铁路网规划》，我国高速铁路建设正式拉开序幕。

2004 年 4 月 18 日零时，实行第 5 次大面积提速，提速线增加 3 500 km，增开 19 对最高时速 160 km 的直达特快列车，几大干线的部分地段线路基础达到时速 200 km 的要求即升级为中级快速铁路。

2005 年 3 月 18 日，铁道部撤销铁路分局，全国铁路 18 个铁路局（公司）实行直管站段。撤销了 41 个铁路分局和 2 个铁路公司（南疆铁路公司、北疆铁路公司），同时成立太原、武汉、西安铁路局。铁路行业实现了由“四级管理”向“三级管理”的企业结构调整，实施了铁路局直接管理站段体制改革。这项改革措施解决了我国铁路长期以来存在的铁路局和铁路分局两级法人以同一方式经营同一资产的体制性弊端，为继续深化铁路改革奠定了坚实基础。

2005 年，铁路行业继续坚持“从严治本，基础取胜”的基本思路，通过全面落实“逐级负责、领导负责、岗位负责”制度，狠抓“基层、基础、基本功”建设，保证了中国铁路向高铁新阶段安全迈进。

2006 年，铁道部修改颁布了《铁路技术管理规程》，对规范铁路技术管理、建立完善的规章制度和技术标准体系具有重要意义。

2007 年 4 月 18 日，中国第 6 次铁路大提速正式展开，动车组大规模上线运行，列车运行时速达 200 km。其中既有京哈、京广、京沪、胶济线部分区段时速达到 250 km，中国走向了高速铁路时代。

2007 年 6 月 27 日，国务院审议并原则通过《铁路交通事故应急救援和调查处理条例》（中华人民共和国国务院令〔2007〕第 501 号），于 7 月 11 日正式发布，9 月 1 日施行。同年 8 月 28 日，铁道部发布第十二部《铁路交通事故调查处理规则》（铁道部令

〔2007〕第 30 号，仍沿用简称《事规》)，自 2007 年 9 月 1 日起施行。

2007 年，运输安全相对稳定。以规范铁路运输安全管理为主线，全面贯彻《铁路交通事故应急救援和调查处理条例》与《铁路运输安全保护条例》，重新制定了《铁路交通事故调查处理规则》。铁路运输安全执法工作取得新进展，铁路沿线治安环境得到明显改善，铁路交通事故死亡人数比 2006 年下降 43.8%，比 2005 年下降 55.02%，实现了全路路外死亡人数比 2005 年下降一半的目标。全路实现了 8 个安全月。

2008 年 4 月 28 日，由北京开往青岛的 T195 次旅客列车因超速导致车辆脱轨，并侵入上行线，与烟台开往徐州的 5034 次旅客列车发生冲突，造成车辆脱轨事故。事故造成 70 人死亡，416 人受伤，中断胶济线上下行线行车 21 小时 22 分，构成铁路交通特别重大事故。“4·28”特别重大事故发生后，党中央、国务院领导高度重视，各级领导迅速做出重要批示和重要指示。铁道部领导动员全路深刻吸取事故教训，迅速采取坚决有力措施，杜绝严重事故的再次发生，迅速稳定铁路运输安全局面。4 月 30 日 21 时，铁道部召开电视电话会议，指出，当前最重要的就是把安全大反思、大检查活动深入扎实地开展起来，切实取得成效。5 月 2 日，《人民铁道》报全文刊发国务院办公厅 4 月 30 日发布的《关于进一步加强安全生产工作的通知》，《通知》从八个方面要求各地区、各部门要深刻吸取“4·28”特别重大铁路安全事故教训，认真贯彻落实科学发展观，坚持“安全第一、预防为主、综合治理”方针，以更加坚决有力的措施，有效遏制特别重大事故。

2008 年 8 月 1 日，中国第一条具有自主知识产权、国际一流水平的高速铁路—京津城际铁路正式开通运营，中国迈进高铁时代。随后，京沪、京广、沪昆、哈大等一大批高铁长大干线相继建成通车。

2009 年，武广高铁作为中国第一条 350 km/h 的高铁线路，成为世界上运营速度最快、密度最大的高速铁路。随着石太客运专线、郑西客运专线、沪宁城际铁路、沪杭城际铁路的开通，标志着中国铁路既有高速铁路水平已跻身世界先进行列。这一年安全生产保持基本稳定：深入开展“安全生产年”活动，扎实推进站段管理结构优化、自控型班组建设、主要行车工种队伍建设“三项工程”，不断强化安全基础建设。加强高速铁路安全管理，完善提速安全保障体系，高速和提速安全持续稳定。全年消灭了重大以上铁路交通事故，行车 A 类及以上事故同比下降 47.6%，铁路交通事故路外死亡人数同比下降 20.1%。

2010 年，全路各级安全监察部门和全体安全监察人员，以落实国务院提出的“三项行动”(安全生产执法行动、治理行动、宣传教育行动）和“三项建设”(法制体制建设、保障能力建设、监督队伍建设）为抓手，认真履行职责，扎实开展监管监察工作，充分发挥了安全监察部门的职能作用。

2011 年 7 月 23 日，甬温线发生动车组列车追尾事故，造成 40 人死亡、172 人受伤，中断行车 32 小时 35 分，直接经济损失 19 371.65 万元。经调查认定，“7·23”甬温线特别重大铁路交通事故是一起责任事故，铁道部 54 名事故责任人员受到严肃处理。

1.1.3 创新与稳定发展期（2012年至今）

党的十八大以来，我国铁路科技创新取得重大突破，总体技术水平迈入世界先进行列，部分达到世界领先水平；铁路改革持续深化，企业发展动力和经营活力大幅提升；铁路对外开放的广度和深度不断拓展，铁路国际影响力和竞争力显著提升，铁路建设快速推进，营业里程大幅扩张，2017年“四纵四横”高铁主骨架提前建成。

铁路信息化、管理科学、基础研究等领域都取得了新的突破。铁路运输服务保障能力大幅提升。随着科技发展进步，大量新装备新技术投入运用，一大批铁路新线开通运营。铁路成为“一带一路”建设的重要领域。高铁成为我国对外交流合作新名片。铁路建设、装备、运输等企业发挥优势、积极开拓国际市场，成效显著，势头良好。铁路机车车辆等装备规模化整装出口海外。国际铁路领域中国的大国形象逐渐确立，话语权越来越重。

2012年，全国铁路旅客发送量完成18.93亿人次，铁路货运总发送量（含行包运量）完成39.04亿t，铁路总换算周转量完成38 999.41亿t·km，全国铁路营业里程达到9.8万km，路网密度101.7 km/万km^2。

2013年3月14日，根据国务院机构改革和职能转变方案，铁路实行政企分开：将铁道部拟定铁路发展规划和政策的行政职责划入交通运输部；组建国家铁路局，由交通运输部管理，承担铁道部的其他行政职责；组建中国铁路总公司，承担铁道部的企业职责；不再保留铁道部。铁路改革实现历史性突破，行业政府监管体系初步建立，铁路安全质量监管工作取得显著成效。铁路行业坚守发展决不能以牺牲安全为代价这条不可逾越的红线，结合铁路安全生产的新形势、新特点、新要求，以目标和问题为导向，坚持安全第一，预防为主、综合治理，突出高铁和旅客列车安全，落实铁路企业安全生产主体责任，强化铁路行业安全监督管理，发挥地方政府和相关部门整体合力，加强铁路沿线综合治理，构建铁路安全综合保障体系，全面提升铁路行业安全管理水平，促进铁路安全持续稳定。

2013年全国铁路旅客发送量完成21.06亿人次，铁路货运（含行包）总发送量完成39.67亿t，铁路总换算周转量完成39 769.51亿t·km，全国铁路营业里程达到10.3万km，其中，高铁营业里程达到1.1万km；合资铁路营业里程达到3.2万km，地方铁路营业里程达到0.4万km。路网密度106.9 km/万km^2。2013年国家铁路未发生铁路交通特别重大、重大事故，地方铁路发生重大事故1件；全国铁路交通事故10亿t·km事故率为1.253。

2014年，全国铁路旅客发送量完成23.57亿人次，全国铁路货运总发送量完成38.13亿t，全国铁路总换算周转量完成39 134.94亿t·km，全国铁路营业里程达到11.2万km，路网密度116.48 km/万km^2。2014年全国铁路未发生铁路交通特别重大、重大事故；发生较大事故 6 件，国家铁路未发生责任较大事故。铁路交通事故死亡人数 1 232人，同比减少死亡 104 人，下降 7.8%；10 亿 t · km 死亡率 0.3148，同比下降 9.4%。铁路监管部门积极推进《铁路安全管理条例》配套规章制度建设，加快铁路标准体系建设，发布了《铁路旅客车票实名制管理办法》《铁路旅客运输安全检查办法》等 4 件规章，《铁路专用设备行政许可监督检查计划管理办法》等 14 件规范性文件，以及《高速铁路设计规范》《城际铁路设计规范》等 55 项铁路行业标准。

2015 年，全国铁路旅客发送量完成 25.35 亿人次，铁路货运总发送量完成 33.58 亿 t，铁路总换算周转量完成 35 714.91 亿 t · km，全国铁路营业里程达到 12.1 万 km，其中高铁营业里程超过 1.9 万 km，路网密度 126 km/万 km^2。2015 年，全国铁路未发生铁路交通特别重大、重大事故，发生较大事故 6 件，铁路交通事故死亡人数 1 037 人，同比减少 195 人，下降 15.8%；10 亿 t · km 死亡率 0.290，同比下降 7.9%。铁路监管部门以高铁安全、客车安全及危险货物运输安全为重点，强化监管执法，努力维护铁路运输安全稳定。全年发布实施铁路规章 3 件、规范性文件 6 件、铁路行业标准 116 项，铁路法规制度和标准体系进一步完善。

2016 年，全国铁路旅客发送量完成 28.14 亿人次，全国铁路货运总发送量完成 33.32 亿 t，铁路总换算周转量完成 36 371.56 亿 t · km，全国铁路营业里程达到 12.4 万 km，全国铁路路网密度 129.2km/万 km^2，2016 年，全国铁路未发生铁路交通特别重大、重大事故；发生较大事故 3 件，铁路交通事故死亡人数 932 人，同比减少死亡 105 人，下降 10.1%；10 亿 t · km死亡率 0.256，同比下降 11.7%。铁路监管部门持续开展“打非治违”，集中整治危及铁路安全的突出问题。加强安全监管法规制度和标准体系建设，出台发布实施规范性文件 14 件、铁路工程建设方面标准 10 批 11 项，产品标准 8 批 116 项。

2017 年，全国铁路旅客发送量完成 30.84 亿人次，铁路货运总发送量完成 36.89 亿 t，铁路总换算周转量完成 40 419.12 亿 t · km，全国铁路营业里程达到 12.7 万 km，其中，高速铁路营业里程达到 2.5 万 km。全国铁路路网密度 132.2 km/万 km^2，2017 年，全国铁路未发生铁路交通特别重大、重大事故；发生较大事故 1 件，铁路交通事故死亡人数 898 人，同比减少死亡 34 人，下降 3.6%；10 亿 t · km 死亡率 0.222，同比下降 13.3%。铁路监管部门联合住房和城乡建设部、国家安全监管总局等部门单位，以京沪高铁作为示范线，对全国时速 300 km 以上高铁开展了安全环境专项督查。编制了《铁路安全生产“十三五”规划》，发布了 89 项铁道行业标准、13 项铁路工程建设标准、铁道行业技术标准公告 7 批、铁道行业标准修改单 2 项。

2018 年，全国铁路旅客发送量完成 33.75 亿人次，铁路货运总发送量完成 40.26 亿 t，全国铁路总换算周转量完成 42 967.57 亿 t · km，全国铁路营业里程达到 13.1 万 km。2018 年，全国铁路未发生铁路交通特别重大、重大事故；发生较大事故 1 件，铁路交通事故死亡人数 857 人，下降 4.6%；10 亿 t · km 死亡率 0.199，同比下降 10.4%。国家铁路局发布《高速铁路基础设施运用状态检测管理办法》等部门规章，建立规范性文件管理长效机制，全面清理原铁道部规范性文件，编制发布115项铁道行业标准、17项铁路工程建设标准，铁路法规和标准体系建设持续推进。8个省份颁布了保障铁路安全的地方性法规或政府规章，15个省份与铁路监管机构和铁路运输企业建立了铁路沿线环境综合整治长效机制。

2019年6月18日，经国务院批准同意，中国铁路总公司改制成立中国国家铁路集团有限公司。

2019年，全国铁路营业里程达到13.9万km，铁路路网密度达到145.5 km/万km^2。全国铁路旅客发送量完成36.6亿人次，铁路货物发送量完成43.9亿t，总换算周转量完成44 888.59亿t·km。2019年，全国铁路未发生铁路交通特别重大、重大事故；发生较大事故4件，铁路交通事故死亡人数788人，同比减少死亡69人，下降8.1%；10亿t·km死亡率0.173，同比下降13.1%。铁路监管部门牵头推进高铁沿线环境安全综合整治，扎实开展“三不问题质量行为”专项整治。《铁路法》等法律法规修订工作取得阶段性进展，修订发布《铁路机车车辆设计制造维修进口许可办法》等规章，编制发布《磁浮铁路技术标准（试行）》等72项铁道行业标准。有关部门、各级地方人民政府积极维护铁路安全。12个省份颁布了保障铁路安全的地方性法规或政府规章，26个省份与铁路监管机构、铁路运输企业建立了铁路沿线环境综合整治长效机制，协同监管、综合治理的工作格局正在形成。

1.2 国外铁路安全管理体系

1.2.1 欧洲铁路安全管理

半个多世纪以来，欧洲一体化进程取得了显著进展，但是铁路运输的一体化却发展缓慢，主要原因在于各国铁路长期以来相对封闭，相邻国家之间的基础设施标准、通信信号、运输组织模式均存在差异。在欧盟共同运输政策更多转向环境、安全与社会公平等问题后，铁路以其技术经济优势成为连接跨欧盟运输网络的骨干及鼓励可持续运输和公共交通的重点。以欧盟出台政策文件的时间为节点，把欧盟铁路改革基本上分为3个阶段：以91/440/EEC指令系列为标志的起步阶段；第二个阶段是以1996年欧盟委员会“复兴共同体铁路战略”白皮书为起点，以第一个铁路改革一揽子方案为中心的改革深化阶段；第三个阶段是以2001年欧盟委员白皮书“已到决定性时刻”为起点，第二个铁路改革一揽子方案为中心的发展阶段。

第一阶段始于 1991 年，欧共体理事会发布了 91/440/EEC 号指令，明确指出欧盟铁路改革的主要目的是“推动作为市场重要组成部分的共同体铁路运输一体化”和“恢复铁路相对于其他运输方式的效率和竞争力”，该指令的主要内容包括政企分开、网运分离、开放通路权，使所有成员国首先实现铁路的网运分离，并通过政企分开实现减少各国政府干预及开放通道等一系列制度保证。第二阶段始于 1996 年，欧盟委员会发布的“复兴共同体铁路的战略”白皮书推动欧盟通过了一系列新举措，其中 2001/12/EC、2001/13/EC、2004/14/EC 三项指令被称为“铁路改革第一个一揽子方案”，这些指令确保各成员国公平进入线路基础设施并设立监管机构，建立一个运输能力分配和线路收费定价的透明性框架。第二阶段的重要特征是技术方案标准化和设备设施互联互通的发展，欧盟相继发布了互通性指令“关于泛欧高速铁路运营兼容性（96/48/EC）”和“关于欧洲传统铁路运营兼容性（2001/16/EC）”，之后这两个指令合并为 2008/57/EC。以 2001 年 9 月颁布的“已到决定性时刻”的运输政策白皮书为进入第三阶段的标志，欧盟委员会提出“铁路改革第二个一揽子方案”，具体措施包括设立专门的行政机构——欧洲铁路管理署（European Railway Agency，ERA），扩大并加速铁路货运市场的开放，加强关于互联互通基本原则的建立，开发共同的铁路安全管理方法。

1. 欧盟铁路安全管理机构

欧盟铁路安全指令的贯彻执行由以下欧洲铁路领域的参与者来完成。

（1）欧洲联盟（European Union，EU）和代表欧盟政府的机构。欧洲联盟是欧洲地区规模较大的区域性经济合作的国际组织，成员国已将部分国家主权交给组织（主要是经济方面，如货币、金融政策、内部市场、外贸），令欧洲联盟越来越像联邦制国家。虽然欧洲联盟还不是真正的国家，欧洲联盟本身也无权行使各成员国的主权，但里斯本条约第一条第八项（款）允许欧洲联盟签订欧洲人权公约成为欧洲委员会的成员国。

（2）欧洲铁路机构（European Railways Association，ERA）。欧洲铁路机构是为铁路安全和互通性而设立的欧盟机构，由欧洲共同体委员会在 2006 年建立，其安全工作组（Safety Unit）负责指导铁路安全指令的执行，并颁布相应的指南和指导性文件。

ERA 紧密地与来自欧洲铁路部门的利益相关者们一起工作，主要包括欧洲铁路部门内的有关协会团体、国家当局、欧盟其他部门和其他利益团体。根据欧盟法规（欧盟二级法律，成员国不需转化为本国法律，可以直接采用）No. 881/2004，设立了机构内的工作组，工作组的任务与工作计划的活动相适应。ERA 由铁路系统和分析监察工作组、经济与采购工作组、规划许可与运输工作组及资源与支持工作组 4 个工作组组成。铁路系统由环境贸易措施与远程信息处理工作组、安全与运作工作组及机车与固定装置工作组 3 个工作组组成。图 1-1 为 ERA 内部组织图，图 1-2 为 ERA 与外部组织的关系图。

（3）成员国（member state）。包括：奥地利（Austria）、比利时（Belgium）、保加利

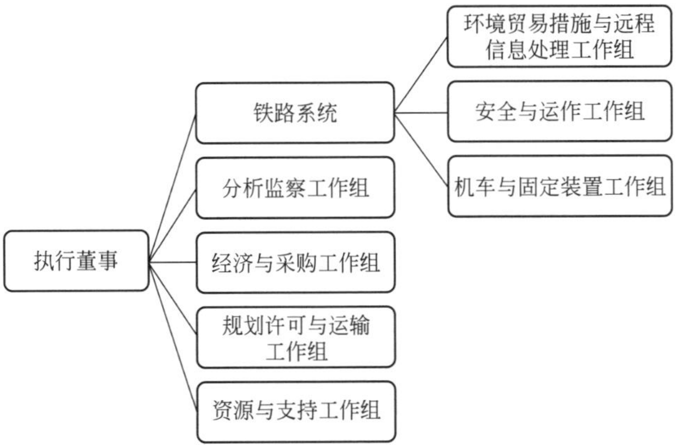

图 1-1　ERA 内部组织图

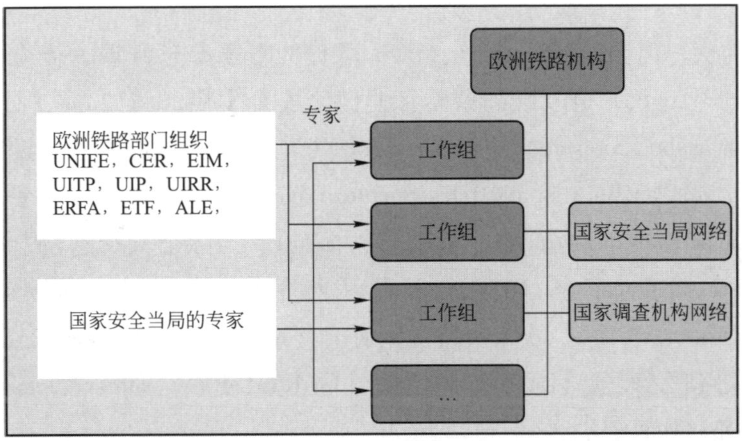

图 1-2　ERA 与外部的关系

亚（Bulgaria）、塞浦路斯（Cyprus）、捷克（Czech）、克罗地亚（Croatia）、丹麦（Denmark）、爱沙尼亚（Estonia）、芬兰（Finland）、法国（France）、德国（Germany）、希腊（Greece）、匈牙利（Hungary）、爱尔兰（Ireland）、意大利（Italy）、拉脱维亚（Latvia）、罗马尼亚（Romania）、立陶宛（Lithuania）、卢森堡（Luxembourg）、马耳他（Malta）、荷兰（Netherlands）、波兰（Poland）、葡萄牙（Portugal）、斯洛伐克（Slovakia）、斯洛文尼亚（Slovenia）、西班牙（Spain）、瑞典（Sweden）等国家。

（4）成员国国家安全监管机构（National Safety Authorities，NSAs）。由每个成员国委托进行铁路安全工作的国家机构。

欧盟法律规定所有成员国都应设立国家安全监管机构，该安全监管机构可以是负责运输事务的部门，在其组织、法律结构及决策方面与铁路运营、基础设施管理，以及设备设施的申请和采购实体分开独立。根据法律要求，国家安全监管机构不直接对安全负责，该机构旨在提供国家立法框架，根据第三方评估机构的评估结论授权基础设施管理公司和运营商的资质，并监督检查其按照规定开展相关活动。

（5）调查机构。负责调查事故和事件的独立团体。

（6）独立安全评估机构。提供独立、专业的安全评估和安全审核，帮助基础设施管理公司和铁路运营商更好地进行安全管理，根据欧盟相关法律法规要求检查建设项目的风险分析、控制情况，以及检查建设单位安全管理体系证明文件，必要时参与项目产品测试或工程试验。独立第三方检查评估机构主要通过对项目计划、项目实施相关记录及报告、试验验证文件、安全性证明等进行评估检查，以保障项目的安全风险管理水平，实现项目安全风险的有效控制。为保证独立第三方评估的客观性、独立性，独立第三方检查评估人员不能作为项目咨询顾问，也不执行诸如安全工程师的工作任务。评估结论由独立第三方检查评估机构提出书面报告，供铁路监管机构安全认证和批准参阅，使其做出正确决策。由于欧洲铁路互联互通的要求，独立第三方检查评估机构必须具备欧盟授权的资质。

（7）行业协会。倡导颁布铁路安全指令，并作为专家参与到 ERA 安全分部的具体工作中，提出合理化建议，引领欧洲铁路行业健康安全发展。例如，欧洲铁路工业联盟（The Association of the European Rail Industry，UNIFE）、欧洲铁路和基础设施公司共同体（Community of European Railway and Infrastructure Companies，CER）、欧洲铁路基础设施管理公司（European Rail Infrastructure Managers，EIM）、国际公共交通协会（International Association of Public Transport，UITP）、国际私人货车车主联盟（International Union of Private Wagon Owners，UIP）、欧洲铁路货运协会（European Rail Freight Association，ERFA）、国际公铁路联运联盟（International Union for Road-Rail Combined Transport，UIRR）。

2. 欧洲铁路机构管理机制

欧盟“铁路安全指令”的颁布及 ERA 的建立，从法律层面和组织层面构建了欧盟地区统一的铁路安全管理框架，使得欧盟地区铁路部门各方参与者在安全管理框架内各司其职、各尽其责，共同促进欧盟地区铁路行业的健康安全发展。欧盟铁路安全管理框架如图 1-3 所示。

1）安全管理指令

20 世纪 90 年代，欧洲经济共同体（欧盟前身）委员会颁布 91/440/EEC《关于共同体铁路发展》指令，该指令是欧洲地区铁路统一管理的开始。为了确保铁路安全，欧盟委员会专门发布了关于共同体铁路安全及对 95/18/EC 指令修订的《铁路安全指令》[*Railway Safety Directive*（2004/49/EC）]，对铁路安全管理做出规定。这项指令的主要目标是建立一个能够协调和澄清关于安全的各种不同要求、方法和职责的体系框架。该指令提出要明确责任，各个国家分别设立铁路安全管理机构；开发共同的安全管理办法，制定共同的安全管理目标；建立统一、通用的安全性能标准；成立独立的事故调查机构。

这项指令规定了各成员国需遵循共同安全目标（common security target，CST）、共同

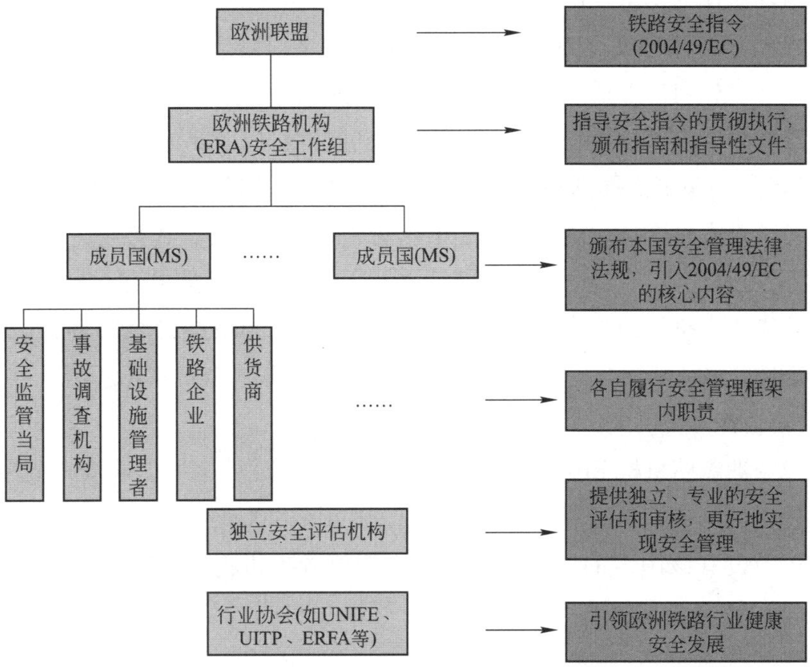

图 1-3 欧盟铁路安全管理框架

安全方法（common security method，CSM）、共同安全指标（common security index，CSI）、安全管理体系等原则，并对这些因素进行考核，根据考核结果为基础设施管理公司（IM）颁发安全授权证书，为铁路运营企业颁发安全认证证书。

按照欧盟2004/49/EC《铁路安全指令》的规定，基础设施管理商负责建立和维护铁路基础设施或基础设施的一部分，铁路运营商通过铁路提供货物和/或乘客运输；两者在遵守相应法律法规的前提下建立安全风险管理体系，风险的分析和控制基于系统全生命周期来实施，并由独立的第三方评估机构对系统进行风险分析，对风险控制情况及体系证明文件进行检查，必要时参与相关试验验证。

2）欧盟和ERA统一领导

欧盟负责颁布铁路安全相关指令并对欧洲铁路机构进行监督。欧洲铁路机构（ERA）安全工作组负责指导安全指令的贯彻执行，颁布指南和指导性文件。

欧洲铁路机构在欧盟法规No. 881/2004和欧盟关于安全和互通性指令的法律法规框架下开展了卓有成效的工作。以安全工作组为例，相继开发了获得安全的共同方式（包括共同安全方法、共同安全目标和共同安全指标）、安全管理体系和安全认证的通用格式，并对成员国安全规章进行评价，监控安全等级，通过与成员国NSAs和安全调查机构合作提供技术支持，编制全欧洲范围内铁路安全报告，同时编制了大量关于安全管理体系、安全认证和授权的实施导则，还为欧洲委员会起草有关安全管理的法规草案。

ERA负责开发铁路安全和互通性框架内的规程，包括共同技术标准和共同安全方法，并负责帮助欧洲法律的实施。ERA 通过向欧洲委员会和成员国发出建议、意见来实施其职责。ERA 与成员国的国家安全当局（NSAs）保持联系，包括每年举行 4 次网络会议，并组织特定的主题工作组来形成这些建议。ERA 还是关于欧洲铁路安全进展的信息中心，保持了一个公共数据库并每两年发行一份铁路安全进展报告。ERA 通过与国家机构的合作，进一步协调 NSAs 决策形成准则和事故调查方法。欧洲铁路机构的主要活动领域是安全和互通性，并负责开发二级技术法规的建议书提交至欧洲委员会，最终是否采用由欧洲委员会决定。欧洲铁路机构负责将欧洲铁路部门内的所有相关角色集中到一起，包括提名欧洲铁路协会的代表作为机构的工作组人员，向社会合作伙伴和顾客获取咨询意见，共同完成其应履行的职能。

3）成员国内部各司其责

在欧盟及欧洲铁路机构 ERA 的监督管理下，欧盟各成员国根据欧盟颁布的各项指令、指南和指导性文件颁布其本国的安全法律法规，并引入 2004/49/EC 的核心内容。

各成员国内设有该国内的安全监管当局、事故调查机构、基础设施管理者、铁路企业、供货商等运铁路运输相关的机构，他们负责在本国内各自履行安全管理框架内的职责。

4）铁路运营商具体工作

铁路运营商由 2001/14/EC 指令规定，是指铁路企业及任何其他公有或私有企业。铁路企业活动是通过铁路提供货物和/或旅客运输，该铁路企业必须确保具有可以用于运输的车辆，而且还包括仅提供车辆的相关企业。按照欧盟铁路安全管理体系要求，基础设施管理公司和运营商应按照法律法规要求建立安全风险管理体系，并基于全生命周期实施风险分析和控制。为取得政府安全管理机构的认证和批准，基础设施管理公司/铁路运营商必须将建立安全风险管理体系的程序和计划安排，以文档的方式记录，以便由第三方机构继续安全评估和检查，以及接受后期的安全监督等。

5）其他组织监督

独立于上述管理组织机构之外的有欧洲的各个独立安全评估机构、以及行业协会（如 UNFE、UITP、ERFA 等），对各国铁路机构进行监督评价，对事故进行评估等事物，负责引领欧洲铁路行业健康安全发展。

1.2.2 日本铁路安全管理

1987 年，日本政府对国铁进行了公司制改造，政府对铁路的管理职能由国土交通省实施。其职能一是制定法规，政府依据《铁道事业法》和《铁道营业法》对企业进行管理；二是制定安全对策和事故调查办法；三是对各公司的执法情况进行监察；四是对道口改造和经营困难的公司提供补助。

改制后的交通省下辖9个地方运输局，内设铁道部，一般为20～40人，绝大多数是技术人员，日常工作是发布通知、调查事故和检查新线等。交通省依据《铁道营业法》制定了《铁道运转规则》《确保铁道运输安全的省令》《新干线铁道运输规则》，对各铁道公司进行宏观管理，对公司员工培训、信号制式、车辆防火、提速线路设施和运输的基本规则进行了规定。JR各公司制定实施细则，对执行不好的公司由两级省、局发布改善劝告或命令。

政府职能的转变，使日本铁道公司的安全管理实现了以下转变：一是事故调查由责任追究型转变为原因究明型；二是事故防范由上意下达型转变为员工参与型；三是安全投资由政府指令型转变为安全优先型；四是员工考核由以制约为主的减点考核转变为激励为主的加点考核；五是工会与原国铁经营者的关系由相互对立型转变为在安全管理上达成共识。为更好地对企业安全进行监督，国土交通省还成立了由4名专家学者和6名工程技术人员组成的国土省交通事故调查委员会，专门司职重大事故原因的调查和提出防止对策，对有可能引发重大事故的其他事故原因也要介入调查。此外，为改进铁道安全管理，防范类似事故重复发生，政府准备修改事故调查办法，重新规定公司制改造后的事故调查范围，明确道口事故由警视厅负责调查。

1. 日本铁路安全管理机构

日本铁路安全管理机构主要分为两个层面，一是以国土交通省为主体的行政主管部门，二是铁路运输公司在企业内部设立的安全管理部门。图1-4为日本安全管理机构组织结构图。

1）国土交通省及下设机构

国土交通省（Ministry of Land，Infrastructure，Transport and Tourism）是日本的中央省厅之一，在2001年的中央省厅再编中由运输省、建设省、北海道开发厅和国土厅等机关合并而成，其业务范围包括国土计划、河川、都市、住宅、道路、港湾、铁路、航空、政府厅舍营缮的建设与维持管理等。

国土交通省包括大臣官房、综合政策司、铁道局和地方运输局及相关机构。在安全方面，大臣官房总体负责对运输企业安全管理体制的评价及其他安全相关事务。综合政策局主要负责《交通安全基本计划》的相关事项，铁道局在安全方面主要负责行业内的安全保障，探明运输事故发生及损失的原因和安全技术装备制造流通管理等。

铁道局下设总务科、干线铁道科、城市铁路政策科、铁道事业科、国际科、技术企划科、设施科及安全监理官。铁道局下设安全管理岗位，主要有安全监理官、铁道安全监察官和事故对策官。安全监理官主要负责铁路运行计划和安全保障，以及对铁路事故发生及损失原因进行调查等工作。铁道安全监察官主要是协助安全监理官对铁路机车车辆和基础设施的管理维护及运行进行检查。国土交通大臣从中任命首席铁道安全监察官，负责总体事务。事故对策官主要是协助安全监理官，为探明铁路事故发生及损失原因进行调查工作。

2）地方运输局及相关机构

（1）地方运输局。国土交通省在各地区的下属分支机构，目前有东北、四国等9个地

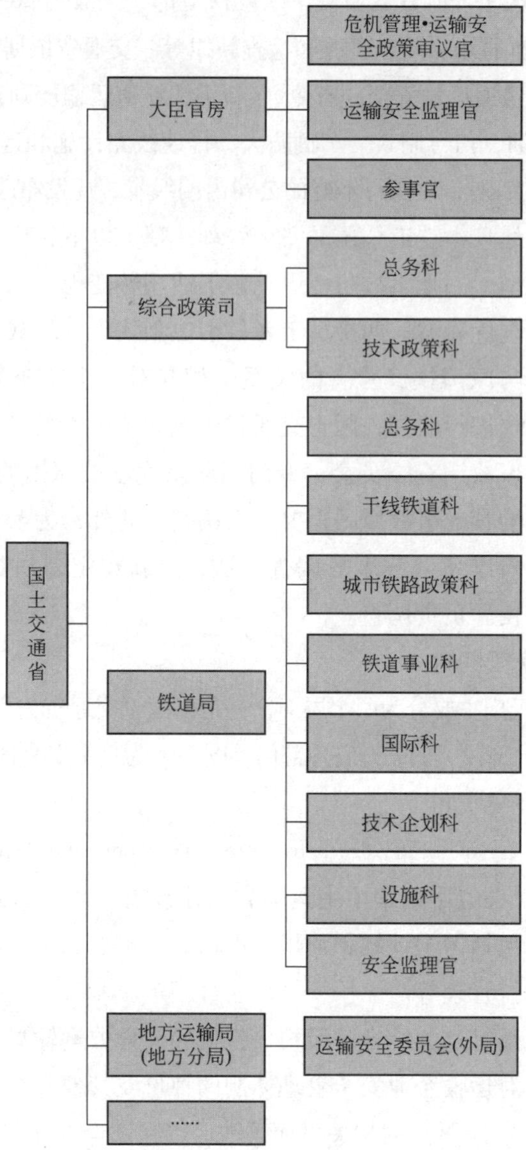

图 1-4 日本安全管理机构组织结构图

方运输局。其下设专门负责铁路事务的铁道部，铁道部负责安全工作的主要有技术科和安全指导科，还设有铁道安全监察官。

（2）运输安全委员会。于 2008 年 10 月 1 日成立，挂靠在国土交通省，有较高的独立性，具有对调查人员任命和职能监管权限，可对包括国土交通大臣在内的事故责任相关者提出批评和意见。主要负责铁路、航空和船舶事故的调查，包括调查重大事故发生和损失原因，提出预防措施及意见，并督促改进等。

2. 日本铁路安全管理机制

日本铁路目前的安全管理机制主要以“运输安全管理制度”为核心，企业要遵守安全法令、法规，政府依法对铁路运输企业进行安全评价和监察。“运输安全管理制度”是从体制层面督导企业，促使其建立并完善内部安全管理体制；安全监察则是把重点放在企业的现场，检查企业日常作业和实际操作是否符合有关制度，主要参照铁路技术规章等法令和规定。日本铁路安全管理体制示意图如图 1-5 所示。

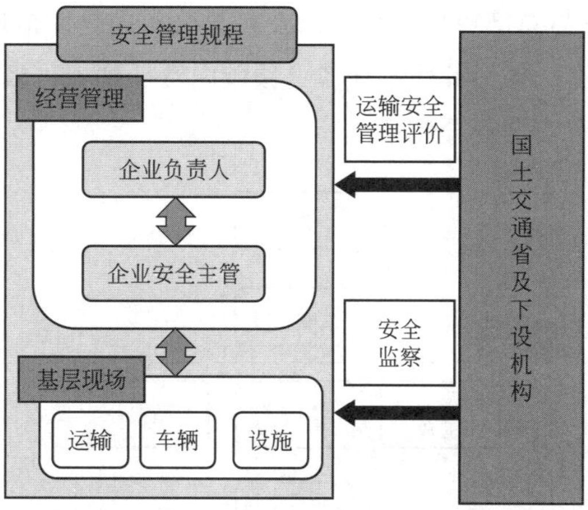

图 1-5　日本铁路安全管理体制示意图

1）建立完善的法律及技术规范体系

日本政府对铁路的宏观管理是通过颁布法律、政令、省令和告示，并监督其实施来实现的。国土交通省铁道局将涉及铁路的相关法律法规汇编成《铁道六法》，成为日本铁路法规体系的纲领性文件。所谓《铁道六法》是由 6 类铁道法规及相关法规和附录构成，6 类铁道法规分别是铁道事业、铁道营业、设施车辆运转保安、轨道、铁道整备和国铁改革。JR 各公司制定了各自的管理规程，即社规。

具体的相关法律法规有《新干线铁路上妨碍列车运行安全行为的处罚相关特例法》《新干线铁路区间及日定政令适用有关处罚妨碍列车运行安全行为的特例法的规定》《关于在新干线铁路上妨碍列车运行安全行为的处罚的特例法实行规则》《铁道事故等报告规则》《铁路运输规则》《国家新干线铁路维护法执法令》《传染病患者乘车规定》《国家兴安县铁路维修法》《处罚妨碍新干线铁路运行安全的行为的特别法》等。上述科学严密的技术管理规范，以及铁路员工对这些规范的深刻理解和严格执行，成为日本新干线连续 40 年（1964—2004 年）安全运行的重要因素之一。

2）铁路运输企业管理

日本铁路运输企业内部的安全管理主要包括两个部分，一是在日常经营管理体系中指定安全事项责任人，由相应级别的主管担任；二是专门的安全推进体系，通过设立安全推进委员会及安全事务部门来强化企业安全保障。企业日常安全管理体系包括安全主管、运输主管、乘务员指导主管。其中，安全主管总体负责企业运输安全事务的管理，能够参与企业董事会等重要决策过程，一般是由公司副社长或铁道事业部部长担任。运输主管是从具有实际经验的人员中选任，以利于落实企业安全和运输现场的总体管理。乘务员指导主管主要负责对机车乘务员的资质确认和训练等方面的管理。其中，安全主管和运输主管的任免必须经国土交通大臣批准。为了推动企业安全状况的改善，日本大型铁路公司总部设有“铁路安全推进委员会”，负责事故预防及对策事项的审议等。各分公司则设立“地区安全推进委员会”，负责与总部对口联系，以及在分公司内具体推进。

企业各主管分工明确，各司其职，在各自领域内责任到人，权责统一。图 1-6 为西日本铁道股份有限公司日常安全管理体系。

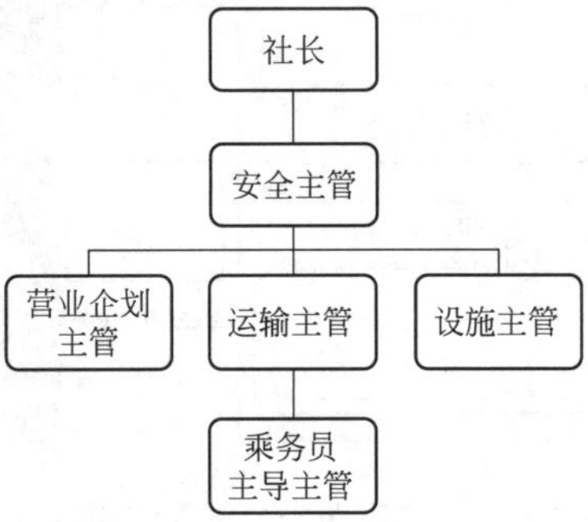

图 1-6 西日本铁道股份有限公司日常安全管理体系

3）安全监察

安全监察是日本铁路主管部门对运输企业的一种日常性安全监管手段，目的是检查企业对各类设施的管理维护等能否保障正常运输。安全监察主要由地方运输局组织实施，一般由地方运输局局长制订年度监察计划，提交国土交通大臣审批后，派遣监察员深入企业现场进行检查。安全监察的内容主要包括：企业遵守设施、车辆及运输相关法令的情况，依法办理各类审批手续的执行情况；有无妨碍运输安全或公共利益的不合理设施等；事故、灾害的处理情况及防止对策的实施情况；设施、车辆的维修计划及执行情况；安全业务人员的岗位责任制、人员配置，以及上岗资格、教育培训、技能水平情况；按照安全监察指令进行整改的情况等。监察结束后提交监察结果及意见报告。

4）专门的安全推进体系

专门的安全推进体系主要是指企业为改善安全状况而设立的铁路安全推进委员会。企业根据国土交通省规定，制定相应的安全管理推进委员会规程。安全管理推进委员会规程为确认运输实施方法和管理办法，以及严格推进提高安全性的政策，规定了委员会各责任义务及运营方法。日本大型铁路运输企业在总部设有铁路安全推进委员会，统筹安排事故预防及对策事项的审议。内部设立安全对策部，主要围绕事故发生原因和趋势走向分析、应对措施和预防对策的提出、设备车辆、道口安全研究等工作展开。分公司设立相应的地方安全推进委员会，与总部密切联系，承担推进详细对策的研究和实施职能。内设安全科与安全对策部相对应，具体负责推进总部确定的方针，以及分公司辖区内发生的铁路事故安全对策实施办法和经验总结工作等。

1.2.3 美国铁路安全管理

美国铁路安全管理体系的构成主要体现在政府监管、企业负责、行业自律及社会监督等方面。政府层面主要负责立法、安全监管；议会层面主要负责对政府行为的监督；行业层面主要负责标准制定及执行；企业层面主要负责运输安全及管理；大学及科研机构主要为铁路运输安全提供技术培训、技术开发与实验手段支持。

1. 美国铁路安全管理机构

（1）美国运输部（U. S. Department of Transportation，DOT）。美国运输部成立于1966年10月15日，主要职能是协调美国交通运输各种需要和计划。集所有联邦公路、铁路、航空及航海职务于一身，下设公路局、海岸巡逻队、联邦航空署、城市集体运输署及圣劳伦斯海道发展公司。

（2）联邦铁路署（Federal Railroad Administration，FRA）。联邦铁路署为交通部下属机构，主要负责安全立法、战略规划等，通过设立的8个区域办公室对铁路运营公司的安全风险管理情况进行检查监督，以及开展部分独立的评估工作。对于由国家交通安全委员会等提出的安全性建议，FRA负责主持会议进行讨论，并邀请各相关利益方参与。

（3）国家交通安全委员会（National Transportation Safety Board，NTSB）。NTSB成立于1967年，总部设于华盛顿，是美国联邦政府的独立机关。专责于美国国内的航空、公路、铁道、水路及管线等事故的调查。有些危险性物质在运输时发生的外泄事故也会由此单位调查，对于事故调查后的整改要求，NTSB没有决策权，但是可以提出整改措施的建议。

（4）Volpe研究中心。Volpe研究中心为交通部下设的研究机构，主要开展各种交通领域的研究，为FRA提供技术服务和技术咨询。

（5）公共交通协会（American Public Transportation Association，APTA）、北美铁路协会（Association of American Railway，AAR）均可以发布铁路相关标准。

（6）铁路安全咨询委员会（Railway Safety Advisor Committee，RSAC）。铁路安全咨询委员会主要负责为FRA提供咨询，该机构通过收集VOLPE研究中心的研究建议、全美客运公司、公共交通协会、北美铁路协会的建议，通过仿真分析等方法为FRA提出建议并负责相关法律、法规的升级和更新。RSAC的主要成员包括来自政府、企业、工会等各方面的人员，RSAC与FRA发生分歧的情况下，一般按照FRA的要求执行。

2. 铁路安全管理机制

美国铁路安全管理体系架构如图 1-7 所示。

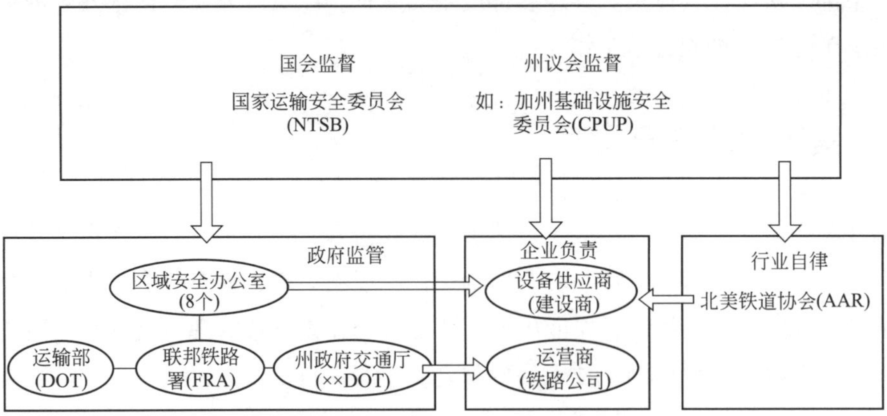

图 1-7　美国铁路安全管理体系架构

1）政府监管

铁路运输安全实行联邦铁路管理局、区域安全办公室和州交通厅 3 级监管。美国联邦铁路管理局隶属美国交通运输部，局长由总统任命，总部设在华盛顿，是国家对全美铁路进行安全监管的职能部门。FRA 的职责是：颁布和实施铁路安全规章制度；执行铁路援助计划；引导研究和开发，以支持铁路改进安全服务；制定国家铁路运输政策；复兴东北走廊铁路客运服务；巩固政府对铁路运输业务的支持等。

由于法律法规的不同，美国州一级的政府部门在各州交通厅（如加利福尼亚州 DOT，得克萨斯州 DOT）设有铁路处，按照联邦政府和州的法律法规对铁路运输实施监管。全美共有约 160 名州一级的安全监察员，监察员中的大多数来自各铁路公司，主要职责是检查铁路设施设备安全、行车安全及危险货物运输安全状况，并参与事故调查。

2）议会监督

在美国，联邦政府和州政府的安全监管分别接受国会和州议会监督，国会和州议会设有安全监督机构。从国家层面来看，国家运输安全委员会进行监督。FRA 的铁路监管，直接向国会负责。

根据美国各州的相应法律法规要求，在州一级的议会也设有安全监督机构。例如，在加利福尼亚州，加州公共设施安全委员会（CPUC）负责监督管理加州交通运输安全状况，CPUC 铁路处不仅负责加州铁路企业安全状况的监督，也监督加州交通部的监管和执法行为，CPUC 受加州政府或加州交通部领导，直接向州议会负责。

无论在国家层面（NTSB）还是州一级层面（如加州 CPUC），直接向议会负责的安全监督机构拥有更高的监督管理权力。这些机构可以随时介入对运输企业安全管理的监督、对政府监管行为的监督。发生事故后，一般由政府监管部门进行事故调查，一旦 NTSB 介入，则由其主导事故调查。

3）法律法规

从法律法规体系看，美国《联邦法典》（*Code of Federal Regulations*，CFR）是宪法之下的最高法律，其第 49 卷（ CFR Title 49 Transportation，CFR49）是交通运输安全保障的法律规定，CFR49 的第 213 节“线路安全标准”（PART 213—Track Safety Standards）和第 238 节“客运设备安全标准”（PART 238—Passenger Equipment Safety Standards）等是铁路行业最高的法律法规要求。在 CFR49 的总体要求下，联邦铁路管理局、各州交通厅铁路处、各铁路运输公司制定相关安全规章、作业标准和实施指南。

4）行业自律

美国铁路技术标准由相应的行业协会和技术机构制定、发布和实施，最权威的就是北美铁道协会发布的交互规则和技术标准。

AAR 是确保北美货运铁路安全、迅速、高效、整洁、技术先进的非营利性技术协会，其成员包括美国、加拿大、墨西哥的铁路货运公司和全美铁路客运公司（Amtrak）等。在业务方面，AAR 主要涉及以建立行业标准为基础的技术服务，不同组织机构之间的运输协调，以及铁路技术基础性、耐久性和有效性的研究等。

此外，在行业管理及行业自律方面，AAR 还拥有一家铁路行业领先的 IT 信息服务公司 Railinc Corp。该公司主要负责全国铁路运输信息收集、发布及客货运清算等信息服务。

5）企业负责

在接受政府监管、议会监督，并遵从法律法规和行业标准等前提下，美国铁路公司具有较大的自主权。各公司按照自身发展规划，制订安全计划，开展危害识别分析、风险控制、企业安全文化建设等。尽管各州法规要求不同，但安全职责要求基本一致。在解决铁路运输效率和运输安全的矛盾过程中，遵守国家和州的法律法规，建立企业全员风险识别分析及控制机制，建设企业安全文化，确保铁路运输安全等，是全美铁路企业发展的基础。

1.3 中国铁路安全管理体系

1.3.1 铁路安全体系建设要求

1. 国家层面

在《中共中央 国务院关于推进安全生产领域改革发展的意见》中，国务院要求从健全落实安全生产责任制、改革安全监管监察体制、大力推进依法治理、建立安全预防控制体系、加强安全基础保障能力建设等几个方面加强安全生产工作，要点有：明确地方党委和政府领导责任、明确部门监管责任、严格落实企业主体责任、健全责任考核机制、严格责任追究制度、完善监督管理体制、改革重点行业领域安全监管监察体制、进一步完善地方监管执法体制、健全应急救援管理体制、健全法律法规体系、完善标准体系、严格安全准入制度、规范监管执法行为、完善执法监督机制、健全监管执法保障体系、完善事故调查处理机制、加强安全风险管控、强化企业预防措施、建立隐患治理监督机制、强化城市运行安全保障、加强重点领域工程治理、建立完善职业病防治体系、完善安全投入长效机制、建立安全科技支撑体系、健全社会化服务体系、发挥市场机制推动作用、健全安全宣传教育体系等。

在国务院制定的《铁路安全生产“十三五”规划》中，要求到2020年，铁路安全生产责任体系更加严密，安全监管体制机制基本成熟，“企业主体、政府监管、社会监督”的铁路安全生产综合保障体系基本形成，安全生产法律法规标准体系更加健全，高速铁路安全管理不断强化，应急救援体系建设更加完善，人才、科技、职业健康等安全基础保障能力进一步提升，铁路沿线安全环境取得显著改善，重特大事故得到有效防范，铁路交通事故起数和死亡人数明显减少，铁路安全生产持续稳定可控，与实现铁路快速健康发展、全面建成小康社会的目标相适应。主要任务有以下几项。

（1）从强化铁路企业主体责任、落实铁路行业监督管理职责、加强相关部门和地方政府协同监管、严格目标考核与责任追究等方面完善铁路安全生产责任体系。

（2）从加强铁路安全生产法律法规建设、加强铁路安全生产标准体系建设、规范铁路安全监管执法行为、严格铁路行政许可和准入，加强事中事后监管、完善铁路事故调查处理机制等方面强化铁路安全生产监管。

（3）从开展高铁运营安全规律研究、加强高铁专业安全管理、加强高铁设备设施安全质量控制、推进高铁安全防护能力建设等方面强化高速铁路安全管理。

（4）从加强铁路安全风险管控、加强铁路隐患排查治理、加强铁路建设工程质量安全管控等方面防范铁路重特大事故。

（5）从健全铁路应急救援管理体制、完善铁路应急救援预案、加强铁路应急救援队伍建设等方面加强铁路应急救援体系建设。

（6）从严格铁路沿线环境问题整治、加强铁路反恐防暴管理等方面加强铁路沿线安全环境治理。

（7）从加强铁路人才队伍建设、推动铁路科技保安全、加强铁路职业健康管理、加强铁路安全文化建设、发挥社会化服务和市场机制推动作用等方面推动铁路安全基础保障能力建设。

在中共中央国务院印发的《交通强国建设纲要》中，要求完善交通安全生产体系。完善依法治理体系，健全交通安全生产法规制度和标准规范。完善预防控制体系，有效防控系统性风险，建立交通装备、工程第三方认证制度。强化安全生产事故调查评估。完善网络安全保障体系，增强科技兴安能力，加强交通信息基础设施安全保护。完善支撑保障体系，加强安全设施建设。建立自然灾害交通防治体系，提高交通防灾抗灾能力。加强交通安全综合治理，切实提高交通安全水平。

在国务院发布的《交通运输领域中央与地方财政事权和支出责任划分改革方案》（国办发〔2019〕33 号）中，铁路中央财政事权职责为：①宏观管理。中央承担全国铁路的专项规划、政策决定、监督评价、路网统一调度和管理等职责。②由中央决策的铁路公益性运输。中央承担相应的管理职责，具体执行事项由中央（含中央企业）实施。③其他事项。中央承担国家及行业标准制定，铁路运输调度指挥，国家铁路、国家铁路运输企业实际管理合资铁路的安全保卫，铁路生产安全事故调查处理，铁路突发事件应急预案编制，交通卫生检疫等公共卫生管理，铁路行业科技创新等职责。上述铁路领域事项由中央（含中央企业）承担支出责任。铁路中央与地方共同财政事权由中央（含中央企业）与地方共同承担干线铁路的组织实施职责，包括建设、养护、管理、运营等具体执行事项，其中干线铁路的运营管理由中央企业负责实施。中央（含中央企业）与地方共同承担支出责任。铁路地方财政事权职责为：①城际铁路、市域（郊）铁路、支线铁路、铁路专用线。建设、养护、管理、运营等具体执行事项由地方实施或由地方委托中央企业实施。②由地方决策的铁路公益性运输。地方承担相应的管理职责，具体执行事项由地方实施或由地方委托中央企业实施。③其他事项。地方承担铁路沿线（红线外）环境污染治理和铁路沿线安全环境整治，除国家铁路、国家铁路运输企业实际管理合资铁路外的其他铁路的安全保卫职责。上述铁路领域事项由地方承担支出责任。

2. 行业层面

铁道部在 2006 年发布了（铁安监〔2006〕222 号）文件《规范新体制下铁路运输安全基础管理制度的意见》（以下简称 222 号文），对进一步规范新体制下铁路运输安全基本管理制度提出相应意见。主要内容有以下几项。

1）健全安全生产责任制度

222 号文从安全生产责任制度、干部安全生产责任制考核制度和安全生产责任追究制度三个方面强调了健全安全生产责任制度的做法。

在安全生产责任制度方面，针对铁路局直接管理站段体制改革和运输生产力布局调整后的新情况、新变化，按照逐级负责的原则，要求铁路相关部门要建立健全和规范铁路局、站段“领导负责、分工负责、专业负责、岗位负责”的安全生产责任制度，明确铁路局及各部门和站段、车间、班组在运输安全中的责任和权力，形成逐级负责、层层确保的安全生产责任落实机制，保证各项安全责任落实到位。

在干部安全生产责任制考核制度方面，要求铁路部门根据安全生产责任制及“下管一级”的原则，以过程控制、结果管理为重点，明确各级管理干部履行安全生产责任的考核内容、标准和周期，实行分层、逐级考核并定期公布，考核结果与奖惩、晋级、提职、任用挂钩。

在安全生产责任追究制度方面，要求铁路部门坚持“有责必问、失职必究”的原则，依照法律、法规和有关规定，运用法律、行政、经济等手段，实施安全生产责任追究制度。

2）健全安全生产管理制度

在222号文中，提出要对安全生产委员会工作制度、安全生产分析会制度、安全生产目标管理制度、行车规章管理制度、劳动安全管理制度、行车事故管理制度、安全信息管理制度、安全生产专项整治管理制度、安全生产危险源控制管理制度、行车设备质量控制制度、现场作业控制制度、安全生产结合部管理制度、安全生产应急处置和事故救援管理制度、安全专项控制管理制度、多元经营及集体企业安全管理制度及对合资和地方铁路行车安全的监管制度等安全生产管理制度进行完善，保证铁路运输工作的安全。

3）健全安全生产监督检查制度

除了安全生产责任制度和安全生产管理制度外，222号文要求铁路相关部门制定各级领导干部、专业部门、安全监察部门、铁路办事处及基层单位安全生产监督检查制度，形成日常指导、检查、帮促机制，发挥好铁路各部门之间的安全监督检查作用，推动铁路安全管理机制有效运作和落实。

4）健全安全生产保障制度

222号文提出，党政工团各级组织要加强对安全生产工作的组织领导，坚持“融入中心、服务大局”的指导思想，建立健全齐抓共管安全保障制度。可以从职工教育培训制度、关键岗位人员资格许可和持证上岗制度、安全技术装备保障制度、综合服务保障制度几个方面入手，要围绕运输安全生产，充分发挥各部门优势，在组织领导、制度建设、生产组织、劳动组织、教育培训、后勤保障、安全文化建设等方面，健全安全生产保障体系，形成安全生产齐抓共管的整体合力，为运输安全提供坚实的安全保障。

5）健全安全生产评估考核制度

针对安全生产评估制度，222号文提出铁道部安监司负责组织铁道部安全监察特派员办事处对铁路局每半年进行一次安全评估，并向铁道部领导写出评估报告；另外，铁路局要建立对基层站段的安全评估制度，明确评估内容、标准和方法，定期对站段的安全管理、设备质量、职工两纪、人员素质、安全绩效等方面进行评估。

针对安全生产考核制度，222号文提出铁道部要将铁路局发生的行车事故、责任从业人员死亡事故、路外伤亡事故纳入铁路运输企业经营业绩，每年进行一次考核；另外，铁路局要坚持“结果与过程考核相结合”的原则，逐级建立健全安全生产考核制度，明确对专业部门和站段考核的内容、标准和方法，加大考核力度，发挥考核制度在安全生产中的重要作用。

在《交通运输部关于推进交通运输安全体系建设的意见》（交安监发〔2015〕20 号）中，要求从法规制度体系建设、安全责任体系建设、预防控制体系建设、宣传教育体系建设、支撑保障体系建设、国际化战略体系建设几个方面推进交通运输安全体系建设，提高交通运输安全发展水平。

在国家铁路局编制的《铁路安全“十三五”规划》中，要求到 2020 年，铁路安全生产责任体系更加严密，安全监管体制机制基本成熟，“企业主体、政府监管、社会监督”的铁路安全生产综合保障体系基本形成，安全生产法律法规标准体系更加健全，高速铁路安全管理不断强化，应急救援体系建设更加完善，人才、科技、职业健康等安全基础保障能力进一步提升，铁路沿线安全环境取得显著改善，重特大事故得到有效防范，铁路交通事故起数和死亡人数明显减少，铁路安全生产持续稳定可控，与实现铁路快速健康发展、全面建成小康社会的目标相适应。

1.3.2　铁路运营安全管理体系研究

健全完善的铁路运输安全管理体系将为铁路运输的顺利进行提供有力保障，国内专家学者对铁路安全管理体系的研究不断深入，由“安全预防—安全保障—安全事故及救援”组成的铁路安全管理体系，安全预防是体系中的核心，安全保障是体系中的基础，安全救援则是体系中的常备。图 1-8 为铁路运营安全管理体系架构图。

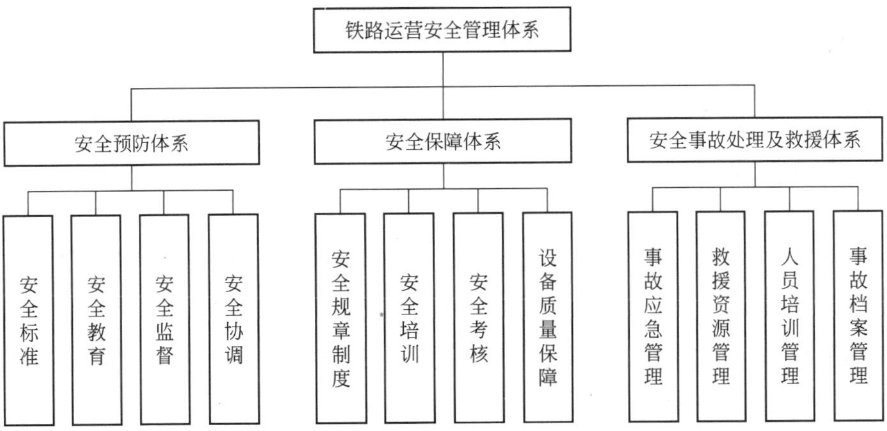

图 1-8　铁路运营安全管理体系架构图

1. 安全预防管理

对于铁路交通事故来说，许多事故在发生之前都是有迹可循的，大多数事故都是可以进行识别与避免的，因此，构建铁路运输安全管理体系来预防事故的发生，在某种程度上是非常可行的。一般而言，在进行铁路运输安全预防管理时，需要借助于先进的管理理念和管理方法来建立综合预防体系，以此确保铁路运输能够在一个安全的环境下进行。在对综合预防体系进行构建时，需要相应的基础理论及技术进行支撑，以此确保综合预防能够实现全方位的点预防、线预防与面预防。综合预防体系的内容应包括安全标准、安全教育、安全监督和安全协调。在安全标准方面，应通过安全标准的科学制定来对铁路运输系统所处的安全状态进行客观的评价，并为安全教育、安全协调与安全监督的实施提供指导。在安全教育方面，应坚持以人为本的原则，强调从“人”的角度来对安全运输事故进行预防，使铁路的运输安全水平能够得到可靠保证。在安全监督方面，应将安全监督作为推动铁路运输安全预防管理体系构建的原动力，并建立有效的反馈机制来不断改进铁路运输安全预防内容。在安全协调方面，需要确保铁路运输系统能够建立一个完善、有效的组织网络，对安全组织机构进行科学合理的配置，对安全机构的相关职能进行细致划分，以此提高安全管理协调的高效性。

2. 安全保障管理

在铁路运输中，除了要建立安全预防体系以外，还要建立一个全面的安全保障管理体系，该体系应将安全规章制度、安全培训、安全考核与设备质量保障等内容进行有机整合。首先，在安全培训保障方面，应确保安全培训工作的高效性，使铁路运输能够得以安全有序的进行。其次，在设备质量保障方面，应确保设备始终处于稳定运行状态，并尽可能地减少和避免设备故障的发生，最大限度地降低设备故障给铁路运输安全造成的不利影响。再次，在安全规章制度方面，应通过规章制度来实现各项保障措施的标准化、制度化实施。最后，在安全考核方面，应结合铁路运输的安全状况，对事故进行效益成本对比分析，然后建立一套合理的考核机制，通过考核激励来确保铁路运输安全的良性循环。

3. 安全事故处理及救援管理

安全事故处理及救援管理也同样是铁路运输中安全管理体系的重要内容，通过安全事故处理及救援管理体系的构建，能够确保铁路运输安全事故发生以后得到及时补救，使事故的严重性得到最大限度的降低。在铁路运输安全事故发生以后，应尽可能在短时间内完成救援，缩短延误时间，确保铁路运输尽快恢复正常，这些都是安全事故处理及救援管理体系中的重要内容。在构建安全事故处理及救援管理体系时，应包括事故应急管理、救援资源管理、人员培训管理与事故档案管理。在事故处理应急管理上，应结合铁路交通事故的具体特点，制订科学的应急救援预案，实现联动调度，同时，在应急管理中既要重视平时的应急培训，还要确保在事故发生后能够进行合理的应急指挥。在救援资源管理上，既包含救援设备的管理，又包含救援设施的布局管理，应结合铁路线路所处的环境、安全事故类型、影响因素及列车类型等来对救援资源进行合理的配置。在人员培训管理上，应加强救援人员的救援技能培训。在事故档案管理上，应将事故原因、事故损失、事故发生机理等内容进行统计与汇总，并建立相应的事故档案，确保在遇到同类事故时，在安全事故应急处理与救援上能够更有针对性。

本书分别从铁路安全相关法规制度、政府对铁路的安全管理职责、铁路运输企业的安全管理职责、铁路安全风险管理和事故隐患排查、铁路交通事故管理、铁路交通事故应急救援与管理、铁路运输安全投入决策、铁路运输设备安全及保障技术、铁路安全教育与培训、铁路安全文化等10个方面入手，对构成铁路运输安全管理体系的基础要素进行阐述。

第 2 章　铁路安全相关法律法规制度

法律法规指中华人民共和国现行有效的法律、行政法规、司法解释、地方法规、地方规章、部门规章及其他规范性文件及对于该法律法规的不时修订和补充。铁路安全相关法律法规制度对铁路运输组织的管理和安全起着重要作用。

2.1　我国铁路安全法律法规制度及标准

根据《中华人民共和国立法法》，我国的铁路运输安全法律法规体系包括四个层次：第一个层次为国家法律，由全国人民代表大会及其常务委员会制定和修改；第二个层次为法规，法规包括行政法规和地方性法规，行政法规由国务院制定颁布，地方性法规由省、自治区、直辖市的人民代表大会制定颁布，行政法规的适用效力高于地方性法规；第三个层面为规章，规章包括部门规章和地方政府规章，部门规章规定的事项应当属于执行法律或者国务院的行政法规、决定、命令的事项，地方政府规章由省、自治区、直辖市和设区的市、自治州的人民政府，根据法律、行政法规和本省、自治区、直辖市的地方性法规制定；第四个层次为规范性文件，规范性文件由主管铁路的部委各部门根据工作职责及管理需要制定，经审批后以部委文件的形式发布。

2013 年，我国铁路行业体制改革后实现了政企分开，作为铁路主管部门的铁道部不再保留，组建国家铁路局和铁路总公司。其中，国家铁路局归属交通运输部，承担原铁道部的部分行政职责，负责起草铁路监督管理的法律法规、规章，拟订铁路技术标准，负责铁路安全生产监督管理，制定铁路运输安全、工程质量安全和设备质量安全监督管理办法，并组织实施等。中国铁路总公司承担企业职责，对铁路安全生产负主体责任。2017 年以来，国家铁路局对原铁道部时期的规范性文件分批进行了清理，废止了部分文件。继续有效的文件，一部分归国家铁路局管理，另一部分交由铁路总公司管理。2019 年 6 月，中国铁路总公司正式更名为“中国国家铁路集团有限公司”。

2.1.1　国家法律

我国铁路涉及安全的法律主要有《中华人民共和国铁路法》《中华人民共和国安全生产法》《中华人民共和国劳动法》《中华人民共和国突发事件应对法》《中华人民共和国特种设备安全法》《最高人民法院、最高人民检察院关于办理危害生产安全刑事案件适用法律若干问题的解释》等，其中《中华人民共和国铁路法》是铁路法规制度体系的基本法律。1990 年 9 月 7 日，《中华人民共和国铁路法》（下文简称《铁路法》）由中华人民共和国第七届全国人民代表大会常务委员会第十五次会议审议通过，共有六章七十四条，自 1991 年 5 月 1 日起施行。《铁路法》内容涉及铁路运输营业、铁路建设、铁路安全与保护、法律责任等基本法律规定。该法作为国家管理铁路的基本法律，是调整铁路与国家、企业、其他组织和公民在铁路建设、安全、运营、发展等方面所发生的各种社会关系的法律规范，在铁路运输法律法规体系中处于最重要的地位，是铁路法律法规体系的龙头。

然而，随着社会经济环境的变迁，高速铁路快速发展及铁路领域政企分开等一系列改革，现行《铁路法》已难以适应新形势下铁路运营与发展的需求。为了保障铁路运输安全顺利地进行，国家铁路局正在牵头协调各单位，对《铁路法》进行修改完善。

2.1.2　行政法规

在国家行政部门出台的规范铁路安全运输管理的行政法规中，曾经比较重要的是 2004 年 12 月 22 日国务院通过的《铁路运输安全保护条例》，自 2005 年 4 月 1 日起施行。该条例分总则、铁路线路安全、铁路营运安全、社会公众的义务、监督检查、法律责任、附则几部分，共七章一百零三条，对铁路运输安全相关问题做了规范，对维护铁路运输安全、保障铁路运输畅通起到了积极的作用。2013 年 8 月 17 日，中华人民共和国国务院颁布《铁路安全管理条例》，该条例分总则、铁路建设质量安全、铁路专用设备质量安全、铁路线路安全、铁路运营安全、监督检查、法律责任、附则几部分，共八章一百零八条，自 2014 年 1 月 1 日起施行，同时宣布废止《铁路运输安全保护条例》。《铁路安全管理条例》适应铁路体制改革和铁路快速发展的形势，对铁路安全管理体制、铁路建设质量安全、高速铁路安全、铁路运输安全保障等方面作出了规定。

2007 年 6 月 27 日，国务院通过《铁路交通事故应急救援和调查处理条例》，共八章四十条，自 2007 年 9 月 1 日起施行。2012 年 11 月 9 日，中华人民共和国国务院令第 628 号令对该条例进行了修订。该条例分总则、事故等级、事故报告、事故应急救援、事故调查处理、事故赔偿、法律责任、附则几部分。该条例对铁路交通事故涉及的主体、内容及权利、义务都做了详细的规定，对及时处理事故、恢复铁路运行秩序、维护各方当事人的合法权益具有积极的指导意义。

除此之外，与铁路运输安全相关的还有《国家突发公共事件总体应急预案》《特大安全事故行政责任追究的规定》《生产安全事故应急条例》等行政法规。

2.1.3 地方性法规

《铁路安全管理条例》颁布后，各地政府也相继制定地方性铁路安全法规，但目前只有《广西壮族自治区铁路安全管理条例》《广东省铁路安全管理条例》《湖南省铁路安全管理条例》《辽宁省铁路安全管理条例》已成文，其他省市的地方性法规正在制定中。这些地方性法规是铁路安全法律法规体系中不可缺少的一部分。

2.1.4 部门规章

在几十年的铁路运输管理实践中，铁路主管部门制定了大量的安全规章，内容涉及客货运输、安全生产、安全投入、事故应急、风险控制、教育培训等方面。

属于原铁道部的规章有《铁路技术管理规程》（2006 年铁道部令第 29 号）、《铁路交通事故调查处理规则》（2007 年铁道部令第 30 号）、《铁路交通事故应急救援规则》（2007 年铁道部令第 32 号）、《铁路主要技术政策》（2012 年铁道部令第 34 号）等。目前，部分原铁道部规章正在准备重新修订。

交通运输部颁发的新规章有《违反〈铁路安全管理条例〉行政处罚实施办法》（交通运输部令 2013 年第 22 号）、《铁路旅客运输安全检查管理办法》（交通运输部令 2014 年第 21 号）、《铁路运输企业准入许可办法》（交通运输部令 2014 年第 19 号）、《铁路旅客车票实名制管理办法》（交通运输部令 2014 年第 20 号）、《铁路危险货物运输安全监督管理规定》（交通运输部令 2015 年第 1 号）、《高速铁路基础设施运用状态检测管理办法》（交通运输部令 2018 年第 19 号）、《高速铁路安全防护管理办法》（交通运输部令 2020 年第 8 号）等。

2.1.5 地方政府规章

各地政府颁布的有关铁路安全的地方政府规章有《河北省铁路安全管理规定》《湖北省铁路安全管理办法》《内蒙古自治区铁路安全管理规定》《重庆市铁路安全管理规定》《江西省高速铁路安全管理规定》《福建省高速铁路安全管理规定》《云南省高速铁路安全管理规定》《贵州省高速铁路安全管理规定》《四川省高速铁路安全管理规定》《甘肃省铁路安全管理规定》及《辽宁省高速铁路安全管理规定》等。

2.1.6　规范性文件

规范性文件主要由原铁道部时期的规范性文件和 2013 年以后国家铁路局发布的规范性文件组成。按照推进“放管服”改革和法治政府建设的要求，国家铁路局于 2018 年前后分 17 批对原铁道部时期颁布的 1 014 个规范性文件进行了全面清理，其中废止的文件有 155 个，保留的文件有 110 个，交由原中国铁路总公司管理的文件有 749 个，具体情况见国家铁路局官网。这次清理为有效规范政府行为，合理厘清政府和企业管理界限，推进铁路依法行政，促进铁路行业健康发展奠定了良好基础。

国家铁路局安全方面的规范性文件包括《国家铁路局关于印发〈铁路行政执法人员管理办法〉的通知》（国铁安监〔2013〕30 号）、《国家铁路局公安部关于发布铁路〈禁止携带物品目录〉的公告》（国铁运输监〔2015〕3 号）、《国家铁路局关于印发〈铁路安全生产违法行为公告办法〉的通知》（国铁安监〔2015〕20 号）、《国家铁路局关于转发〈国务院安全生产委员会成员单位安全生产工作职责分工〉的通知》（国铁安监〔2015〕42 号）、《国家铁路局关于加强铁路货物运输安全有关工作的通知》（国铁运输监〔2017〕67 号）、《国家铁路局关于印发〈铁路安全生产约谈实施办法（试行）〉的通知》（国铁安监〔2018〕84 号）等。

2.1.7　标准规范

铁道行业国家标准由国家铁路局组织编制，经国家标准化管理委员会审批后发布。具体可登录国家标准化管理委员会网站《标准公告》栏目查询相关信息。

根据《铁道行业技术标准管理办法》（国铁科法〔2014〕23 号），对没有国家标准而又需在铁道行业范围内统一的下列技术要求，应制定铁道行业标准（不含工程建设标准）。

（1）铁路基础通用技术要求。

（2）铁路系统性、兼容性和互联互通等通用技术要求。

（3）铁路专用装备（设备）通用技术条件、试验方法及主要部件的技术条件、试验方法。

（4）直接影响铁路运输和安全的重要零部件。

（5）铁路运输服务质量要求。

（6）铁路安全监督管理需要规定的有关技术要求。

现行的铁路行业标准由原铁道部时期的标准和 2013 年以后国家铁路局新颁布的标准组成，具体情况见国家铁路局网站铁路技术标准信息服务平台。

2.2 铁路运输企业管理制度

铁路运输企业管理制度是铁路运输企业为贯彻落实有关法律法规，适应铁路运输安全管理需要所制定的企业内部技术标准、建设施工、组织运营、养护维修、应急处理、行政管理等有关技术规章、企业标准和其他管理办法。本节主要介绍国铁集团的管理制度。

1. 技术规章

2014年，中国铁路总公司印发了《铁路技术规章制度管理办法》。技术规章是铁路技术设备（固定设备和移动设备）完成施工或制造且交付运营后，涉及行车组织（包括行车安全措施、非正常行车及故障处置办法等）和信号显示及技术设备的运用、管理、维修等方面的规章制度。铁路技术规章分为总公司、铁路局和站段3个管理层面。总公司、铁路局技术规章分为基本技术规章和专业技术规章，专业技术规章分为专业系统技术规章（以下简称“系统规章”）、专业单项技术规章（以下简称“单项规章”）和专业临时技术规章（以下简称“临时规章”）。站段技术规章不分类。基本技术规章是铁路技术规章体系的核心。在专业技术规章范围内，比较综合的技术规章为系统规章；比较单一的技术规章为单项规章；针对技术管理某一方面急需解决的突出问题，在规定时间内、特定条件下制定的技术规章为临时规章。总公司基本技术规章是《中国铁路总公司铁路技术管理规程》，铁路局基本技术规章是《行车组织规则》。

2. 企业标准

企业标准是对企业范围内需要协调、统一的技术要求、管理要求和工作要求所制定的标准。企业标准是企业组织生产、经营活动的依据。企业标准由企业制定，由企业法人代表或法人代表授权的主管领导批准、发布，由企业法人代表授权的部门统一管理。

《企业标准化管理办法》规定，企业标准有以下几种：一是企业生产的产品，没有国家标准、行业标准和地方标准的，制定的企业产品标准；二是为提高产品质量和技术进步，制定的严于国家标准、行业标准或地方标准的企业产品标准；三是对国家标准、行业标准的选择或补充的标准；四是工艺、工装、半成品和方法标准；五是生产、经营活动中的管理标准和工作标准。

企业标准有：《铁路职工伤亡事故代码》（Q/CR 43—2014）、《铁路编组站、区段站技术（分类）条件》（Q/CR 458—2014）、《钢轨允许磨耗限度》（Q/CR 398—2014）等。

3. 管理办法

管理办法是指除技术规章、企业标准以外的其他制度规范或文件，主要包括以下3个方面。

（1）铁路建设的勘察、设计、施工、调试、验收，铁路产品的设计、制造、准入等。

（2）铁路机构设置和人员资质、考核、培训等。

（3）铁路交通事故及突发事件的应急预案、调查处理等。

2.3　国外铁路安全法律法规制度

2.3.1　日本铁路安全法律法规体系

日本作为大陆法系国家，以成文法为主，门类齐全，以分类立法、平行立法为特征。日本的铁路立法形式主要分为法律和省令 2 种。法律通常由国会审议通过，省令则细化了法律的相关规定，称为“规程”“规则”“细则”，由政府内阁中各部门制定。

在日本的法律中，最具有代表性的是《铁道事业法》。《铁道事业法》（昭和 61 年 12 月 4 日法律第 92 号）是 1986 年（昭和 61 年）12 月 4 日公布的关于铁路事业及索道事业运营的法律。随着日本国有铁路的分割民营化，取代了以前的日本国有铁路法、地方铁路法、索道规则而制定的唯一性的日本铁路事业法律。“铁道事业”是指拥有两条轨道结构的普通铁路，单轨、轨条向导式铁路，无轨电车、缆车、直线电机、磁悬浮列车等商用事业。“索道事业”是指从事吊椅索道和滑雪索道等商用事业。另外，专用铁路是指铺在工厂内的运输线。

《铁道事业法》的种类属于日本国交通道路法，归日本国土交通省管辖。与之相关联的还有《铁道营业法》《轨道法》《地方铁道法》等。在《铁道事业法》的下级法律、省令还涵盖《铁道事业法实施规则》《铁道设施等检查规则》《铁道事故等报告规则》《铁道事业等监察规则》《铁道线路的沿线道路铺设许可手续》《索道设施技术标准》等内容。

由于高速铁路的专业化程度比较高，与普速铁路有较大的区别，在日本法律法规体系中，一部分法律专门适用于高速铁路，1959 年日本新干线开始动工建设，为了加强新干线的建设与管理，1970 年日本政府专门制定了一部单行法律《全国新干线铁路建设法》。此后，随着新干线的发展，针对新干线方方面面的法律和省令不断完善。日本针对新干线安全制定了多部法律和省令，包括《新干线运行规则》《新干线铁道构造规则》《关于妨碍新干线铁路列车运行安全行为的处分特例法》《新干线运转办理细则》等。此外，日本高速铁路与普速铁路也共用许多法律和省令，包括《铁道事业法》《铁道事业法实施细则》《铁路营业法》《铁路运输规程》《关于确保行车安全的省令》《铁路事故报告规则》等。日本针对铁路安全的各方面如建设、管理等均有相应的法律来规制，以全方位的法律体系为铁路的安全保驾护航，具体见表 2-1。日本从法律层面上对铁路安全工作给予支撑，铁路运输企业也按照相应的法律规定研究制定更加具体的细则，用以确保铁路安全工作的展开。

表 2-1 日本铁路安全法律概况

名称	规制内容	法律形式	备注
铁路营业法	铁路员工、旅客及公众行为安全	法律	—
关于妨碍新干线铁路列车运行安全行为的处分特例法	公众行为安全	法律	该法有实施规则
铁路运输规程	旅客行为安全	省令	—
铁道事业法	企业行为安全	法律	该法有实施规则
铁路事故报告规则		省令	—
铁路设施的检查规则		省令	—
铁路业务监察规则		省令	—
全国新干线铁路建设法	建设装备安全	法律	该法有实施令和实施法则
新干线铁道构造规则		省令	—
道口改良促进法		法律	该法有施行令
新干线运行规则	行车运输安全	省令	—
关于确保行车安全的省令		省令	—

日本铁路安全管理法律法规的内容包括涉及铁路运输安全的多方面，主要包括针对人员风险防范立法、针对设备风险防范立法和针对环境风险防范立法等。

1. 针对人员风险防范立法

针对内部人员，《铁路营业法》专门设置了“铁路员工”一章。包括铁路员工的组织制度、服务规程、员工资格等，从正面对铁路内部员工进行了规定。此外，该法也从反面对铁路员工的行为进行了约束。《铁路营业法》第 25 条针对铁路员工违背或怠慢职务的行为，处以 3 个月以下有期徒刑或处 8 000 日元以下的罚金。第 28 条之一对铁路员工妨碍交通的行为处以 8 000 日元以下罚款。为树立铁路员工的安全观念，以达到完成输送任务的目的，《关于确保行车安全的省令》中又明确要求从事铁路业务的工作人员应当牢记有关行车安全规范的规定，并对安全规范分为纲领和一般准则两个方面进行细化，还要求铁路的经营者必须按照该省令中安全规范的规定制定行车安全有关的规程，经常指导和监督铁路工作人员实施得是否到位。

针对外部人员，日本在多部法律中分别对乘客和其他社会人员的违法行为予以罚金或有期徒刑的处罚。《铁路运输规程》对乘客的行为作了预防性的规定。第 21 条明确规定了旅客不得有扰乱秩序、有损坏车辆工具及其他铁路设备的行为。第 23 条还规定了旅客不准携带入车内的物品种类。若旅客的行为违反了规定，《铁路营业法》又有针对旅客的违法行为进行相应的处罚。《铁路营业法》第 31 条对违反有关铁路运输法令规定携带危险物品的乘客，处以 8 000 日元以下的罚金。第 33 条针对旅客在列车运行中扒车跳车、打开车辆侧面车门等危险行为也做了相应的处罚规定。针对其他社会人员的行为，《铁路营业法》也作了许多禁止性规定。第 36 条对在车辆、车站及其他铁路地域内的标志进行篡改、销毁或撤去的行为处 8 000 日元以下的罚金，对篡改、销毁或撤去信号的行为处 3 年以下有期徒刑。

2. 针对设备风险防范立法

设备安全是保障高速铁路安全的基础条件。作为一系列的配套体系，某个设备存在风险可能会“牵一发而动全身”。动态设备和静态设备在铁路建设阶段和运营阶段均可能存在安全风险。在建设阶段，以新干线为例，日本颁布了《全国新干线铁路建设法》及相应的《全国新干线铁路建设法施行令》和《全国新干线铁路建设法施行规则》，对新干线铁路建设线的调查指示、建设计划、工程实施计划等方面都进行了相应的规定。《新干线铁道构造规则》对新干线的设施和车辆规定了严格的技术标准，保证在高速铁路运营前最大限度地规避设施和车辆方面的风险。《道口改良促进法》《关于道口立体交叉化及结构改良的省令》《关于配备道口安全设备的省令》针对道口安全的相关标准作出了详细的规定，从道口建设阶段就力求规避风险。在运营阶段，《铁路业务监察规则》对设备的监察进行了规定。《铁路业务监察规则》第 2 条明确了监察的目的在于确保运输安全，第 4 条对安全监察的业务内容进行了详细的规定，第 9 条规定了监察员的职责。日本新干线电动车采用定期检查方式，根据 2002 年 12 月制定的《规定有关铁道技术方面标准的省令》，相关部门提出了规定的检查内容和周期，定期检查类别分为日常检查、月检查、转向架检查和全面检查。此外，《铁路事故报告规则》第 4 条将《铁道事业法》中第 19 条和 38 条规定的事故隐患作出了进一步的解释，并按照铁路行车事故、索道运转事故、电气事故和灾害进行了分类。

3. 针对环境风险防范立法

自然环境风险由于其不可控性，往往要依靠事先预警来防范。但对于地震之类的自然灾害，在无法提前预测或反应时间较短的情况下，只能通过安装防御设备来尽可能地减少自然环境带来的损害。日本由于地震多发，曾在 2005 年出现过新干线脱轨的事故。为此，日本在新干线上设置了防脱轨装置和自动列车停止装置。在新干线脱轨事故后，日本铁道部门立即进行了深入的安全调查和责任反省，彻查事故原因，并提出相应的解决措施，直接导致日本政府和国会修改了《铁道事业法》，规定各铁路公司必须在铁路沿线安装“自动列车停止装置”。此外，日本铁路在面对频发的地震时，除修改法律外，还通过计算机程序模拟在发生地震时新干线的运行情况，以此来降低环境风险带来的损害，为今后法律制度的修改提供依据。社会环境风险的防范则需要一套行之有效的高速铁路安全管理制度。1986 年，日本国会颁布了《日本国有铁道改革法》，对国有铁道进行了民营化改革。随后，日本国会相继颁布了《客运铁道股份公司和货运铁道股份公司组建法》《日本国铁清算事业团法》等相关法律，将国铁企业重组方案、关联各方的权责利界定、改革成本及遗留问题解决等一系列重大决策，直接用法律的形式加以规范。目前，日本铁路的安全管理机构在行政上由国土交通省及下设机构负责，各铁路运输企业则在内部设立了安全管理部门。日本铁路的安全管理机制主要以“运输安全管理制度”为核心，各铁路运输企业要遵守安全法令、法规，国土交通省及下设机构依法对铁路运输企业进行安全评价和监察。日本的铁路安全管理制度给予铁路运输企业充分的自我管理权力，政府在宏观上对企业运输安全管理进行评价及指导，并对企业作出日常性的安全检查。通过企业和政府的共同努力，使一体化安全管理体制形成良性循环，并得到不断的完善。

2.3.2 美国铁路安全法律法规体系

从1893年颁布《铁路设施安全法》开始，美国联邦政府开始关注铁路安全事务，利用法制手段干预铁路安全发展。美国铁路安全管理法律法规不仅有效提高了铁路安全水平，还形成了完善的法律法规体系。该体系主要由两个层次构成：一是国家层面，即由美国国会颁布的综合运输和铁路安全法律；二是铁路行业层面，即由运输政府主管部门（美国运输部）及其所属机构根据国会颁布的相关法律制定的运输和铁路安全规章或规则等，其体系构成如图2-1所示。

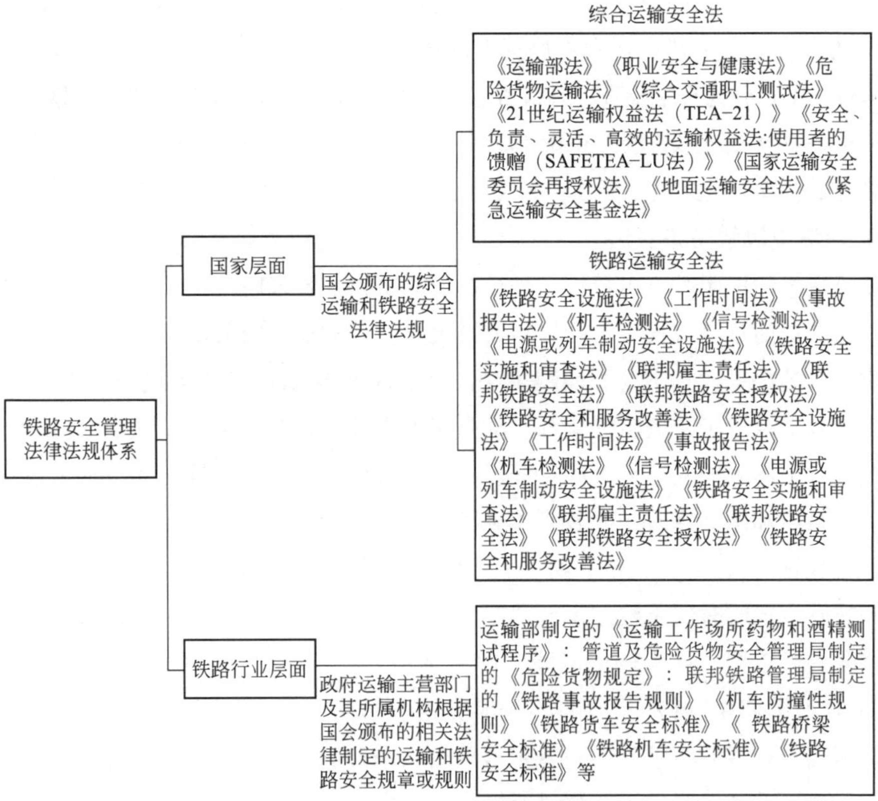

图2-1 美国铁路安全管理法律法规体系构成

国家法律主要确定铁路行业广泛的安全标准和要求，对运输主管机构以授权为主要目的，对其权力和职责进行分配划分，使其实施安全管理具有法律依据。运输主管部门是安全法律的执行机构，为确保对法律的执行力度，根据法律的相关要求，制定相应规章规定，细化法律规定，具体指导铁路运营作业。运输主管部门制定的所有安全规章在颁布之前都必须先提交国会进行审查，得到国会批准后才可以颁布实施。在安全规章颁布后，运输部还定期对这些规章规定进行审查，确定是否被有效地执行。

美国铁路安全管理法律法规体系内容广泛，涵括了涉及铁路运输安全的多方面，主要包括铁路安全管理、安全风险管理、铁路设备安全、危险货物运输安全、铁路事故的应急处理和调查处理、人员安全及其他影响安全的因素等。

1. 铁路安全管理

美国铁路立法充分体现了对安全管理的重视。多部法律法规中均涉及了安全管理机构的设置、职能、工作内容和范围，职工工作时间管理、从业资质考核与教育培训，司机资质审批和管理，职工酒精和药物安全测试管理等内容。其中，国会颁布的相关法律主要有《运输法》《国家运输安全委员会再授权法》《工作时间法》《铁路安全改善法》《综合交通职工测试法》等；铁路行业规章主要有《运输工作场所药物和酒精测试程序》《酒精和药物使用控制》《机车司机资格与认证》《铁路职工工作时间》《危险货物规定》等。

2. 铁路安全风险管理

美国已明确将铁路安全风险管理纳入法律范畴。根据《铁路安全改善法》，铁路运营商应该制定综合的安全风险降低规划，系统评估铁路安全风险，并通过缓解铁路安全风险因素的增加，降低铁路安全风险，提高铁路安全水平。

3. 铁路设备安全

通过设备保安全已是世界各国促进铁路安全发展的主要举措。美国通过大量法律对铁路设备保安全给予保证。通过《铁路安全改善法》《铁路安全设施法》《机车检测法》《信号检测法》《联邦铁路安全授权法》《铁路安全实施和审查法》对铁路线路、机车车辆、通信信号和行车安全设备的安全标准、定期检查、养护维修，以及安全技术装备的配置应用等提出了明确要求。在相关法律的指导下，美国运输部下属联邦铁路管理局（FRA）制定了《线路安全标准》《铁路货车安全标准》《铁路机车安全标准》《铁路桥梁安全标准》《客运设备安全标准》等一系列铁路设备安全相关规则，细化了相关法律条款，确保铁路职工作业有标准可依。

4. 危险货物运输安全

在《危险货物运输授权法》《联邦危险货物运输法》《危险货物安全运输法》《危险货物运输安全改善法》《危险货物规定》《铁路安全执法程序》等相关规章中，将运输部确保危险货物运输安全的职责，铁路运营商确保危险货物安全的职责，确保危险货物安全应采取的措施，危险货物包装及安全运输组织要求，违反危险货物安全要求的处罚等直接通过法制进行规范。

5. 铁路事故的应急处理

根据《铁路安全改善法》，运输部颁布相应规章，保证事故应急处理措施规范有效，要求铁路运营商为危险货物列车司机室内的所有职工提供覆盖头部和颈部、防护呼吸的紧急逃生呼吸装备，并且制定相应的行业规章《客运设备安全标准》《旅客列车应急准备》《危险货物规定》对事故应急救援设备设置、事故应急救援措施、应急救援人员管理及培训等方面进行了规定。

6. 铁路事故的调查处理

对于铁路事故的调查处理，美国多部法律及多部行业规章中均有所涉及。其中，《国家运输安全委员会再授权法》《铁路安全改善法》《事故报告法》《机车测试法》《信号检测法》中涉及的相关内容主要包括铁路事故调查机构的设置和权责，事故调查报告的管理制度等。行业规章《铁路事故报告规则》主要是针对事故的调查处理而制定的，它对铁路行车事故进行了定义与分类，规定了事故的报告制度，事故的调查管理及违反相关规则的处罚等。

7. 人员安全相关规定

人员安全主要指运输从业人员和路外人员的人身安全。《铁路安全改善法》《铁路运营规则》中涉及了这方面的相关要求。

8. 其他安全相关规定

在《铁路安全改善法》《联邦铁路安全授权法》《平交道口信号系统安全和州行动方案》中还对确保平交道口安全等进行了相应的规定。

第3章 政府对铁路的安全管理

依据《中华人民共和国安全生产法》，安全生产监督管理部门和对有关行业、领域的安全生产工作实施监督管理的部门，统称负有安全生产监督管理职责的部门。《中共中央国务院关于推进安全生产领域改革发展的意见》中提出，按照管行业必须管安全、管业务必须管安全、管生产经营必须管安全和谁主管谁负责的原则，厘清安全生产综合监管与行业监管的关系，明确各有关部门安全生产和职业健康工作职责，并落实到部门工作职责规定中。

铁路安全的政府管理主要体现在3个层面。国家铁路局和地区铁路监管局作为铁路行业监督管理部门，实施行业监管；铁路沿线各级地方人民政府负有铁路安全属地管理职责；国务院其他相关部门根据分工负有相应的安全监管职责。

3.1 铁路监管部门

3.1.1 机构和职责

2013年，我国铁路管理体制实现政企分开改革，组建了国家铁路局，承担原铁道部的行政职责，负责起草铁路监督管理的法规制度，拟订铁路技术标准，监督管理铁路安全生产、运输服务质量和铁路工程质量等。我国的铁路监管部门是指国家铁路局及各地区监管局。下面对国家铁路局及各地区监管局的机构设置和相关职责进行介绍。

1. 国家铁路局

1）国家铁路局机构设置

国家铁路局下设7个内设机构：综合司（外事司）、科技与法制司、安全监察司、运输监督管理司、工程监督管理司、设备监督管理司、人事司。

国家铁路局下设 7 个地区监管局和 1 个督察室，分别是：沈阳铁路监督管理局、上海铁路监督管理局、广州铁路监督管理局、成都铁路监督管理局、武汉铁路监督管理局、西安铁路监督管理局、兰州铁路监督管理局和北京铁路督察室。

2）国家铁路局安全生产主要职责

《国务院安全生产委员会成员单位安全生产工作职责分工》（安委〔2015〕5 号）明确国家铁路局在安全方面的主要职责包括以下几项。

（1）负责铁路安全生产监督管理，制定铁路运输安全、工程质量安全和设备质量安全监督管理办法并组织实施，组织实施依法设定的行政许可，指导、监督铁路行政执法工作，依法查处影响铁路安全的违法违规行为。

（2）组织监督铁路运输安全情况，按照法律法规规定的条件和程序办理铁路运输有关行政许可并承担相应责任，组织拟定规范铁路运输市场秩序政策措施并监督实施。

（3）组织拟订规范铁路工程建设市场秩序政策措施并监督实施，组织监督铁路工程质量安全和工程建设招标投标工作。

（4）组织监督铁路设备产品质量安全，按照法律法规规定的条件和程序办理铁路机车车辆设计生产维修进口许可、铁路运输安全设备生产企业认定等行政许可并承担相应责任。

（5）负责危险货物铁路运输及其运输工具的安全监督管理。

（6）负责组织监测分析铁路运行安全情况，负责铁路行业安全生产统计分析，依法组织或参加有关事故的应急救援和调查处理，按照职责分工对事故发生单位落实防范和整改措施的情况进行监督检查。

2. 地区铁路监管局

1）负责监管区域

（1）沈阳铁路监督管理局：负责中国铁路哈尔滨局集团有限公司、中国铁路沈阳局集团有限公司管界内的相关铁路监督管理工作。

（2）上海铁路监督管理局：负责中国铁路济南局集团有限公司、中国铁路上海局集团有限公司、中国铁路南昌局集团有限公司管界内的相关铁路监督管理工作。

（3）广州铁路监督管理局：负责中国铁路广州局集团有限公司、中国铁路南宁局集团有限公司管界内的相关铁路监督管理工作。

（4）成都铁路监督管理局：负责中国铁路成都局集团有限公司、中国铁路昆明局集团有限公司管界内的相关铁路监督管理工作。

（5）武汉铁路监督管理局：负责中国铁路郑州局集团有限公司、中国铁路武汉局集团有限公司管界内的相关铁路监督管理工作。

（6）西安铁路监督管理局：负责中国铁路太原局集团有限公司、中国铁路呼和浩特局集团有限公司、中国铁路西安局集团有限公司管界内的相关铁路监督管理工作。

（7）兰州铁路监督管理局：负责中国铁路兰州局集团有限公司、中国铁路乌鲁木齐局集团有限公司、中国铁路青藏集团有限公司管界内的相关铁路监督管理工作。

（8）北京铁路督察室：负责中国铁路北京局集团有限公司管界内的相关铁路监督管理工作。

2）地区监管局主要职责

《国家铁路局地区铁路监督管理局主要职责内设机构和人员编制暂行规定》（国铁人〔2013〕7 号）明确了各地区监管局的主要职责，具体职责如下。

（1）监督管理铁路运输安全、铁路工程质量安全、铁路运输设备产品质量安全。

（2）监督相关铁路法律法规、规章制度和标准规范执行情况，负责铁路行政执法监察工作，受理相关举报和投诉，组织查处违法违规行为。

（3）依法组织或参与铁路交通事故和铁路建设工程质量安全事故调查处理，负责事故统计、报告、通报、分析等工作。

（4）研究分析铁路安全形势、存在问题，提出改进安全工作的措施要求并监督实施。

（5）监督规范铁路运输和工程建设市场秩序的政策措施实施情况，监督检查铁路行政许可产品和许可企业，监督铁路运输服务质量和铁路运输企业承担国家规定的公益性运输任务情况，监督工程建设招标投标工作。

（6）负责与地方政府及相关执法部门的工作联系，指导协调地方铁路相关部门工作，建立相关信息通报和监管协调机制。协调组织开展铁路沿线安全综合治理和相关铁路突发事件应急工作。

（7）完成国家铁路局及其他领导机关交办事项。

3. 铁路安全监督管理办公室

铁路安全监督管理办公室（以下简称“铁路安监办”）设置在铁路局集团公司安全监察室（以下简称“铁路局安监室”），受所属铁路监督管理机构委托，组织一般铁路交通事故的调查处理，配合所属铁路监督管理机构开展铁路运输安全监督检查。

铁路安监办的安全监管业务工作，接受国家铁路局的指导和所属铁路监督管理机构的领导。

铁路局集团公司明确铁路安监办的具体工作机构和各岗位主要职责，铁路安监办在受托事项范围内履行职责，依据法定程序开展工作，同时加强与所属铁路监督管理机构的协调，确保各项工作有序衔接。

3.1.2　监管依据

铁路监管部门实施行业安全监管主要依据《安全生产法》《铁路法》《铁路安全管理条例》《铁路交通事故应急救援和调查处理条例》等。

《铁路安全管理条例》规定，国务院铁路行业监督管理部门负责全国铁路安全监督管理工作，国务院铁路行业监督管理部门设立的铁路监督管理机构负责辖区内的铁路安全监督管理工作，并且作出以下要求。

第七十八条　铁路监管部门应当对从事铁路建设、运输、设备制造维修的企业执行本条例的情况实施监督检查，依法查处违反本条例规定的行为，依法组织或者参与铁路安全事故的调查处理。

铁路监管部门应当建立企业违法行为记录和公告制度，对违反本条例被依法追究法律责任的从事铁路建设、运输、设备制造维修的企业予以公布。

第七十九条　铁路监管部门应当加强对铁路运输高峰期和恶劣气象条件下运输安全的监督管理，加强对铁路运输的关键环节、重要设施设备的安全状况以及铁路运输突发事件应急预案的建立和落实情况的监督检查。

第八十条　铁路监管部门和县级以上人民政府安全生产监督管理部门应当建立信息通报制度和运输安全生产协调机制。发现重大安全隐患，铁路运输企业难以自行排除的，应当及时向铁路监管部门和有关地方人民政府报告。地方人民政府获悉铁路沿线有危及铁路运输安全的重要情况，应当及时通报有关的铁路运输企业和铁路监管部门。

第八十一条　铁路监管部门发现安全隐患，应当责令有关单位立即排除。重大安全隐患排除前或者排除过程中无法保证安全的，应当责令从危险区域内撤出人员、设备，停止作业；重大安全隐患排除后方可恢复作业。

3.1.3　监管方式

铁路监管部门对铁路的安全监管方式包括行政许可、监督检查、事故调查、行政处罚、约谈等。下面对以上监管方式进行介绍，其中事故调查方式详见第 6 章 6.4 节相关介绍。

1. 行政许可

根据《中华人民共和国行政许可法》，行政许可是指行政机关根据公民、法人或者其他组织的申请，经依法审查，准予其从事特定活动的行为。

（1）国家铁路局行政许可权利清单包括：铁路运输基础设备生产企业审批；铁路机车车辆驾驶人员资格许可；铁路无线电台设置审批及电台频率的指配；铁路机车车辆设计、制造、维修或进口许可；铁路车站和线路命名、更名审批；铁路运输企业准入许可。

（2）相关规章制度。为规范铁路行政许可工作，国家铁路局的行政许可有关规章制度包括：《铁路机车车辆设计制造维修进口许可办法》《铁路运输企业准入许可办法》《铁路运输基础设备生产企业审批办法》《铁路机车车辆驾驶人员资格许可办法》《铁路运输基础设备生产企业审批实施细则》《铁路运输企业准入许可实施细则》《铁路机车车辆驾驶人员资格许可实施细则》《国家铁路局行政许可实施程序规定》等。

（3）相关要求。国家铁路局实行“一个窗口对外”的许可工作机制，由科技与法制司（以下称“受理部门”）负责受理行政许可申请，送达行政许可决定。相关业务部门（以下称“审查部门”）按照职责分工，负责审查行政许可申请，拟定行政许可决定。

行政许可相关要求如下。

① 审查部门应当在规定的办理期限内依法提出准予或不予行政许可的审查意见，拟定行政许可书面决定及行政许可证件记载内容，送至受理部门。受理部门进行合法性审核，履行批准程序后，将加盖国家铁路局行政许可专用章的行政许可书面决定送达申请人。

② 国家铁路局应当自受理行政许可申请之日起20日内作出行政许可决定。20日内不能作出决定的，经国家铁路局负责人批准，可以延长10日，但应当将延长期限的理由书面告知申请人。法律、法规另有规定的，依照其规定。

③ 国家铁路局作出准予行政许可决定，需要颁发行政许可证件的，由受理部门自作出许可决定之日起10日内向申请人颁发加盖国家铁路局行政许可专用章的行政许可证件。

④ 国家铁路局应当建立健全监督检查制度，制定监督检查计划，依法组织开展许可监督检查。被许可人应当配合监督检查并如实提供有关情况和材料。

⑤ 国家铁路局实施行政许可和对行政许可事项组织开展监督检查，不得收取费用。法律、行政法规另有规定的，依照其规定。

⑥ 国家铁路局机关监督部门加强对行政许可相关职能部门及其工作人员履职情况的监督检查。对有违规违法情形的，责令相关部门改正；情节严重的，依法追究直接负责的主管人员和其他直接责任人员的责任。

2. 监督检查

铁路安全监督检查，是指铁路监管部门依法对从事铁路工程建设、运输、设备制造维修的企业单位和铁路沿线环境的监督检查。

1）监督检查的目的、要求

（1）开展铁路安全监督检查的主要目的。

① 检查企业贯彻安全生产法规标准实际情况，督促其落实安全生产主体责任。

② 发现安全质量问题和隐患，提出整改要求，依法查处违法行为。

③ 分析研判安全生产形势，把握企业安全发展状态和趋势，强化源头治理，维护铁路安全生产的稳定局面。

（2）开展铁路监督检查的要求。各相关监管部门依据制度，按照职责分工，对铁路相关生产经营单位执行有关安全生产的法律、法规和国家标准或者行业标准的情况进行监督检查，为铁路高质量发展提供可靠的安全保障。监督检查不得影响被检查单位的正常生产经营活动，要建立完善“四不两直”（不发通知、不打招呼、不听汇报、不用陪同和接待，直奔基层、直插现场）暗查暗访安全检查制度，制定事故隐患分类和分级挂牌督办标准，对重大事故隐患加大执法检查频次，强化预防控制措施。

2）监督检查重点内容和工作安排

国家铁路局、各地区铁路监督管理局围绕法律法规执行、安全生产责任落实、铁路运输安全、铁路专用设备质量安全、铁路建设工程质量安全等方面重点内容，结合铁路安全生产实际，安排监督检查工作。

（1）针对铁路运输高峰期，开展春运、暑运、“十一”监督检查。

（2）针对恶劣气象条件下铁路运输安全，开展汛期防洪监督检查。

（3）针对运输关键环节，开展危险货物运输监督检查。

（4）针对铁路重要设施设备质量安全，加强事中事后监管，开展铁路专用设备行政许可企业、铁路产品质量监督检查。

（5）针对铁路工程施工质量安全，开展工程质量、冬季施工和营业线施工等监督检查。

（6）按照国务院安委会等上级要求和铁路安全形势需要，适时开展“打非治违”等专项工作监督检查、安全大检查和随机抽查。

（7）其他安全监督专项检查。

3. 行政处罚

行政处罚是法定的国家行政机关对违反行政法律法规、尚未构成犯罪的行政管理相对人，依法定职权和程序，实施惩戒或制裁的行政行为。

铁路监管部门实施行政处罚，遵循合法、公正、公开的原则，坚持处罚与教育相结合。实施行政处罚应当按照法定职责和法定程序，以事实为依据，与违法行为的性质、情节以及对铁路安全的危害程度相当。

1）相关要求

当铁路行政执法人员实施行政处罚时，应当出示执法证件。

公民、法人或者其他组织对铁路监管部门给予的行政处罚，享有陈述权、申辩权。公民、法人或者其他组织因违法受到行政处罚，其违法行为对他人造成损害的，应当依法承担民事责任。违法行为构成犯罪的，应当依法追究刑事责任，不得以行政处罚代替刑事处罚。

2）管辖与适用

由铁路监管部门处罚的事项，一般由地区铁路监督管理局实施。对案情复杂、性质严重、社会影响较大、跨区域的案件以及国家铁路局认为有必要的，由国家铁路局实施处罚。直接向国家铁路局举报、控告的案件由国家铁路局依法决定管辖机关。

铁路行政处罚由地区铁路监督管理局实施的，一般由违法行为发生地的地区铁路监督管理局管辖。地区铁路监督管理局之间对管辖权有争议的，应当报请国家铁路局指定管辖。

对当事人的同一个违法行为，不得给予两次以上罚款的行政处罚。

3）执法监督

铁路监管部门应当建立行政处罚责任追究制度，对违法实施行政处罚的责任人实行责任追究。

公民、法人或者其他组织认为铁路监管部门的行政处罚侵害其合法权益，有权依照《中华人民共和国行政复议法》申请行政复议，或者依照《中华人民共和国行政诉讼法》，向人民法院提起行政诉讼。

4）办案流程

行政处罚案件办理流程包括：初步核查、受案、调查取证、案件审查、处罚决定、结案归档、处罚公告等。

4. 约谈

铁路安全生产约谈（以下简称“约谈”），是指国家铁路局、地区铁路监督管理局、铁路安全监督管理办公室负责人约见下级铁路监督管理部门、责任单位、相关地方人民政府及部门负责人，就安全生产主体责任不落实、监督管理工作不力，发生铁路交通、工程质量安全事故及险情和隐患，进行提醒、告诫，督促整改的谈话。

国家铁路局进行的约谈，由国家铁路局负责人或指定部门负责人组织实施。地区铁路监督管理局进行的约谈，由地区铁路监督管理局负责人或指定部门负责人组织实施。铁路安全监督管理办公室进行的约谈，由铁路安全监督管理办公室负责人组织实施。

1）约谈形式

约谈形式分为集体约谈和个别约谈。因同一事由，铁路监管部门可单独约谈涉及的单个企业，也可集体约谈涉及的多个企业。约谈可由铁路监管部门单独组织实施，也可邀请其他有关部门共同实施。

2）实施约谈的要求

铁路监管部门应当根据职责分工实施约谈，原则上同一企业同一事由在 3 个月内不进行重复约谈。

国家铁路局约谈企业，应当经国家铁路局主要负责人或分管负责人批准后实施。各地区铁路监督管理局约谈企业，应当经地区铁路监督管理局主要负责人或分管负责人批准后实施。

确定实施约谈的，一般情况下铁路监管部门应当提前至少 3 个工作日书面通知约谈企业，告知约谈的时间、地点、事由、参加人员和有关要求等。紧急情况下，可通过电话等方式临时通知约谈。

被约谈企业主要负责人应当参加约谈。主要负责人确因特殊情况无法参加的，经发出约谈通知的铁路监管部门同意，可委托分管负责人参加。被约谈企业可指定其他熟悉相关业务的人员参加约谈。

被约谈企业应当在约谈实施前，向实施约谈的铁路监管部门反馈参加约谈的有关信息。

在铁路监管部门实施约谈时，应当指派两名以上工作人员参加。

铁路监管部门应当制作笔录，如实反映约谈过程、内容和有关要求、意见等，并由约谈人和被约谈企业当场阅核后签名或盖章。

对需要整改的，被约谈企业应当按要求报告整改落实情况，实施约谈的铁路监管部门应当对整改落实情况进行复查。

3）约谈主体

（1）对铁路监督管理责任的约谈。国家铁路局对所辖区域铁路安全生产出现严重问题的地区铁路监督管理局、铁路安全监督管理办公室进行约谈，以督促依法履职。

（2）对铁路运输企业主体责任的约谈。涉及铁路业务工作的中央管理企业及铁路局集团公司、合资和地方铁路公司、铁路工程局集团公司（含承建铁路工程的建筑工程企业）、铁路建设工程设计单位、铁路建设工程监理单位、铁路设备造修企业等铁路运输企业是铁路安全生产的责任主体。对安全生产出现严重问题的有关铁路运输企业，要通过约谈加强安全监管，督促履行安全主体责任。

（3）铁路外部原因涉及地方人民政府和相关责任单位的约谈。铁路安全与铁路沿线外部环境紧密相关，在铁路安全保护区内或铁路沿线违法生产、违法建设、滥采乱挖、冲闯道口、侵入铁路限界、破坏铁路设备设施等情况严重威胁铁路运输安全。对铁路外部原因造成严重问题依法负有责任的地方人民政府和相关责任单位要通过约谈，加强督促和整改工作。

3.2 地方政府

为了提高交通运输基本公共服务供给效率，充分发挥地方政府区域管理优势和积极性，铁路沿线各地方政府对铁路安全负有属地管理职责。我国相关法律、法规、规章、规范性文件等对地方政府及其有关部门的安全管理职责进行了具体规定。

1. 法律法规及部门规章的规定

涉及地方政府铁路安全职责的法律法规和部门规章主要有《铁路法》《安全生产法》《反恐怖主义法》《防洪法》《突发事件应对法》《大气污染防治法》《石油天然气管道保护法》《铁路安全管理条例》《铁路交通事故应急救援和调查处理条例》《建设工程质量管理条例》《高速铁路安全防护管理办法》等，涉及地方政府的工信、公安、国土资源、环保、建设等 12 个部门，内容包括铁路安全总体要求、工程建设质量安全、线路安全、运营安全等 4 个方面的具体职责。

《中华人民共和国安全生产法》对地方政府安全生产管理职责进行了总体要求：县级以上地方各级人民政府安全生产监督管理部门依照本法，对本行政区域内安全生产工作实施综合监督管理；县级以上地方各级人民政府有关部门依照本法和其他有关法律、法规的规定，在各自的职责范围内对有关行业、领域的安全生产工作实施监督管理；县级以上地方各级人民政府应当根据本行政区域内的安全生产状况，组织有关部门按照职责分工，对本行政区域内容易发生重大生产安全事故的生产经营单位进行严格检查。

《中华人民共和国铁路法》提出了地方政府维护铁路安全运营的具体要求。

（1）铁路公安机关和地方公安机关分工负责共同维护铁路治安秩序。车站和列车内的治安秩序，由铁路公安机关负责维护；铁路沿线的治安秩序，由地方公安机关和铁路公安机关共同负责维护，以地方公安机关为主。

（2）铁路线路两侧地界以外的山坡地由当地人民政府作为水土保持的重点进行整治。铁路隧道顶上的山坡地由铁路运输企业协助当地人民政府进行整治。铁路用地界以内的山坡地由铁路运输企业进行整治。

（3）在铁路线路和铁路桥梁、涵洞两侧一定距离内，修建山塘、水库、堤坝，开挖河道、干渠，采石挖砂，打井取水，影响铁路路基稳定或者危害铁路桥梁、涵洞安全的，由县级以上地方人民政府责令停止建设或者采挖、打井等活动，限期恢复原状或者责令采取必要的安全防护措施。

（4）在铁路弯道内侧、平交道口和人行过道附近，不得修建妨碍行车瞭望的建筑物和种植妨碍行车瞭望的树木。修建妨碍行车瞭望的建筑物的，由县级以上地方人民政府责令限期拆除。种植妨碍行车瞭望的树木的，由县级以上地方人民政府责令有关单位或者个人限期迁移或者修剪、砍伐。

《铁路安全管理条例》对地方政府保障铁路安全的职责进行了规定：铁路沿线地方各级人民政府和县级以上地方人民政府有关部门应当按照各自职责，加强保障铁路安全的教育，落实护路联防责任制，防范和制止危害铁路安全的行为，协调和处理保障铁路安全的有关事项，做好保障铁路安全的有关工作。

《铁路交通事故应急救援和调查处理条例》指出有关地方人民政府应当按照各自的职责和分工，组织、参与事故的应急救援和调查处理工作。

《高速铁路安全防护管理办法》规定了各级公安、自然资源、生态环境、住房和城乡建设、交通运输、水利、应急管理等部门和消防救援机构应当依照法定职责，协调和处理保障高速铁路安全的有关事项，做好保障高速铁路安全的相关工作，防范和制止危害高速铁路安全的行为。

2. 地方法规、规章的规定

目前大部分省级地方政府结合当地情况分别出台了铁路安全监管的相关文件，明确了其监管对象及职责，为进一步规范铁路安全运营提供了保障。自《铁路安全管理条例》颁布实施以来，已经有 13 个省份颁布了保障铁路安全的地方性法规或政府规章，其中地方性法规 4 部，地方政府规章 11 部。这 15 部地方法规均结合本地区实际对铁路安全管理工作进行了规定，明确了地方政府及有关部门的铁路安全管理职责。

3. 规范性文件的规定

为加强保障铁路运输安全，国务院及有关部门自 2017 年以来相继颁布了《住房城乡建设部 国家铁路局 中国铁路总公司关于建立高速铁路沿线环境综合整治长效机制的意见》（建督〔2017〕236 号）、《国务院办公厅关于印发交通运输领域中央与地方财政事权和支出责任划分改革方案的通知》（国办发〔2019〕33 号）、《国家铁路局 公安部 住房和城乡建设部 交通运输部 农业农村部 应急管理部 中国国家铁路集团有限公司关于印发〈铁路安全生产专项整治三年行动计划实施方案〉的通知》（国铁安监〔2020〕29 号）等与铁路安全相关的规范性文件，涵盖了高速铁路和普速铁路安全环境治理的大多数情况，对铁路安全管理具有较强的针对性和指导性。

《关于建立高速铁路沿线环境综合整治长效机制的意见》要求高速铁路沿线有关地方政府和铁路有关部门强化高速铁路沿线安全管控、加强高速铁路沿线环境整治管理、建立健全高速铁路沿线环境整治长效管控机制。目前已有 15 个省份与铁路监管机构和铁路运输企业建立了铁路沿线环境综合整治长效机制，推进铁路线下环境整治，加强铁路及沿线治安管理，打击查处了一批危及铁路运输安全特别是高铁安全的违法行为，铁路运输安全外部环境进一步好转。

《交通运输领域中央与地方财政事权和支出责任划分改革方案》中对铁路的地方财政事权划分进行了明确：城际铁路、市域（郊）铁路、支线铁路、铁路专用线建设、养护、管理、运营等具体执行事项由地方实施或由地方委托中央企业实施。由地方决策的铁路公益性运输，地方承担相应的管理职责，具体执行事项由地方实施或由地方委托中央企业实施。地方承担铁路沿线（红线外）环境污染治理和铁路沿线安全环境整治，除国家铁路、国家铁路运输企业实际管理合资铁路外的其他铁路的安全保卫职责。上述铁路领域事项由地方承担支出责任。

第 4 章　铁路运输企业安全管理

我国铁路运输企业作为实施铁路运输活动的主体，在铁路运输系统中发挥关键作用，承担铁路运输安全生产的主体责任。铁路运输企业的安全、高效运营是保证我国铁路运输系统整体效益的关键，是保护人民生命财产安全的重要保障。我国相关法律法规对铁路运输企业的安全主体责任进行了规定。在长期的生产实践中，铁路运输企业内部逐步形成了较为系统完备的安全管理体系。

4.1　相关法律法规要求

对铁路运输企业的安全生产主体责任，相关法律法规做出了明确要求，具体要求如下。

1)《中华人民共和国安全生产法》要求

(1) 生产经营单位必须遵守本法和其他有关安全生产的法律、法规，加强安全生产管理，建立、健全安全生产责任制和安全生产规章制度，改善安全生产条件，推进安全生产标准化建设，提高安全生产水平，确保安全生产。

(2) 生产经营单位的主要负责人对本单位的安全生产工作全面负责。

(3) 生产经营单位的从业人员有依法获得安全生产保障的权利，并应当依法履行安全生产方面的义务。

(4) 生产经营单位的安全生产责任制应当明确各岗位的责任人员、责任范围和考核标准等内容。

(5) 生产经营单位应当建立相应的机制，加强对安全生产责任制落实情况的监督考核，保证安全生产责任制的落实。

(6) 生产经营单位的安全生产管理机构及安全生产管理人员应当恪尽职守，依法履行职责。

2）《铁路安全管理条例》要求

（1）从事铁路建设、运输、设备制造维修的单位应当加强安全管理，建立健全安全生产管理制度，落实企业安全生产主体责任，设置安全管理机构或者配备安全管理人员，执行保障生产安全和产品质量安全的国家标准、行业标准，加强对从业人员的安全教育培训，保证安全生产所必需的资金投入。铁路建设、运输、设备制造维修单位的工作人员应当严格执行规章制度，实行标准化作业，保证铁路安全。

（2）铁路运输企业应当依照法律、行政法规和国务院铁路行业监督管理部门的规定，制定铁路运输安全管理制度，完善相关作业程序，保障铁路旅客和货物运输安全。

4.2 安全管理机构

铁路运输企业指在中华人民共和国境内依法登记注册，从事铁路旅客、货物公共运输营业，并经国家铁路局审查合格，取得铁路运输许可证的企业法人。我国的铁路运输企业主要包括国铁集团和其他铁路运输企业（除国铁集团外的铁路运输企业，如地方铁路、合资铁路、专用铁路等）。国铁集团和其他铁路运输企业都建立了企业内部的安全管理机构。

4.2.1 国铁集团

国铁集团全称为“中国国家铁路集团有限公司”，以铁路客货运输为主业，实行多元化经营。负责铁路运输统一调度指挥，统筹安排路网性运力资源配置，承担国家规定的公益性运输任务，负责铁路行业运输收入清算和收入进款管理。自觉接受行政监管和公众监督，负责国家铁路新线投产运营的安全评估，保证运输安全，提升服务质量，提高经济效益，增强市场竞争能力。国铁集团实行两级法人（国铁集团、铁路局集团公司）、三级管理（国铁集团—铁路局集团公司—运输站段）。截至 2019 年年末，国铁集团下设 18 个铁路局集团公司，3 个专业运输公司等 34 家企业，3 个事业单位。下面分别对各级单位的安全管理机构及职责进行介绍。

1. 国铁集团安全管理机构

1）国铁集团安全生产委员会

国铁集团安全生产委员会（以下简称“安委会”）是安全生产议事决策机构。负责贯彻国家有关安全生产工作部署，分析运输安全形势，研究解决安全生产重大问题及倾向性、关键性、前瞻性问题，总结和部署安全生产重点工作，督查安全重点工作落实情况。安委会下设办公室，办公室设在国铁集团安全监督管理局，负责安委会日常工作。国铁集团安委会的主要职责如下。

（1）按照国家安全生产方针政策、法律法规和有关安全生产工作部署，研究确定总公司的贯彻落实意见。

（2）研究分析国铁集团安全生产形势，对安全生产中的重大问题提出意见。

（3）研究确定国铁集团安全生产规划、重点任务安排、重要投资项目等，提出指导意见。

（4）研究审定国铁集团基本安全管理制度、重大突发性事件应急预案。

（5）研究涉及铁路安全的其他重要事项。

2）国铁集团安全监督管理局

安全监督管理局主要负责国铁集团安全管理制度规定建设，负责国铁集团各部门和国铁集团所属单位安全管理的监督工作，负责组织或参与铁路交通事故的内部调查处理等工作，其主要职责包括以下各项。

（1）对国铁集团安全生产工作实施综合监督管理，承担国铁集团安全生产委员会的日常工作，负责督促落实国铁集团安委会决议。

（2）拟定国铁集团安全工作总体规划，并监督实施。

（3）研究提出铁路安全管理的法律法规，建议拟订安全监督检查、事故管理、责任追究和安全监察工作管理制度。

（4）负责国铁集团管辖内的铁路交通事故、从业人员伤亡事故的统计、报告工作，分析研判安全形势和存在问题，提出部署和加强安全工作的意见。

（5）配合国家组织的有关国铁集团的铁路交通事故调查。组织国铁集团管辖内铁路交通较大及以上事故的内部调查。指导、参与或直接组织对国铁集团管辖内铁路交通一般事故的内部调查处理。指导或参与有关国铁集团的非铁路交通从业人员伤亡事故、铁路特种设备事故的内部调查工作。

（6）负责对国铁集团各部门安全管理工作的监督。监督检查国铁集团所属单位的铁路运输安全、职工劳动安全、特种设备安全、劳动保护、职业健康、路外安全、运输安全环境等管理工作。

（7）监督、指导国铁集团所属单位的安全监督检查工作。

（8）负责组织对国铁集团所属单位的安全评价，提出安全工作考核和责任追究建议。

（9）配合国家有关部门、督促国铁集团有关部门及单位落实《铁路安全管理条例》等有关法律法规的相关规定。指导国铁集团所属单位开展路外安全宣传工作。

（10）拟定国铁集团组织的新建铁路项目运营安全评估方案，并牵头组织实施、指导铁路局集团公司组织的运营安全评估工作。

（11）归口管理国铁集团安全监督管理特派员办事处的行政管理工作，领导安全监督管理特派员办事处的业务工作。协助、协调国铁集团有关部门和单位管理安全监督管理特派员办事处的人事、劳资、财务、后勤服务等工作。

（12）承办国铁集团领导交办的其他工作。

3）安全监督管理特派员办事处

为加强对铁路局安全管理工作的监督检查，我国设有 6 个安全监督管理特派员办事处，分别在沈阳、北京、武汉、上海、成都、兰州各设 1 个。安全监察特派员办事处，实行安全监察特派员负责制。每个办事处配设一名安全监察特派员，同时配设若干名特派员助理，协助安全监察特派员工作。安全监察特派员的相关职责如下。

（1）监督检查辖区铁路局贯彻执行国家安全生产法律、法规、方针、政策及国铁集团有关行车安全、劳动安全、路外安全、事故处理等规章、制度、纪律、命令、措施的情况。

（2）监督检查辖区铁路局对发生或群众举报的行车重大事故、职工死亡事故和重大路外伤亡事故的调查处理情况。

（3）经部安监司授权参与辖区铁路局发生的行车重大（大）事故、重大职工死亡事故、重大路外伤亡事故及货车脱轨、客车险性事故的调查、分析，并提出定性、定责的建议。

（4）对辖区铁路局安全生产中存在的重大、突出问题进行督查调研，及时向上级部门写出调研报告，提出解决问题的具体意见和建议。

（5）对辖区铁路局的安全管理情况进行评价，对铁路局、铁路分局主要负责人在安全管理方面的工作情况向部写出报告。

2. 铁路局集团公司安全管理机构

1）路局安委会

铁路局集团公司设立安全生产委员会（以下简称“路局安委会”）。路局安委会是全局劳动安全基础管理的领导机构。负责定期组织路局各部门、各单位对国家有关劳动安全生产的方针政策、相关安全法律、法规、标准和国铁集团制定的劳动安全规章制度、措施的细化实施细化落实。路局安委会下设办公室，负责安委会的日常工作。

以北京铁路局集团公司为例，路局安委会主要职责如下。

（1）贯彻落实国家、地方政府安全生产方面的法律法规和国铁集团安全工作部署，分析集团公司安全形势，指导集团公司安全工作，研究制定事关安全生产的重大制度，协调解决安全生产中的重大问题。

（2）组织制定集团公司安全生产长远规划、年度计划和阶段性工作安排，研究制定安全管理办法，督查安全工作落实情况。

（3）组织综合性、专题性的安全生产工作调研、考核评估。

（4）组织开展安全生产检查活动，针对发现的问题，监督、协调有关单位和部门进行整改。

（5）组织开展集团公司管内铁路交通事故的调查、分析，做出事故处理决定。

（6）总结推广安全生产先进经验，研究决定涉及安全生产的奖惩事宜。

（7）定期分析集团公司安全生产情况，听取各系统推进落实安全重点工作的汇报，研究解决影响安全生产的突出问题，确定集团公司领导班子成员挂牌督办的安全重点事项，部署下一阶段的安全重点工作。

2）铁路局集团公司安全监察室

铁路局集团公司安全监察室（以下简称“铁路局安监室”）负责安全监督管理、安全生产监督检查和事故调查处理，牵头组织安全评价，提出安全工作考核和责任追究建议。承担集团公司安委会办公室的职责，负责安委会日常工作的组织协调、督促指导，负责研究提出集团公司安全工作的总体规划建议。负责统筹安监系统、联合专业系统开展安全监督检查和事故调查处理工作，建立并实施集团公司安监室和辖区铁路办事处安监室、安监队一体化管理机制。铁路局安监室的主要职责如下。

（1）履行安委会办公室职责。组织落实《中华人民共和国安全生产法》《中华人民共和国铁路法》《铁路安全管理条例》等法律法规和《中国铁路总公司安全管理规定》；监督落实上级部署的安全工作、安委会确定的重点工作；组织排查生产安全事故隐患，对重大安全隐患和突出安全问题及时提出整治工作建议。

（2）安全管理。履行全局安全宏观管理职责，制订安全工作总体规划，组织研究建立健全安全管理制度，提出部署和加强安全工作的意见，并监督落实。组织推进安全风险管理工作，开展安全考核评价，总结推广安全生产经验，提出改进完善安全管理工作建议。

（3）事故管理。组织或参与事故调查，查明事故原因，深入分析管理原因，明确整改建议和要求，提出处理建议，健全事故档案，一事一档；监督执行事故损失索赔，按月统计，及时上报总公司安监局。

（4）安全信息分析管理。对高铁、客车安全信息件件调查分析，专设台账登记；对重要安全信息开展深度分析；定期进行安全分析，总结点评安全重点工作落实情况，研判安全风险，提出工作建议。

（5）安全监督检查。制订月度安全监督检查方案，开展常态化安全监督检查，明确检查重点、方式方法和要求；督办整改检查发现的典型安全问题，实行闭环管理。

3. 铁路站段安全管理机构

铁路站段安全管理机构为站段安委会和安全主管部门。站段安委会在路局安委会的领导下，指导全段安全生产工作，研究安全生产工作的政策和措施，协调、解决安全生产中的问题。以北京铁路局集团公司某站段为例，其安委会主要职责包括以下各项。

（1）负责贯彻上级有关安全生产的政策、法规、制度和办法，落实有关安全生产的指示和部署；结合实际制定段安全生产方针目标和实施措施，建立健全安全生产基本制度，落实安全生产责任制，并对贯彻执行情况进行监督检查。

（2）负责定期组织召开段安委会，分析研判段管内安全生产形势和安全工作存在的问题，按照路局各阶段安全重点工作要求，结合实际，及时提出加强安全工作的意见、措施和方案。

（3）负责按照路局的编制要求，配齐配强安全生产管理专、兼职人员。

（4）负责组织建立段安全应急预案和措施，建立应急救援机制，发生生产安全事故，迅速启动应急预案，履行现场组织指挥职责；负责建立段安全风险源控制防范措施并经常进行监督检查。

（5）建立健全段安全生产责任制，形成完善的安全生产逐级负责制、岗位负责制、分工负责制、专业负责制的“四责”体系。

（6）研究、制定、落实安全生产工作制度和措施，研究、解决、处理安全生产中的重大问题，部署和指导全段安全生产工作，监督检查贯彻落实安全工作部署情况，规范全段安全生产管理。

（7）根据段安全生产形势和上级的安全生产方针政策、指示、命令，定期或不定期召开安全委员会会议，分析研判段管内安全生产形势和安全工作存在的问题，制定针对性的安全措施和政策。

（8）负责对职工安全教育和技术业务学习情况进行督促、检查，不断提高职工的安全意识和技术业务素质；负责建立健全并落实人身安全、劳动安全保障各项制度，按规定配备从业人员劳动防护用品，整治从业环境，落实安全保护措施；负责建立并落实安全生产考核评价和奖惩制度，按照管理权限对有关人员进行安全考核。

（9）定期或不定期地组织全段综合性、专题性的安全生产工作调研、安全大检查工作、专项安全整治和考核评比工作；对安全生产中存在的安全隐患和问题及时组织研究、解决。

（10）坚持“四不放过”的原则，领导事故处理小组对人身、行车、设备、交通、防火安全等方面发生的不安全因素、“两违”、故障、事故进行调查、分析、处理、定性、定责，并对各类事故的责任者、严重违章违纪者给予处理。

（11）及时总结和推广安全生产工作的先进经验；奖励在安全生产中做出贡献和防止事故的有功人员。

（12）按照上级的规定或要求，及时报告、通报全段的安全生产工作情况。

（13）检查科室、车间、班组的安全生产情况。

（14）完成上级领导交办的其他安全工作事项。

4.2.2 其他铁路运输企业

以某地方铁路公司为例，对其安全管理机构和职责进行介绍。

公司安全生产委员会（以下简称“安委会”）是公司安全责任追究的最高权力机构，主任为公司董事长，副主任为公司领导层其他成员，委员为公司机关各部室正副经理（主任），分（子）公司经理（董事长、总经理、主任），调度指挥中心负责人。公司安委会下设办公室，办公室设在公司安全监察室（以下简称“安监室”），主任由安监室负责人兼任。

各分（子）公司成立本单位的安全生产委员会，工队（中心、折返段）成立本单位的安全生产队委会，并制定相应安（队）委会管理办法。

公司安委会职责如下。

（1）宣传贯彻有关安全生产的国家法律、法规和行业标准、规范。

（2）负责制定企业安全生产方针，统筹规划、协调解决生产中的重大安全问题。

（3）研究决定有关安全生产的表彰、奖励、惩处，及时推广安全生产工作经验。

（4）督促、检查各部门（单位）对公司安全管理决议及规章制度的执行情况。

（5）领导各职能部门开展安全大检查，督促对重大隐患的整改。

（6）组织开展事故调查、分析，并做出处理决定。

（7）编制应急救援预案并定期开展演练。

（8）督促检查各单位对事件（事故）按照有关规定程序组织调查处理。

4.3 铁路运输企业内部的监督检查

企业内部安全监督检查是指企业上级单位对下级单位贯彻安全生产法律法规的情况、安全生产状况、劳动条件、事故隐患等所进行的检查。各铁路运输企业结合自身实际，制定本单位的安全监督检查相关办法。如国铁集团（原铁路总公司）制定了《中国铁路总公司安全管理规定》（铁总安监〔2015〕10 号）和《中国铁路总公司安全监督管理办法》（铁总安监〔2015〕358 号）。

铁路运输企业内部监督检查方式主要包括安全巡查、安全评估、添乘检查、联合检查、安全调研、专项检查、重点帮促等。

监督检查要突出安全管理及关键作业、关键环节、关键处所、关键时段，重点检查安全管理职责、标准的制定和落实、规章标准执行、教育培训组织、安全生产投入、安全风险研判管控、安全问题整治、应急处置管理、人员岗位达标、结合部安全管理等情况。监督检查要制订计划，明确检查内容、重点、方式和质量要求，检查中及时交换意见，检查后形成检查报告。对监督检查发现的问题，要及时纳入问题库，实行动态管理，督促相关部门、单位整改销号，追踪复查，闭环管理。

除日常安全检查外，铁路运输企业还应针对不同时期、不同阶段的安全关键和重点确定检查项目，采取安全专项检查的形式进行有针对性的安全检查。

4.4　铁路运输企业安全考核奖惩

铁路运输企业为了更好地贯彻安全生产方针、政策、法规，落实安全生产的各项规章制度，根据国家相关法律规定，对铁路各项工作从经济上、行政上、形式上设立具体考核奖惩标准。主要包括职工日常劳动纪律和作业纪律考核、事故责任追究等，除考核外，为了调动职工的积极性，铁路部门还会实施一些奖励，如发现和防止事故奖励、发现重要安全问题奖励等。

4.4.1　安全考核奖惩规定

《中华人民共和国安全生产法》提出：生产经营单位的安全生产责任制应当明确各岗位的责任人员、责任范围和考核标准等内容。铁路运输企业应制定本单位的考核机制和办法，加强对相关责任人员安全生产责任制落实情况的考核。以下以国铁集团为例进行介绍。

《中国铁路总公司安全管理规定》（铁总安监〔2015〕10号）提出：总公司及所属单位在对机关部门及下级单位的考核办法中，须纳入安全业绩考核内容；总公司所属单位要明确各类违章违纪行为的考核标准，严格按标准进行考核。通过现场问题分析追溯管理责任，注重对干部履职过程的考评；总公司及所属单位应依法制定事故责任追究办法。按照管理权限，明确各类事故责任人员的组织处理、行政处分和党纪处分规定；对防止事故和安全生产工作做出突出贡献的集体或个人，应给予表彰奖励。

《中国铁路总公司关于创新安全风险管理加强2016年铁路运输安全工作》（铁总办〔2016〕2号）提出：要完善安全考核激励机制。坚持正向引导和正向激励，完善安全考核激励机制，科学合理设定考核权重和范围，做到分配向行车主要岗位、高技能人才、对安全生产做出突出贡献的人员倾斜。对严格按标准作业和有效处置现场安全问题的人员要及时通报表扬，对发现和防止安全突出隐患的人员按照规定快奖重奖，对防止安全严重事故的有功人员可按规定直接评选为总公司或路局级先进生产者，激发全员保安全的积极性。积极发现、总结和推广在安全生产上的先进经验和典型做法，按区域或分专业组织召开安全风险管理和标准化建设工作现场推进会，促进安全工作落实。各铁路局要健全客车安全“红线”管理及岗位退出办法，纳入企业劳动规章制度体系，依法保障企业和职工合法权益。

4.4.2 安全考核奖惩种类

铁路安全考核主要包括劳动纪律和作业纪律考核、事故责任追究、行车设备故障考核及其他专项考核等，对违章违纪及发生安全问题的相关人员进行考核和责任追究。

铁路安全奖励主要包括防止事故奖励、《安全监督检查表扬通知书》奖励、检查发现重要安全问题奖励、挂牌督办解决安全突出问题奖励、安全标杆集体和安全标兵评选奖励等，对在安全生产岗位具有突出贡献、防止铁路交通事故发生、发现或解决重要安全问题的干部职工给予奖励。

第5章　铁路安全风险管理和事故隐患排查

铁路运输企业在从事生产时会面临一系列安全风险和事故隐患。本章在明确风险与事故隐患的概念及关系的基础上，首先介绍了铁路安全风险管理及事故隐患排查的定义、关系和实施方法，然后阐述了我国铁路近年来逐渐发展成熟的风险隐患双重预防机制的主要内容，最后介绍了国铁集团和其他铁路运输企业的安全风险管理现状。

5.1　铁路安全风险管理和事故隐患排查概述

风险是对客观的可能性进行的主观评价，而隐患是客观存在的，常伴随着事故。风险和隐患在本质上是相似的，但存在不同之处。为了研究铁路安全风险管理及事故隐患排查有关内容，需明确安全风险与事故隐患的关系。在介绍安全风险与事故隐患基本概念的同时，也对它们之间的相互关系进行了阐述。

5.1.1　安全风险

风险就是不确定性对目标的影响。无论是事件发生的可能性还是所发生事件后果的严重性，都是人们在其发生之前所做的主观预测或判断。

安全风险是指某一特定危害事件发生的可能性和后果的组合。安全风险强调的是损失的不确定性，其中包括发生与否的不确定、发生时间的不确定和导致结果的不确定等。安全风险是生产经营过程中危害事件发生的可能性和损失后果严重程度的综合评价。它具有可识别、可控制和不确定性。例如，人走在路上有被车撞的风险，高楼施工有坠落的风险。我们可以采取防控措施减少风险，但是一般不能消除。

5.1.2　事故隐患

本章所述“隐患”特指安全生产领域中的事故隐患。《现代劳动关系词典》将“事故隐患”定义为：企业的设备、设施、厂房、环境等方面存在的能够造成人身伤害的各种潜在的危险因素。2008 年，国家安监总局颁布的《安全生产事故隐患排查治理暂行规定》将“事故隐患”定义为：生产经营单位违反安全生产法律、法规、规章、标准、规程和安全生产管理制度的规定，或者因其他因素在生产经营活动中存在可能导致事故发生的物的危险状态、人的不安全行为和管理上的缺陷。

综上所述，隐患是指人的不安全行为、物的不安全状态，或者管理上的缺陷。隐患就是不安全、缺陷状态，较风险来说具有确定性，并且隐患是可以消除的。如果不及时排查和整治隐患，就很可能引发事故。例如，人过马路不看车，高处施工不系安全带。隐患是事故的直接原因，也可以理解成不到位的风险防控措施，它会让风险失控，让风险往不好的方向倾斜。

5.1.3　安全风险与事故隐患的关系

安全风险是对事故发生可能性及其后果严重性的评价，需要尽可能科学、客观评价其危险程度，以便决定是否防控及如何防控。安全风险管控措施一旦失效或弱化，极易形成隐患，最终酿成事故。安全风险与事故隐患最大的区别在于：事故隐患具有确定性，是已确知存在的不安全、缺陷状态；安全风险是人们对事故发生的可能性及其后果严重程度的评价，具有不确定性和预测性。对于事故隐患而言，关键在于能否发现它。只有确定了事故隐患，才能有的放矢地对其进行防控。

5.1.4　安全风险管理及隐患治理的法律法规要求

我国在相关法律法规、规章及规范性文件对安全风险管理和事故隐患排查治理提出了要求。

1. 国家法律

《中华人民共和国安全生产法》要求生产经营单位应当建立健全生产安全事故隐患排查治理制度，采取技术、管理措施，及时发现并消除事故隐患。生产经营单位未建立事故隐患排查治理制度，或者未采取措施消除事故隐患，均会被责令限期改正，并被罚款。

《中华人民共和国突发事件应对法》要求国家应建立重大突发事件风险评估体系及有效的社会动员机制，以增强全民的公共安全和防范风险的意识。

2. 行政法规

《铁路安全管理条例》要求铁路监管部门发现安全隐患，应当责令有关单位立即排除。重大安全隐患排除前或排除过程中无法保证安全的，应当责令有关单位从危险区域内撤出人员、设备，停止作业；重大安全隐患排除后方可恢复作业。铁路运输企业发现重大安全隐患，难以自行排除的，应当及时向铁路监管部门和有关地方人民政府报告。

3. 部门规章

2007 年，为了建立安全生产事故隐患排查治理长效机制，强化安全生产主体责任，加强事故隐患监督管理，防止和减少事故，保障人民群众生命财产安全，国家安全监管总局颁布了《安全生产事故隐患排查治理暂行规定》（安全监管总局令 2007 年第 16 号）。

2013 年，原国铁集团开始大力推行安全风险管理。《铁路主要技术政策》（中华人民共和国铁道部令第 34 号）指出，在行车安全方面，要坚持“安全第一、预防为主、综合治理”的方针，全面推进安全风险管理，强化安全风险管理基础，加强安全风险过程控制，做好安全风险应急处置，构建安全风险防控体系，全面提升铁路安全保障能力。

4. 规范性文件

2007—2008 年，国务院办公厅连续发布了《关于在重点行业和领域开展安全生产隐患排查治理专项行动的通知》（国办发明电〔2007〕16 号）和《关于进一步开展安全生产隐患排查治理工作的通知》（国办发明电〔2008〕15 号），旨在进一步落实企业的安全生产主体责任和地方人民政府的安全监管主体责任，深化重点行业领域安全专项整治，推动安全生产责任制和责任追究制的落实，完善安全生产规章制度，建立健全隐患排查治理及重大危险源监控的长效机制。

2010 年，国务院发布《国务院关于进一步加强企业安全生产工作的通知》（国发〔2010〕23 号），要求企业每月进行一次安全生产风险分析，对重大危险源和重大隐患要报当地安全生产监管监察部门、负有安全生产监管职责的有关部门和行业管理部门备案。

2012 年，国务院安委会办公室印发了《关于建立安全隐患排查治理体系的通知》（安委办〔2012〕1 号）和《安全生产事故隐患排查治理体系建设实施指南》（安委办〔2012〕28 号），指导各地开展安全生产事故隐患排查治理体系建设。

2016 年 1 月 6 日，习近平总书记对全面加强安全生产工作提出新的要求，要求对易发重特大事故的行业领域采取风险分级管控、隐患排查治理双重预防性工作机制，加强应急救援工作，最大限度减少人员伤亡和财产损失。此后，陆续出台了《国务院办公厅关于印发安全生产“十三五”规划的通知》（国办发〔2017〕3 号）、《中共中央国务院关于推进安全生产领域改革发展的意见》（中发〔2016〕32 号）和《关于实施遏制重特大事故工作指南构建双重预防机制的意见》（安委办〔2016〕11 号）等法规性文件，对企业在安全生产领域提出了符合社会经济发展的、更加科学的安全管理要求：构建安全风险管控和隐患排查双重预防机制；要做到预防为主，源头管控；实施安全发展战略，把安全生产贯穿于规划、设计、建设、管理、生产、经营等各环节，严格安全生产市场准入，不断完善风险分级管控和隐患排查治理双重预防机制，有效控制事故风险。

从以上情况来看，我国安全生产领域现有一系列较为完备的预防和控制安全风险及隐患相关的法律、法规、规章及规范性文件，并将风险管理和隐患排查相结合，建立了风险分级管控和隐患排查治理双重预防工作机制。

5.2　铁路安全风险管理

铁路行业的特殊性，决定了铁路运输企业面临一系列风险，尤其是铁路安全生产的风险。铁路安全风险的存在可能会对人民群众及社会带来严重的不良影响。因此，对铁路安全风险进行管理是铁路运输工作必不可少的环节。

安全风险管理相较于传统安全管理，二者均强调安全第一、预防为主、综合治理，着力于实现铁路安全持续稳定。但是，安全风险管理与传统安全管理存在一定差异，传统安全管理侧重于问题分析，强调对事故和隐患的管理，而安全风险管理更强调问题的超前防范，目标是解决安全管理的深层次问题。

本节以铁路系统为背景，对安全风险管理相关理论的应用进行介绍。

5.2.1　铁路安全风险分类

作为一个规模巨大、错综复杂的铁路系统而言，随时随地都会面临内部、外部或其他不确定的因素和影响，这种不确定性的因素和影响就是一种安全“风险”。根据人-机-环境理论分析，铁路安全风险可分为人员风险、设备风险、环境风险三方面。人-机-环境系统中的“人”是指作为工作主体的人（如操作人员或决策人员）；“机”是指人所控制的一切对象（如工具、机器、计算机、管理系统和技术）的总称；“环境”是指人、机共处的特定工作条件（如空间、温度、噪声、振动等）。

1. 人员风险

铁路系统的可靠性是由人和设备的可靠性共同决定的，铁路生产的事故是由于人的不安全行为与物的不安全状态轨迹交叉而发生的。统计资料表明，90%以上的事故都是人为因素造成的，其中包括管理原因、操作者素质的原因等各个方面。为了保障安全，必须在提高设备可靠性的同时，努力降低铁路生产中的人为失误。

2. 设备风险

铁路运输企业是典型的装备先行性企业，铁路运输企业的发展往往以装备的升级换代为重要标志。随着现代铁路系统日趋复杂，对铁路设备运行可靠性的要求不断提高，设备的可靠性程度已经成为影响铁路运输企业安全运行的主要原因之一，因此，铁路运输企业必须高度重视对新技术、新材料、新工艺、新设备的可靠性的研究，加强安全技术保障，做到本质安全。如果行车设备或安全保障设备的质量不过关，或者检修不能及时到位，或者预测、预防做得不到位，就会造成安全隐患。近年来因设备故障影响正常行车的问题一直居高不下且呈上升趋势，密切关注、认真研究铁路设备的可靠性已成为积极应对铁路风险、保障铁路本质安全的重要措施。

3. 环境风险

由于环境产生的铁路安全风险可分为内部风险和外部风险。前者主要涉及铁路运输企业安全管理情况及效能，后者则涉及自然环境及社会环境。

1）内部风险

检验一个企业的安全管理效能，要看企业安全管理规章制度的制定和实施是否科学合理，企业安全氛围和人际关系是否协调，员工安全生产的态度是否积极、行为是否主动等。一个企业拥有良好的安全管理效能，无疑能够给员工带来巨大积极的作用，它能提升员工的安全绩效，调动员工的安全生产工作的主动性和积极性，创造出一种良好的安全氛围，在这样的情况下，员工的情绪良好，认知能力、安全行为处于稳态。反之，安全管理效能降低，安全管理将会被架空，企业的安全风险将会加大。铁路安全管理效能的高低，很大程度反映在安全基础工作上。例如，站段抓落实的能力，班组管理和现场作业控制等环节，具体反映在规章制度是否严谨规范，动态优化是否及时、充分，管理职责是否明确，职工队伍结构是否合理，站段培训工作是否对口且适应运输安全的需要等。

2）外部风险

铁路外部环境风险主要有自然灾害、异物侵限、非法施工、交通肇事、社会治安等。

自然灾害主要表现为恶劣气候或不良地质条件对铁路设备设施和行车安全造成的影响。

异物侵限主要表现为漂浮物、树木、建构筑物、动物等侵入铁路限界。

非法施工主要表现为在铁路安全保护区内挖沙、取土、堆放、建造建构筑物、邻近营业线施工等行为，未征得铁路运输企业同意并采取必要的措施，影响运输安全。

交通肇事主要表现为社会车辆撞坏铁路设施、交通肇事影响铁路安全等。

社会治安主要表现为行人非法上道、置障、盗窃损坏铁路设施、携带危险品进站上车等。

此外，根据不同的分类原则，还可将风险分为动态风险（由于人类需求的改变、制度的改进和政治、经济、社会、科技等环境的变迁导致的风险）、静态风险（由于自然力的不规则变化或由于人的行为失误导致的风险）。对于铁路安全风险，也可按照“车、机、工、电、辆”等各铁路专业进行分类。

5.2.2　铁路安全风险性质

由于铁路具有鲜明的行业特点，铁路安全风险的主要性质也具有明显的行业特性，包括突发性、社会性、可控性及客观存在性。

1. 突发性

铁路安全风险的偶然和不确定比起其他许多工业生产都严峻得多，所以需要管理者和生产者拿出百分之百的精力做好风险管理工作。例如，很多自然灾害带来的铁路风险带有突发性质，不以人的意志为转移。人们只有通过各种技术手段来应对风险，才能尽量避免或减少损失的产生。突发的灾害事件，具有极大的偶然性，不在日常安全管理范围之内，更需要铁路运输企业做好应急管理的基础工作，做到临危不乱、有备无患。

2. 社会性

随着新技术新设备的不断投入使用，铁路安全风险的社会性需要引起我们的重视。高速铁路具备技术新、速度快、建设难度大的特点，复杂的系统组成也带来更大的风险。设备一旦发生事故故障，就会对正常的运输秩序造成威胁，影响的旅客可能达成千上万人，在便捷的社会传媒的面前，还可能会造成恶劣的社会影响。

3. 可控性

铁路安全风险虽然有多种表现形式，但是由于车、机、工、电、辆等各专业在长期实践基础上积累了大量安全方面的经验教训，对安全风险的认知水平和重视程度不断提升，危及安全生产的风险也是可以识别，可以控制的。

4. 客观存在性

所谓风险的客观存在性，就是说决定铁路安全风险的各种因素是独立存在的，不以人的意志为转移，风险无时不有、无处不在，它存在于铁路运输企业的发展过程中，潜藏于企业员工的生产活动中。由于对客观世界的认识受到各种条件的限制，人们现在仍然很难准确地预测安全风险的发生。但是应该认识到，虽然在一定的条件下，安全风险的性质、数量、程度是可以发生变化的，某些风险在一定的空间和时间范围内可能被消除，但是某些新的风险仍然会产生，此风险解决了，彼风险可能继而产生。

5.2.3　铁路安全风险管理基本原则

铁路安全风险管理是一个系统性的问题，需要运用系统思维的方法，准确辨识风险，客观评价风险，超前控制风险，把风险降到最低限度。为有效提升铁路运输企业风险管理与控制水平，需要根据铁路运输企业的风险特点，借鉴和融合国际上广为流行的风险管理理念，本着系统化、流程化和规范化的思想，树立持续改进的理念，从管理内容、方法、流程及行为管理等方面入手，针对铁路运输企业的特点，建立一套系统的、过程管理与结果管理并重的安全风险管理体系，对安全生产实施标本兼治并形成长效机制。

铁路推行安全风险管理，既不能与原有的安全管理割裂，更不能脱离原有的安全管理，而要以原有安全管理为基础，引入风险意识，加强风险掌控，以更科学的方法提升安全管理水平。为了坚持铁路风险管理体系与实际相结合的基本原则，需要在准确把握风险管理的本质、规律及特点的基础上，结合相关管理经验，将高效的铁路运输安全风险管理理念运用到实际的安全管理工作中，坚持继承与发展相结合、融会贯通、有机结合的要求，避免脱离实际、生搬硬套、另起炉灶的错误做法，实现铁路运输安全管理的高效、科学及理性。

5.2.4 铁路安全风险管理过程

风险管理是通过对风险的识别、衡量和处理，以最小的成本将风险可能导致的各种不利后果减少到最低限度的科学管理方法。风险管理的过程主要包括风险辨识、风险评估和风险控制 3 个环节。

1. 铁路安全风险辨识

风险辨识是指风险管理人员在收集资料和调查研究的基础上，运用多种方法对企业各业务单元、各项重要经营活动及重要业务流程中潜在的或固有的影响铁路安全的各种因素进行系统科学的分析、归纳和鉴别，查找有无风险、有哪些风险，为风险评估奠定基础的过程。风险辨识是风险管理的基本前提。如果不对安全风险进行准确的识别，就不可能知道铁路运输企业存在什么安全风险、可能发生什么安全风险。

铁路运输企业在风险辨识过程中，需要根据各部门职责的不同，重点考虑各自的危害因素。一般地，可分为主管安全的职能部门、设备管理部门、铁路行车部门、其他特殊部门等。

铁路安全风险辨识方法包括风险信息资料收集、风险信息分析与风险信息建库三个方面。此外，还需要建立风险预警机制，为解决铁路行业中存在的缺乏统一的安全风险管理平台、安全风险管理信息不完整等安全风险管理问题，提高安全风险管理水平，有必要建立铁路安全风险预警系统。

2. 铁路安全风险评估

铁路安全风险评估是在安全风险辨识的基础上开展的。风险辨识已经将风险细化到最基本的风险源。但是，风险管理仅仅判断出有无风险是不够的，还必须对风险的大小、风险发生的可能性、风险程度等进行判断。风险评估就是连接风险辨识和制定风险控制措施的中间环节。风险评估既是风险辨识的必然结果，又为制定风险控制措施指明了方向。铁路运输企业通过系统风险评估可以提高企业各种安全生产计划的可信度，制定的整改措施就会更加具有针对性和实效性。评估结果将为铁路安全生产的决策、管理和制订应急管理计划提供科学依据。

铁路安全风险评估可以分为定性评估、定量评估和半定量评估 3 类。

1）定性风险评估

定性风险评估的准确性既依赖于评估者丰富的实践经验，又需要扎实的技术方法和理论依据，只有两者密切结合，定性评估才能做到既快捷又可靠。定性评估运用简便，便于在日常作业安全评估、单一风险事件或单一风险因素评估和系统风险评价的初评中应用，但难以应用于系统总体状况的评估中。

铁路运输企业常用的定性风险评估方法包括风险概率定性估算法、风险事件后果估算法、预先危险性分析法、故障假设分析法等。

2）定量风险评估

定量风险评估基于大量分析实验结果和统计资料，可以估计出风险后果及其发生可能性的实际数值，并产生风险等级的数值。定量风险评估比较准确，但运用起来比较烦琐，需要大量时间筹备可供风险分析的数据，数学运算的难度也比较大。

铁路运输企业常用的定量风险评估方法包括概率危险评价法、故障树分析法、事故树分析法等。

3）半定量风险评估

半定量风险评估可利用数字评级量表来测度风险的后果和发生的可能性，并运用公式将二者结合起来，确定风险等级。由于定量风险评估需要完善的数据和信息，往往开展难度较大，实际中经常采用半定量风险评估。

铁路运输企业常用的半定量风险评估方法包括专家打分法、风险矩阵评价法、作业条件危险性评估法等。

3. 铁路安全风险控制

铁路运输企业安全风险控制的思想充分体现了“安全第一、预防为主、综合治理”的原则，使预防目标和手段更加科学。同时，动态有效地实施风险控制对铁路运输企业的安全管理会起到积极的主导作用，促进铁路安全生产的良性循环。

1）铁路运输企业风险预防性措施

预防性措施用来消除导致事故的各种因素，铁路运输企业常用的方法包括建立风险控制表、安全检查及实施有关的考核奖惩制度。

风险控制表一般可分为重点风险控制表、设备设施风险控制表、环境风险控制表、作业风险控制表。

安全检查可以分为经常性安全检查、定期安全检查和专项安全检查。

铁路管理部门实施的一系列考核奖惩制度也属于风险控制的预防性措施。

2）铁路运输企业风险限制性措施

限制性措施用来减轻事故的后果，铁路运输企业常用的风险限制性措施有危机预警和应急管理等。

风险一旦失去控制就会成为危机。危机预警与应急是铁路安全风险管理的重要内容之一。在完成危机预警的同时，应做好应急救援准备，为科学、及时地应急救援提供依据。铁路运输企业危机预警和应急是铁路运输企业在安全生产过程中，对可能发生的风险进行预测、防范及对已发生的危机采取紧急应对措施的一种管理手段。

5.3　事故隐患排查治理

《中华人民共和国安全生产法》对生产经营单位及主要负责人、安全管理机构、从业人员发现和排查事故隐患做出明确规定，同时也对安全监督管理部门及地方政府加强事故隐患的检查和督促处理提出要求。

5.3.1　事故隐患分级

事故隐患的分级是以隐患的整改、治理和排除的难度及影响范围为标准的。根据《安全生产事故隐患排查治理体系建设实施指南》，事故隐患可以分为一般事故隐患和重大事故隐患：一般事故隐患是指危害和整改难度较小，发现后能够立即整改排除的隐患；重大事故隐患是指危害和整改难度较大，应当全部或局部停产停业，并经过一定时间整改治理方能排除的隐患，或者因外部因素影响致使生产经营单位自身难以排除的隐患。

5.3.2　隐患排查及治理

根据《中华人民共和国安全生产法》的要求，生产经营单位应当建立健全生产安全事故隐患排查治理制度，采取技术、管理措施，及时发现并消除事故隐患。《关于实施遏制重特大事故工作指南构建双重预防机制的意见》（安委办〔2016〕11号）提出在构建企业风险隐患双重预防机制的同时，需要建立完善隐患排查治理体系。

1. 隐患排查

隐患排查是指生产经营单位组织安全生产管理人员、工程技术人员和其他相关人员对本单位的事故隐患进行排查，并对排查出的事故隐患按照事故隐患的等级进行登记，建立事故隐患信息档案。

铁路事故隐患排查主要包括：日常检查、专项排查、季节性和关键时期排查等方式。在事故隐患排查作业中，应依据安全风险管理确定的各类风险因素、具体预防措施及实际控制措施等开展全方位排查，特别应重点突出排查高铁、客车及关键岗位等高风险环节，对人员方面、设备方面、环境方面及管理方面的隐患应进行系统排查。

2. 隐患治理

隐患治理就是指消除或控制隐患的活动或过程。对排查出的事故隐患，应当按照事故隐患的等级进行登记，建立事故隐患信息档案，并按照职责分工实施监控治理。对于一般事故隐患，由于其危害和整改难度较小，发现后应当由铁路运输企业负责人或有关人员立即组织整改。对于重大事故隐患，由铁路运输企业主要负责人组织制订并实施事故隐患治理方案。

在铁路实际生产作业中，在对事故隐患进行分级后，各类事故隐患主体责任部门，应严格依据隐患整改措施、具体责任、资金情况、时限要求及治理预案“五到位”的要求，详细地落实好每一项治理方案。各部门及各单位应严格依据“一案一档”的事故隐患治理制度，全面落实好事故隐患排查治理工作。

3. 事故隐患排查治理体系

建立健全安全隐患排查治理体系，贯彻落实以人为本的科学发展观，充分体现“安全第一、预防为主、综合治理”的方针，是安全生产工作理念、监管机制、监管手段和方法的创新与发展，把隐患排查治理和安全生产工作逐步纳入了科学化、制度化、规范化的轨道。

1）主要内容

安全隐患排查治理体系，是以铁路运输企业分级分类管理系统为基础，以铁路运输企业安全隐患自查自报系统为核心，以完善安全监管责任机制和考核机制为抓手，以制定安全标准体系为支撑，以广泛开展安全教育培训为保障的一项系统工程，包含了完善的隐患排查治理信息系统、明确细化的责任机制、科学严谨的查报标准及过程、可量化的绩效考核机制等内容。

2）体系构成

（1）建立企业、行业、属地、专项及综合监管部门各方清晰明确的安全生产工作职责。

（2）按照科学性、全面性和系统性的原则，制定科学严谨的隐患排查治理标准。

（3）建立隐患排查治理考核制度。

（4）开发功能完善的信息系统。

（5）开展隐患自查自报。

3）意义

建立健全安全隐患排查治理体系意义重大，主要体现在以下 3 个方面。

（1）有助于落实企业安全主体责任。通过建立隐患排查治理体系，实现对企业安全生产的动态监控，使隐患排查治理从以政府为主向以企业为主转变，可以充分调动企业的积极性，促使企业由被动接受监管变为主动排查治理隐患，主动加强安全生产。

（2）有助于加强和改进政府安全监管。建立安全隐患排查治理体系首先进一步明晰了监管职责，解决了政府部门在隐患排查治理和安全生产工作中“管什么，怎么管，谁去管”的一系列实际问题；其次是改善了监管手段，通过信息平台可以随时掌控企业隐患排查治理等基本情况，对相关信息进行实时统计，及时做出分析判断和督促指导，有效防止隐患恶化和事故的发生。

（3）有助于综合推进安全生产工作。隐患排查治理是一项涉及广泛、综合性很强的工作。隐患排查治理体系涵盖了安全生产责任制、安全监管信息化建设、企业安全生产标准化建设、打击非法违法和治理违规违章、群众参与和监督、安全培训教育等方面的工作。借助于这个抓手，可以把安全生产各方面的工作都带动起来。

5.4 我国铁路安全风险管理现状

2011 年，我国国家铁路便启动了全面风险管理工作。2012 年，国铁集团开始大力推行安全风险管理。2014 年，铁路总公司提出“三点共识”和“三个重中之重”，深入推进安全风险管理，完善安全风险防控体系。本节以国铁集团和其他铁路运输企业为例，分别介绍其安全风险管理现状。

5.4.1 国铁集团

1. 风险管理相关规定

为了推进铁路安全关口前移，源头治理，超前防范，把风险控制在隐患形成之前，把隐患消除在事故发生之前，有效防范和遏制高铁与旅客安全事故，国铁集团（中国国家铁路集团有限公司）出台了一系列文件推行安全风险管理。

《国铁集团关于深化铁路安全风险管理的指导意见》（铁安监〔2012〕240 号）指出铁路安全风险管理的总体思路应深入贯彻落实科学发展观，坚持“安全第一、预防为主、综合治理”方针，落实“三点共识”“三个重中之重”要求，全面加强管理基础、过程控制和应急处置，构建全面、全员、全过程的安全风险控制体系，从源头上消除安全隐患。铁路安全风险管理的主要内容包含安全管理基础工作、安全生产过程控制和应急处置、安全管理责任落实、安全文化建设等方面。

《中国铁路总公司安全管理规定》（铁总安监〔2015〕10 号）指出要坚持安全发展，坚持“安全第一、预防为主、综合治理”的方针，全面推行安全风险管理，提高安全生产管理水平。并提出了坚持风险管理的基本原则：准确把握铁路安全风险全系统性、全过程性和易发多变性特点，突出管理问题是主要风险源，明确管控责任，实施动态研判，强化过程控制，抓好工作落实，防范安全风险。

《关于创新安全风险管理加强 2016 年铁路运输安全工作的意见》（铁总办〔2016〕2 号）指出了建立健全安全风险管理制度的七项要求：完善干部安全管理责任制、健全专业安全管理制度、健全站段三级管理制度、完善技术规章管理制度、严格行车设备管理制度、改进教育培训管理制度、规范安全监督检查制度。同时强调了加强安全风险分析研判对于安全生产过程控制的重要性，坚持从强化管理入手，采取技防、物防、人防和制度防范等手段，主动消除、规避和降低安全风险。加强重大安全风险综合管控措施的研究，强化安全风险日常管控效果评估。

《关于深入推进安全风险管理进一步提升铁路安全工作水平的意见》（铁总办〔2016〕199 号）指出安全风险管理是强化铁路安全基础的有效举措，是实现铁路安全发展的必由之路。文件进一步升华了铁路安全工作的总体思路：以实现铁路安全长治久安为核心目标，坚持铁路安全风险管理的重要思想共识和基本安全理念，深入总结和推广铁路安全风险管理工作中行之有效的经验和做法，结合新时期铁路工作的变化，持续深化“安全管理规范化、现场作业标准化、检查整治常态化”建设，突出问题导向，不断强化和规范安全管理，推动铁路安全工作创新发展。

《关于构建铁路安全风险管控和安全隐患排查治理双重预防机制的指导意见》（铁总安监〔2017〕68 号）要求在准确把握铁路安全生产的特点和规律的前提下，坚持目标导向、问题导向和人防、物防、技防综合施策，构建铁路安全风险管控和安全隐患排查治理双重预防机制。推进安全工作关口前移、源头治理、超期防范，把风险控制在隐患形成之前，把隐患消除在事故发生之前。

2. 风险管理重点工作

国铁集团现阶段深化推进铁路安全风险管理的重点工作是从管理源头入手，推进管理规范化、作业标准化、检查整治常态化及安全文化建设。管理规范化是深化安全风险管理的重要抓手，作业标准化是深化安全风险管理的重要载体，检查整治常态化是深化安全风险管理的重要保障，安全文化建设是深化安全风险管理的强力推手。

（1）安全管理规范化。安全管理规范化就是要规范安全管理职责、细化管理岗位工作标准、明晰重点工作流程、严格管理过程考评，建立科学的安全管理体系，提升安全管控水平。中国铁路总公司于 2014 年发布了《关于推进安全管理规范化的意见》（铁总安监〔2014〕18 号），提出要充分认识推进安全管理规范化的必要性，健全完善安全管理职责、工作标准和工作流程，严格干部履责过程、规范管理行为，严肃干部责任追究、强化履责效能。

（2）安全生产作业标准化。作业标准化是控制铁路安全生产的重要保证，是深化安全风险管理的重要载体。通过推进现场作业标准化，实现规章健全、标准完善、措施严谨、流程清晰、岗位互控、作业达标、减少“两违”的良好局面。通过风险识别、风险评估、风险控制，形成信息畅通、研判准确、动态预警、应急有备、检查有序、集中整治、超前防范、持续改进的长效工作机制。

（3）检查整治常态化。检查整治常态化是铁路安全风险管理，落实安全管理责任的重要途径。《关于推进安全检查整治常态化的实施意见》（铁总安监〔2014〕307 号）规定，运输安全检查整治常态化包括安全管理制度检查整治、规章制度检查整治、设备质量检查整治、周期对标检查整治、现场作业检查整治、安全关键检查整治、季节性安全检查整治、帮促调研检查整治，共 8 个方面，强调要坚持和强化安全专项整治。

（4）安全文化建设。推行安全风险管理，必须要充分发挥安全文化的引领、激励、凝聚和规范作用。通过安全风险文化建设，把岗位安全立功竞赛、案例警示宣传、安全法规教育渗透到安全生产各岗位、全过程，养成遵章守纪的良好习惯，形成人人讲安全、文化促安全、合力保安全的氛围。同时，通过加强安全风险文化建设，有效整合分散的安全要素，形成安全生产内在的、长效的约束机制，真正使职工自觉地从内心深处认同企业安全风险文化，把安全风险文化内化于心，固化于制，外化于行。

3. 安全风险管控与隐患排除治理双重预防机制

（1）全员全过程辨识研判安全风险。铁路安全风险的等级和类别：铁路安全风险等级从高到低划分为重大安全风险、较大安全风险、一般安全风险、低安全风险，分别用红、橙、黄、蓝 4 种颜色标示。对安全风险进行全面、全过程辨识研判，针对铁路安全风险全系统、全过程和易发多变的特点，突出高铁、客车、旅客及安全关键，通过安全座谈会集中研讨，现场调查，安全生产全过程分析等方法，结合监测检测，安全信息和事故故障致因，辨识全过程安全风险。

（2）健全安全风险管控措施。按照人防、物防、技防综合施策，源头防范，全员、全过程管控安全风险的原则，依据现行规章制度、技术标准和有关管理要求，紧密结合既有安全管理有效做法，健全管理和作业全过程安全风险管控措施，对照部门、岗位职责，落实各层级、各岗位管控责任。

（3）构建安全风险库。铁路局、专业部门、站段分别建立健全安全风险库，明确风险类别、风险名称、风险等级，风险描述及危害程度、管控措施、管控部门、管控岗位等内容。

（4）公告警示安全风险。健全安全风险公告制度采取公告栏、办公网络等各种有效手段，明示作业岗位存在的主要安全风险、风险描述及危害程度、管控措施、应急处置等内容，使每名员工都掌握安全风险的基本情况及防范、应急措施。

（5）诊断评价风险管控效果。每半年对重大安全风险、较大安全风险管控效果进行诊断评价。从安全风险研判辨识是否存在疏漏、管控措施是否可行有效、责任是否具体明确、过程控制是否落实到位等环节进行诊断，查找漏洞和缺陷。强化落实，持续提升安全风险管控效果。

（6）定期排查安全隐患。每半年由安委会牵头组织、专业部门至少每季度由主要负责人组织，突出高铁和旅客安全，明确职责分工，细化安全隐患排查方法、内容和频次，从安全管理、现场作业、设备质量、环境状态等方面开展一次全面的安全隐患排查。

（7）健全安全隐患库。铁路局、专业部门、站段建立健全三级安全隐患库。对排查出的安全隐患进行全面梳理汇总，逐件确定隐患等级、责任单位、治理要求、完成时限、治理结果等内容，日常安全信息追踪分析和常态化检查发现的安全隐患应及时纳入动态更新。

（8）闭环治理安全隐患。进行专题立案，按照人防、物防、技防，综合施策的原则确定治理方案，纳入安委会挂牌督办。治理方案应明确目标任务、整治措施、责任单位、督办领导、完成时限等内容，做到责任、措施、资金、时间和预案“五落实”，实行“一事一档”管理督办问题，完成时限原则上不超过3个月，整改难度较大的可分阶段细化整治措施。

5.4.2 其他铁路运输企业

在其他铁路运输企业中，某地方铁路公司从组建至今，实施了体制创新、机制创新、制度创新和管理模式创新，形成了比较成熟的风险管理体系，现介绍如下。

1. 风险预控管理组织机构

该公司成立生产安全风险预控领导组，组长为公司主管安全副总经理（或总经理助理），副组长为公司其他领导班子成员，成员为公司机关各部室负责人、各分（子）公司常务副经理、调度指挥中心负责人、公安处负责人、专业主管工程师、工队长、班组长、员工代表等。风险预控领导组下设办公室，办公室设在公司安全监察室，主任由公司安全监察室主任兼任。

风险预控管理领导组职责包括：贯彻落实集团风险预控管理体系精神，制定公司生产安全风险预控管理实施办法，并组织实施；监督、检查、总结、分析、完善风险预控管理工作，并根据情况实施奖惩；每年组织对各分（子）公司危险源辨识、风险评估、危险源管控及风险概述进行评审，并更新公司《生产安全风险预控管理手册》。

2. 风险事件管理

风险事件是对危险源可能导致的后果或可能发生的风险状态描述，根据危险源可能导致的不同后果对风险事件分别进行命名。风险事件管理方法的核心是通过对危险源可能导致不同风险事件的可能性的计算、评估，探索危险源和风险事件之间的关联关系，有目的性地制定风险预控措施和控制标准，以此提升安全风险预控能力。

1）风险事件可能性分值设计

风险事件可能性是指在风险预控措施失效、危险源已经转化为现实的情况下，导致风险事件发生的可能性，并非预控措施失效危险源转化为现实的可能性，其可能性值是对危险源直接导致风险事件可能性的量化取值。风险事件可能性分值由 0～100 数值组成，取小数后一位。根据发生风险事件可能性设计为 8 个等级，分别对应两个端点和 6 个区域。表 5-1为风险事件可能性赋值表。

表 5-1　风险事件可能性赋值表

等级	事件发生可能性描述	事件发生可能性分值
1	必然发生	100. 0
2	发生可能性很大	50. 0～99. 9
3	发生可能性较大	20. 0～49. 9
4	一般情况下可能发生	6. 0～19. 9
5	一般情况下不太可能发生	2. 0～5. 9
6	不利情况下才可能发生	0. 5～1. 9
7	极端不利情况下才可能发生	0. 1～0. 4
8	不可能发生	0

2）风险事件可能性赋值

危险源在可能导致直接风险事件的同时，也可能会导致次生风险事件发生，在次生风险事件中又可能出现多级次生风险事件。为便于控制风险和提高制定风险预控措施的针对性，在风险事件可能性赋值时，只对危险源可能导致的直接风险事件进行赋值，不对次生风险事件可能性赋值。

危险源通过过渡性后果能够直接导致风险事件发生时，应纳入风险事件管理，在赋值时应考虑过渡性后果可能性和过渡性后果导致直接风险事件的可能性。过渡性后果可能性在“事件发生可能性描述”中选择，过渡性后果导致直接风险事件的可能性，在“事件发生可能性分值”范围内取值。

为提高风险事件评估的准确性，在风险事件可能性赋值时，应充分考虑危险源已经采取两级及两级以上冗余预控措施，即在多级预控措施失效后才有可能导致风险事件发生。当对危险源已经采取两级预控措施时，其风险事件可能性取值后应除以 2；当对危险源采取三级预控措施时，其可能性取值后应除以 3，以此类推。

3）风险预警

同一危险源在同一单位，一个月失控三次，风险等级提升一次；危险源超周期整改，风险等级提升一级。当超过极度风险时，由安监部门调查处理。

4）来访者管理

来访者是指短期进入生产区进行参观、指导、学习、技术服务等现场活动的非本单位人员。铁路生产区主要是指铁路线路、机车检修库、变配电所、信号机械室、通信机房等。为保证来访者人身安全和设备运行安全，公司规定：了解来访者意图，办理登记等手续；介绍生产情况、告知安全注意事项及应急逃生预案；为来访者提供防护用品，确认防护用品正确使用；指定路线，专人引领、全程监护，当上线路时，应设专职防护员。

5）隐患管控

未经危险源辨识、风险评估列入危险源管控，违反安全生产法律、法规、规章、标准、规程、安全生产管理制度规定，或者其他因素在生产经营活动中存在可能导致不安全事件或事故发生的物的不安全状态、人的不安全行为、生产环境的不良和生产工艺、管理上的缺陷均按隐患进行管控。发现安全隐患应及时在本质安全信息系统中记录。

隐患危害程度分为重大隐患和一般隐患。重大隐患分两类：Ⅰ类隐患是指需集团协助解决的隐患；Ⅱ类隐患是指不需要集团协助解决的隐患。一般隐患分 4 个等级：按隐患发现单位对隐患划分为公司、分公司、工队、作业组 4 个等级，分别命名为 A、B、C、D。

管控一般隐患，通过本质安全信息系统对隐患管控状态进行数据监控，实现按整改单位统计分析，按已经整改、未整改、超期整改等状态分析，实现系统自动和用户自己编辑关键字进行不同类型隐患的统计、排序、对比分析。

管控重大隐患，通过本质安全信息系统建立铁路重大隐患知识库，实现重大隐患登记、挂牌公示、督办、协助、整改、验收、销号、摘牌、上报的网络化闭环管理；实现重大隐患的分类、统计及致因分析。

表 5-2 为某地方铁路公司通用类工作任务风险管理表示例。

表 5-2　某地方铁路公司通用类工作任务风险管理表

任务	工序	管理对象	风险类别	危险源	后果	风险等级	整改期限/月	预控措施	控制标准
风险管控	危险源管控	员工	管理	危险源管控不力	危险源管控失效	高度	1	结合岗位，对危险源辨识、风险评估、预控措施、控制标准及管控办法进行全员培训、考试； 发现危险源失控，及时录入安全信息系统，实现闭环管理	全员培训，使员工掌握本岗位危险源、预控措施、控制标准等； 危险源得到全面、实时、有效管控

续表

任务	工序	管理对象	风险类别	危险源	后果	风险等级	整改期限/月	预控措施	控制标准
隐患管理	检查	管理人员	管理	未及时发现安全隐患	设备故障、人身伤害	中度	2	对管理人员进行安全隐患知识培训；提高安全管理人员安全意识； 加大考核，并进行案例教育； 实行干部包保； 掌握专业知识及现场实际情况	各级管理人员应认真执行包保管理办法、日常安全检查管理办法等安全制度，按不低于规定次数深入基层现场进行安全检查，按规定参加春秋季安全大检查、站场巡视检查、添乘检查、设备专项检查等，及时发现安全问题和隐患； 各级管理人员对所负责的管理人员和设备进行管理，对设备、作业标准化进行全面监督检查； 强化零故障责任目标
风险管控	风险评估	员工	管理	风险评估不准确	风险控制效果出现偏差	低度	3	组织全员认真学习《＊＊铁路发展有限责任公司生产安全风险预控管理实施办法》； 两维评估，多维验证	危害程度、发生频次取值准确； 风险等级符合实际

5.4.3 我国铁路安全风险管理特点

我国铁路安全风险管理在传统的安全生产责任制的基础上，依靠科技进步，运用现代化安全风险管理方法，从事后查处的被动型管理向事前预防的主动型管理转变，从经验管理向技术型和专业化规范管理转变，从而构建新的具有我国特色的安全风险管理体系。

本节结合国内铁路安全风险管理领域专家的相关研究，总结了目前我国铁路安全风险管理工作的特点。

1. 传承于传统安全管理

2011 年，国家铁路便启动了全面风险管理工作。结合安全发展，把传统的安全生产管理进一步延伸，运用风险管理的方法，实现安全的可控、能控，通过构建安全风险管理的运作体系，实现风险识别、评估、预控、化解等环节的联动。通过探求风险发生、变化的规律性，认识、估计和分析风险所造成的危害，并选择适当的方法处置风险，实现最大化的安全保障。

铁路安全风险管理较之传统安全管理，在遵循管理的宏观对象就是由人、物、环境和管理所构成系统的基础上，从风险管理的角度分析了事故的形成机理，阐明了安全管理的微观对象就是风险因子、危险源、隐患和事故，强调除不可抗力外，一切事故致因归根结底是人的问题；同时，安全风险管理更加强调尊重安全生产的客观规律，以及通过科学方法确保系统安全状态。传统管理系统中的主要成分将会在系统化的风险管理基础上得到继承和发展，风险管理的应用也将使铁路运输企业的安全生产管理更加科学、系统，在化解风险方面取得成效。

在安全管理模式上，传统安全管理侧重问题分析，安全风险管理则更强调问题的超前防范；在安全管理对象上，传统安全管理主要是事故和隐患管理，安全风险管理则更加强调解决安全管理深层次问题，注重对问题项点的管理；在安全管理特点上，传统安全管理虽然也强调标本兼治，但主要采取的是经验型管理，安全风险管理则更加重视安全隐患问题的辨识，分级管理，预警预控；传统安全管理注重干部的安全包保、监督检查和考核，安全风险管理则更加强调通过完善安全管理岗位职责、工作标准和工作流程，使安全的全过程受控，强调全员参与和持续改进，注重整个过程问题分析和解决；传统安全管理比较重视安全结果的责任追究，安全风险管理则更加强调风险评估、注重履责过程的分析和考评。

2. 创新性

近年来，我国铁路高速化、重载化、电气化、信息化和自动化等发展迅猛，用短短几年的时间走过了发达国家铁路几十年的发展历程，导致在时间序列上应该在不同发展阶段所面对的问题，被压缩到了同一个发展时空中，造成软硬件的不适应、不匹配、不协调、不完善问题所带来的安全风险日益凸显的不利局面。这些突出的新问题和新隐患，要求在安全管理上必须更新观念、创新思路。通过增强风险意识、识别和研判风险危害、实施风险控制，实现铁路安全管理的规范化、系统化和科学化。

铁路推行安全风险管理，既不能与原有安全管理相割裂，更不能脱离原有安全管理，必须以原有安全管理为基础，引入风险意识，加强风险掌控，优化工作思路，促进安全管理更加理性和科学。安全风险管理的推广和应用，是在传统安全管理基础上的升华，是对传统安全管理中合理成分的发展。

3. 科学性

安全风险管理具有较强的系统性，主要体现在内容上的完整性和方法上的关联性。铁路是一部大联动机，铁路自身特点及发展现状要求安全管理必须从系统观点出发，建立起科学、完整、全面的风险防控体系，而安全风险管理正是这一系统思想的集中体现。

在管理内容上，安全风险管理涵盖了组织协调管理、安全生产责任制、安全生产奖惩、安全投入保障、安全教育培训、安全生产监管、隐患排查治理、应急救援处置等众多内容，充分体现了安全系统的完整性。

在管理方法上，安全风险管理从危险源辨识入手，采用定性与定量相结合的方法进行风险分析、评估和控制，建立基于闭环过程管理的安全风险防控体系，强调全员参与和持续改进，确保安全生产各个环节风险可控、能控、在控的客观要求，充分体现了安全系统的关联性。

4. 超前性

任何不确定的事物都存在必然的客观规律，铁路运输企业的安全风险管理的水平主要就体现在预见危害的超前性和准确性上。如果安全意识强、风险意识超前，对于未来发展中的危害有预见性，就能大大减少和控制风险。风险管理就是要变管结果为管因素，变管终点为管过程。

第 6 章　铁路交通事故管理

铁路交通事故管理是铁路安全管理的重要组成部分，具有较强的技术性和专业性。铁路交通事故调查处理坚持以事实为依据，以法律、法规、规章为准绳，认真调查分析，查明原因，认定损失，定性定责，追究责任，总结教训，提出整改措施。本章主要介绍铁路交通事故管理的各机构及其职责、铁路交通事故报告、调查、责任和损失判定、统计等管理工作。

6.1　铁路交通事故管理概述

6.1.1　铁路交通事故的定义

根据《铁路交通事故应急救援和调查处理条例》（2007 年中华人民共和国国务院令第 501 号）及《铁路交通事故调查处理规则》（2007 年铁道部令第 30 号）两个文件中对铁路交通事故有以下定义：铁路机车车辆在运行过程中发生冲突、脱轨、火灾、爆炸等影响铁路正常行车的事故，包括影响铁路正常行车的相关作业过程中发生的事故；或者铁路机车车辆在运行过程中与行人、机动车、非机动车、牲畜及其他障碍物相撞的事故，均为铁路交通事故。

6.1.2　铁路交通事故的分类与分级

为便于对事故进行调查处理及分级管理，以及研究事故发生的原因和规律，对事故进行统计分析，需要对事故进行科学的分类与分级。

1. 铁路交通事故的分类

铁路交通事故一般分为行车类事故、相撞类事故和作业人员伤亡类事故。习惯上称为行车事故、路外事故及人身伤亡事故。

1）行车类事故

铁路机车车辆在运行过程中发生的冲突、脱轨、火灾、爆炸等影响铁路正常行车的事故，简称行车类事故。

其中“铁路机车车辆”是构成铁路交通事故的主体条件，包括各类铁路机车、客车、货车、动车、动车组，以及在铁路轨道上运行的各类自轮运转特种设备，如轨道车、大型养路机械、救援列车等。这里的“运行过程中”，是指铁路机车车辆运行的全过程，也包括在其运行中的停车状态。“影响铁路正常行车”，是指影响列车按铁路运行图正常行车，导致中断行车、列车临时停车、列车延误晚点或列车停运、合并、保留、影响调车作业等情形。

铁路交通事故中的“冲突”是指铁路机车车辆互相间或与设备（如车库、站台、车挡等）、轻型车辆发生冲撞致使机车、车辆、动车组、自轮运转特种设备及车库、站台、车挡等破损。在列车运行中由于人为失职或设备不良等原因，将车辆挤坏或拉坏构成中破及以上程度，或者在调车作业中由于人为失职或设备不良等原因，将车辆挤坏或拉坏构成大破及以上程度，亦按“冲突”论。当由于机车车辆冲撞造成货物窜动将车辆挤坏时，算冲突事故，并根据所造成的后果，确定事故等级。

铁路交通事故中的“脱轨”是指铁路机车车辆在运行过程中，车轮落下轨面（包括脱轨后又自行复轨）。

铁路交通事故中的“火灾”概念。这里的“火灾”，是指铁路机车车辆在运行中起火造成机车车辆破损，影响使用（失去基本功能），或者发生人员伤亡、货物及行包烧毁等情形。

铁路交通事故中的“爆炸”概念。这里的“爆炸”，是指铁路机车车辆在运行过程中发生爆炸，造成人员伤亡，机车车辆设备损坏、变形，直接影响铁路正常行车的情形。

2）相撞类事故

铁路机车车辆在运行过程中与行人、机动车、非机动车、牲畜及其他障碍物相撞等情形产生的事故，简称相撞类事故。长期以来，这类事故在铁路系统称为“路外伤亡事故”。相撞是指机车车辆在运行过程中与行人、机动车、非机动车、牲畜及其他障碍物直接发生正面、侧面碰刮、撞击。这里所指的“行人”是指在铁路线路上行走、停留的自然人（不包括有关铁路作业人员）。“其他障碍物”，是指侵入铁路限界及线路，并影响铁路行车的动态及静态物体。

3）作业人员伤亡类事故

在铁路行车相关作业过程中发生的，与企业管理、工作环境、劳动条件、生产设备等有关的，违反劳动者意愿的人身伤害，含急性工业中毒导致的伤害事故，简称作业人员伤亡类事故。

2. 铁路交通事故的分级

为便于事故报告和调查处理工作的分级管理，将事故按照等级划分是一项十分重要的划分方法，也是一项基础性工作，直接关系到事故报告、应急预案启动的响应级别、事故调查组的组成及事故责任的追究。将事故按照等级划分通常综合考虑事故造成的人员伤亡、经济损失及可能造成的其他影响。在《铁路交通事故应急救援和调查处理条例》（2007 年中华人民共和国国务院令第 501 号）中，根据事故造成的人员伤亡、直接经济损失、列车脱轨辆数、中断铁路行车时间等情形，事故等级分为特别重大事故、重大事故、较大事故和一般事故。具体划分如下。

（1）有下列情形之一的，为特别重大事故：

造成 30 人以上死亡，或者 100 人以上重伤（包括急性工业中毒，下同），或者 1 亿元以上直接经济损失的；

繁忙干线客运列车脱轨 18 辆以上并中断铁路行车 48 小时以上的；

繁忙干线货运列车脱轨 60 辆以上并中断铁路行车 48 小时以上的。

（2）有下列情形之一的，为重大事故：

造成 10 人以上 30 人以下死亡，或者 50 人以上 100 人以下重伤，或者 5 000 万元以上 1 亿元以下直接经济损失的；

客运列车脱轨 18 辆以上的；

货运列车脱轨 60 辆以上的；

客运列车脱轨 2 辆以上 18 辆以下，并中断繁忙干线铁路行车 24 小时以上或中断其他线路铁路行车 48 小时以上的；

货运列车脱轨 6 辆以上 60 辆以下，并中断繁忙干线铁路行车 24 小时以上或中断其他线路铁路行车 48 小时以上的。

（3）有下列情形之一的，为较大事故：

造成 3 人以上 10 人以下死亡，或者 10 人以上 50 人以下重伤，或者 1 000 万元以上 5 000万元以下直接经济损失的；

客运列车脱轨 2 辆以上 18 辆以下的；

货运列车脱轨 6 辆以上 60 辆以下的；

中断繁忙干线铁路行车 6 小时以上的；

中断其他线路铁路行车 10 小时以上的。

（4）造成 3 人以下死亡，或者 10 人以下重伤，或者 1 000 万元以下直接经济损失的，为一般事故。

《铁路交通事故调查处理规则》（2007 年铁道部令第 30 号）将一般事故又做出补充划分，将一般事故分为：一般 A 类事故、一般 B 类事故、一般 C 类事故、一般 D 类事故。

6.1.3　铁路交通事故法规制度的制修订

1.《铁路交通事故调查处理规则》修订

新中国成立初期，铁路正处于整章建制，强化统一指挥，统一管理的时期。中央人民政府铁道部为加强铁路行车安全管理工作，在借鉴中长铁路安全管理经验和有关法律法规的基础上，制定颁发了《铁路行车事故处理规则》（简称《事规》）。针对我国各时期铁路运输事业的发展与行车安全管理需要，铁道部先后 11 次对《事规》进行修订施行。详细的 11 次修订历程见附录 B《事规》修订历程。

2007 年 8 月 28 日，铁道部发布第十二部《铁路交通事故调查处理规则》（铁道部令第 30 号，仍沿用简称《事规》），自 2007 年 9 月 1 日起施行。《铁路行车事故处理规则》同时废止。第十二部《事规》是依据《铁路交通事故应急救援和调查处理条例》（中华人民共和国国务院令第 501 号），为适应铁路运输企业的快速发展，特别是经过铁路 6 次大面积提速以来，对加强铁路安全法制化、规范化管理，妥善处理铁路交通事故，维护铁路交通秩序的需要，在总结铁路交通事故调查处理实践经验的基础上修改制定的。在《事规》的事故调查、事故责任判定和损失认定、罚则等规定中突显出以下主要特点。

（1）具有法律属性。

（2）事故调查主体法制化。

（3）实行事故责任追究制。

（4）采用《铁路交通事故认定书》的形式认定事故责任。

（5）拓展了适用范围：一是将《事规》《铁路伤亡事故处理规则》《火车与其他车辆相撞和铁路路外人员伤亡事故处理暂行规定》进行整合，实现了“三规合一”。二是国家铁路、合资铁路、地方铁路企业及专用铁路、铁路专用线等发生事故的调查处理，均适用本规则。

2.《铁路交通事故应急救援和调查处理条例》修订

《铁路交通事故应急救援和调查处理条例》是经 2007 年 6 月 27 日国务院第 182 次常务会议审议通过，2007 年 7 月 11 日中华人民共和国国务院令第 501 号公布的文件。

根据 2012 年 11 月 9 日中华人民共和国国务院令第 628 号公布、自 2013 年 1 月 1 日起施行的《国务院关于修改和废止部分行政法规的决定》修正。修订内容主要为：删去《铁路交通事故应急救援和调查处理条例》第三十三条。

2013 年，根据国务院机构改革和职能转变方案，实行铁路政企分开，不再保留铁道部，组建国家铁路局承担原铁道部行政职责，按照国家铁路局“三定”方案，组织或参与铁路生产安全事故调查处理。《铁路交通事故应急救援和调查处理条例》规定的事故调查主体等随着政企改革也发生了变化，条例部分条款也在研究和修订过程中。

6.2 铁路交通事故管理机构及职责

发生铁路交通事故，从事故信息上报到组织事故调查处理，从事故责任人、责任单位到事故调查组的成员组成，从事故的损失赔偿到事故后的统计分析，涉及诸多部门、单位。铁路运输企业和其他有关单位应及时报告事故情况并组织应急救援，铁路监督管理部门组织、指挥、协调事故调查处理，国务院其他部门、行政监察部门、公安机关等部门和有关地方政府按照各自职责和分工，组织、参与事故调查处理。

铁路政企分开改革以前，铁路交通事故管理机构是铁道部和铁路安全监督管理办公室（以下简称“安全监管办”）。政企分开后，国家铁路局承接了原铁道部的行业监管职能，主要是行政执法、事故调查和监督检查，定期分析铁路安全形势、事故情况等。国铁集团承接了原铁道部的企业职能，内设安全监督管理局负责国铁事故统计、管理等工作，各铁路局集团公司和安全监管办一套人马、两个牌子，承担地区铁路监督管理局委托的一般事故调查和事故统计、分析等管理工作。

本节主要介绍法律法规、规章对于铁路监管部门和铁路运输企业规定的有关职责，具体事故管理及职责内容将在 6.3～6.6 节中介绍。

铁路运输企业及相关单位在进行运输安全管理时的首要原则是预防和减少事故的发生，当事故发生时，应当及时准确地报告事故相关情况，在开展应急救援的同时，保护事故现场，积极协助事故调查人员开展相关调查工作，并及时恢复正常行车。《中华人民共和国铁路法》（2015 年修订）中规定：发生铁路交通事故，铁路运输企业应当依照国务院和国务院有关主管部门关于事故调查处理的规定办理，并及时恢复正常行车，任何单位和个人不得阻碍铁路线路开通和列车运行。《铁路交通事故应急救援和调查处理条例》（2007 年中华人民共和国国务院令第 501 号）中对铁路运输企业职责的规定如下：铁路运输企业和其他有关单位、个人应当遵守铁路运输安全管理的各项规定，防止和避免事故的发生。在事故发生后，铁路运输企业和其他有关单位应当及时、准确地报告事故情况，积极开展应急救援工作，减少人员伤亡和财产损失，尽快恢复铁路正常行车。

铁路运输企业还需要做好事故善后处理、事故整改及事故统计分析等工作。

6.3　铁路交通事故报告

事故报告是铁路交通事故发生后的一项重要的信息传输工作，是减少人员伤亡、财产损失和恢复铁路行车秩序，保证事故调查正常进行的一个重要程序。依据《铁路交通事故应急救援和调查处理条例》（2007 年中华人民共和国国务院令第 501 号）和《铁路交通事故调查处理规则》（2007 年铁道部令第 30 号）的相关要求，对铁路交通事故报告的内容、责任主体、报告流程和时限要求等做出了具体的规定。

6.3.1 事故报告主体

在铁路交通事故发生后，对事故负有报告职责的主体大致分为3类：事故现场报告人员、接受事故现场报告的单位和人员、事故行政管理单位和机构。事故现场报告人员指的是事故现场的铁路运输企业工作人员或其他人员。如一般情况下最先知道事故的具体情况的铁路运输企业工作人员是机车乘务员、列车长等；其他人员包括铁路交通事故的当事人、事故现场的目击者等。接受事故现场报告的单位和人员包括事故发生地邻近铁路车站、列车调度员或公安机关等。事故行政管理单位和机构包括：铁路监督管理部门、铁路监督管理机构、国务院安全生产监督管理部门、地方人民政府及安全生产监督管理部门等。

《铁路交通事故应急救援和调查处理条例》规定：在事故发生后，事故现场的铁路运输企业工作人员或其他人员应当立即报告邻近铁路车站、列车调度员或公安机关。有关单位和人员接到报告后，应当立即将事故情况报告事故发生地铁路管理机构。铁路管理机构接到事故报告，应当尽快核实有关情况，并立即报告国务院铁路主管部门；对特别重大事故、重大事故，国务院铁路主管部门应当立即报告国务院并通报国家安全生产监督管理等有关部门。发生特别重大事故、重大事故、较大事故或有人员伤亡的一般事故，铁路管理机构还应当通报事故发生地县级以上地方人民政府及安全生产监督管理部门。

6.3.2 事故报告程序

铁路交通事故报告程序对事故报告流程和报告时限作出了具体的规定。

1. 事故报告流程

按照《铁路交通事故调查处理规则》的有关规定，进行铁路交通事故报告的一般流程如下。

(1) 在事故发生后，事故现场的铁路运输企业工作人员或其他人员应当立即向邻近铁路车站、列车调度员、公安机关或相关单位负责人报告。有关单位和人员接到报告后，应立即将事故情况向企业负责人和事故发生地安全监管办安全监察值班人员报告，安全监管办安全监察值班人员按规定向安全监管办负责人报告。

(2) 铁路运输企业列车调度员要认真填写《铁路交通事故（设备故障）概况表》（安监报1），分别向事故发生地安全监管办安全监察值班人员、铁道部列车调度员报告。

(3) 事故发生地安全监管办安全监察值班人员接到“安监报1”或现场事故报告后，要立即填写《铁路交通事故基本情况表》（安监报3），并向铁道部安全监察司值班人员报告。报告后要进一步了解事故情况，及时补报“安监报3”。

涉及其他安全监管办辖区的事故，发生地安全监管办安全监察值班人员应及时将“安监报 3”传送至相关安全监管办的安全监察部门。

（4）铁道部列车调度员接到事故报告后，应及时收取或填写“安监报 1”，并立即向值班处长和安全监察司值班人员报告；值班处长、安全监察司值班人员按规定分别向本部门负责人、铁道部办公厅部长办公室报告，由部门负责人向部领导报告。当事故涉及其他部门时，由办公厅部长办公室通知相关部门负责人。

（5）发生特别重大事故、重大事故，由铁道部办公厅负责向国务院办公厅报告，并通报国家安全生产监督管理总局等有关部门。

发生特别重大事故、重大事故、较大事故或有人员伤亡的一般事故，安全监管办应向事故发生地县级以上地方人民政府及安全生产监督管理部门通报。

2. 事故报告时限

铁路运输特点决定了一旦发生事故，将直接影响铁路运输正常秩序，为此及时救援和尽快开通线路成为首要任务。《铁路交通事故应急救援和调查处理条例》和《铁路交通事故调查处理规则》中对事故报告作出了立即报告或限时报告的规定，具体如下。

（1）当事故发生后，事故现场人员应当立即报告有关单位和人员。

（2）有关单位和人员接到报告后，应当立即报告事故发生地铁路管理机构。

（3）铁路管理机构在接到事故报告后，应当尽快核实有关情况，并立即报告国务院铁路主管部门。

（4）对特别重大事故、重大事故，国务院铁路主管部门应当立即报告国务院并通报国家安全生产监督管理等有关部门。

（5）发生一般 B 类以上、重大以下事故（不含相撞的事故），涉及其他安全监管办辖区时，事故发生地安全监管办应当在事故发生后 12 小时内发出电报通知相关安全监管办。相关安全监管办接到电报后，应当立即派员参加事故调查组。

6.3.3　事故报告内容、补报

1. 事故报告内容

《铁路交通事故应急救援和调查处理条例》（2007 年中华人民共和国国务院令第 501 号）和《铁路交通事故调查处理规则》（2007 年铁道部令第 30 号），明确了铁路交通事故报告应当包括以下 9 个方面的主要内容。

（1）事故发生的时间、地点、区间（线名、千米、米）、线路条件、事故相关单位和人员。

（2）发生事故的列车种类、车次、机车型号、部位、牵引辆数、吨数、计长及运行速度。

（3）旅客人数、伤亡人数、性别、年龄和救助情况，是否涉及境外人员伤亡。

（4）货物品名、装载情况，易燃、易爆等危险货物情况。

（5）机车车辆脱轨辆数、线路设备损坏程度等情况。

（6）对铁路行车的影响情况。

（7）事故原因的初步判断，事故发生后采取的措施和事故控制情况。

（8）应当立即报告的其他情况。

（9）具体救援请求。

2. 事故报告补报

在事故发生之后，事故报告的基本情况可能随着事故调查、应急救援的进行而发生变化，如失踪人员的搜救、重伤者的救治、线路恢复行车的抢险处置情况，都直接影响伤亡人数、中断铁路行车时间的认定，并关系到事故等级的划分、调查处理和应急处置权限等具体问题。补报后续情况也是事故报告主体的义务和责任。事故报告主体对事故情况的变化内容及时进行补充报告，有利于国务院铁路监管部门、铁路监督管理机构随时掌握了解事故的最新情况，及时变换救援措施，尽量减少事故损失。

为了规范事故的补报工作，《铁路交通事故调查处理规则》在第二十四条、第三十二条和第八十三条中，特别对应当补报的新情况和补报时限进行了明确规定。

（1）在事故报告后，当人员伤亡、脱轨辆数、设备损坏等情况发生变化时，应及时补报。

（2）自事故发生之日起 7 日内，因事故伤亡人数变化导致事故等级发生变化的，应当及时报告。

（3）事故受伤人员经救治无效，在 7 日内死亡的，按死亡统计。

（4）事故受伤人员在 7 日内由轻伤发展成重伤的，按重伤统计。

6.4 铁路交通事故调查

事故调查是掌握事故发生过程、原因和人员伤亡及经济损失的基础性工作，根据调查结果，分析事故责任，提出事故处理建议和预防措施，并完成事故调查报告书。事故调查是事故处理的基础，通过调查可以掌握事故发生的基本事实，以便在此基础之上进行事故原因和责任分析，对事故提出恰当的处理意见，对事故预防提出合理的防范措施，使企业领导及职工吸取教训，进一步完善企业的安全管理。事故调查流程图如图 6-1 所示。

1. 事故调查组

事故调查组的组成应当遵循精简、效能的原则，依照《铁路交通事故应急救援和调查

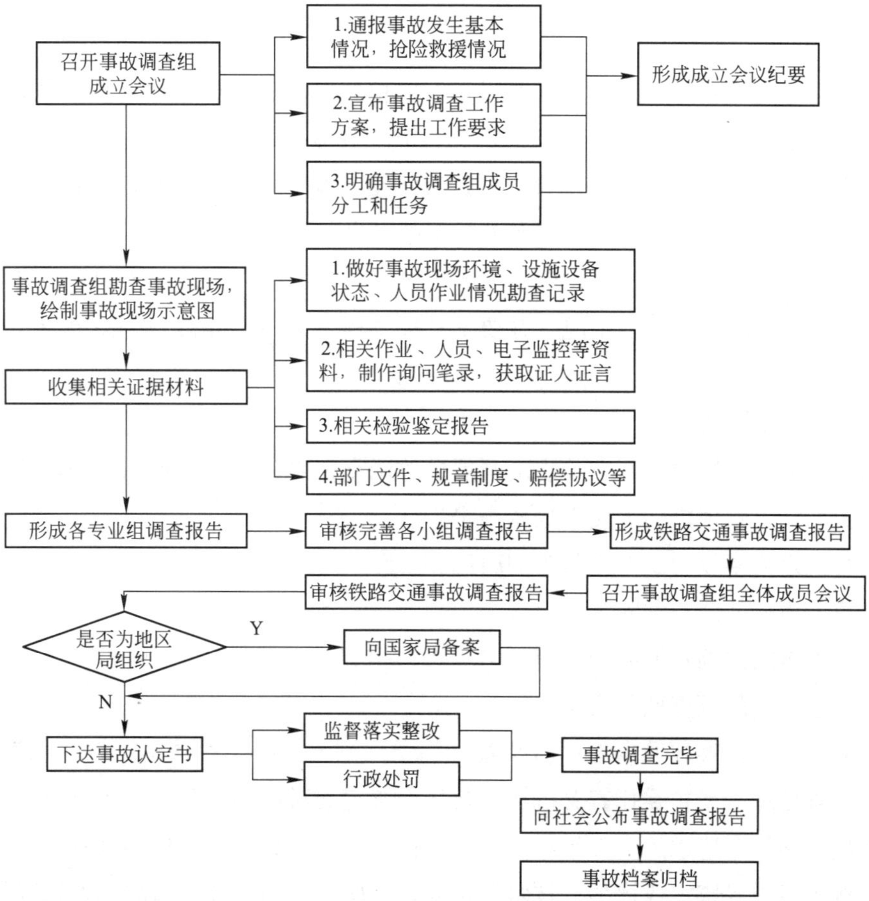

图 6-1　事故调查流程图

处理条例》《铁路交通事故调查处理规则》等相关规定执行。针对所发生事故的具体情况（严重程度），应组成不同等级的事故调查组对事故进行调查。

1）调查主体

特别重大事故由国务院或国务院授权的部门组织事故调查组进行调查。重大事故由国务院铁路主管部门组织事故调查组进行调查。

较大事故和一般事故由事故发生地铁路管理机构组织事故调查组进行调查；在国务院铁路主管部门认为必要时，可以组织事故调查组对较大事故和一般事故进行调查。

根据事故的具体情况，事故调查组由有关人民政府、公安机关、安全生产监督管理部门、监察机关等单位派人组成，并应当邀请人民检察院派人参加。在事故调查组认为必要时，可以聘请有关专家参与事故调查。

2）事故调查组履行的职责

查明事故发生的经过、原因、人员伤亡情况及直接经济损失；认定事故的性质和事故责任；提出对事故责任者的处理建议；总结事故教训，提出防范和整改措施建议；提交事故调查报告。

3）事故调查组的权利

在事故调查组组织开展事故调查期间，事故相关单位和人员应当配合事故调查。《安全生产法》规定：任何单位和个人不得阻挠和干涉对事故的依法调查处理。《铁路交通事故调查处理规则》规定：在事故调查组到达后，发生事故的有关单位必须主动汇报事故现场真实情况，并为事故调查提供便利条件。事故发生单位的负责人和有关人员在事故调查期间应当随时接受事故调查组的询问，如实提供有关资料和物证。事故调查组有权向有关单位和个人了解与事故有关的情况，并要求其提供相关文件、资料，有关单位和个人不得拒绝。

2. 事故调查时限规定

事故调查组应当按照国家有关规定开展事故调查，并在下列调查期限内向组织事故调查组的机关或铁路管理机构提交事故调查报告。

（1）特别重大事故的调查期限为 60 日。

（2）重大事故的调查期限为 30 日。

（3）较大事故的调查期限为 20 日。

（4）一般事故的调查期限为 10 日。

事故调查期限自事故发生之日起计算。

事故调查处理，需要委托有关机构进行技术鉴定或对铁路设备、设施及其他财产损失状况及中断铁路行车造成的直接经济损失进行评估的，事故调查组应当委托具有国家规定资质的机构进行技术鉴定或评估。技术鉴定或评估所需时间不计入事故调查期限。

3. 事故调查报告

事故调查组根据需要，可组建若干专业小组，各专业小组应按调查组组长的要求，及时提交专业小组调查报告。调查组组长应组织审议专业小组调查报告，并研究形成《铁路交通事故调查报告》，由调查组所有成员签认。当调查组成员意见不一致时，应在事故报告中分别进行表述，报组织调查的机关审议、裁定。

《铁路交通事故调查报告》应包括以下内容。

（1）事故概况。

（2）事故造成的人员伤亡和直接经济损失。

（3）事故发生的原因和事故性质。

（4）事故责任的认定及对事故责任者的处理建议。

（5）事故防范和整改措施建议。

（6）与事故有关的证明材料。

4. 铁路交通事故认定书

《铁路交通事故认定书》是事故赔偿、事故处理及事故责任追究的依据，应按照规定的统一格式制作，内容包括：事故发生的原因和事故性质；事故造成的人员伤亡和直接经济损失；事故责任的认定；对有关责任单位及人员的处理决定或建议。

《铁路交通事故应急救援和调查处理条例》规定：在事故调查报告形成后，报经组织事故调查组的机关或铁路管理机构同意，事故调查组工作即告结束。组织事故调查组的机关或铁路管理机构应当自事故调查组工作结束之日起 15 日内，根据事故调查报告，制作《铁路交通事故认定书》。经批准后，送达相关单位。

5. 事故现场的保护

事故现场保护是开展事故调查工作的前提和基础，现场保护的程度直接关系到事故调查能否顺利开展，查明事故原因，并进行责任认定。《安全生产法》《铁路交通事故应急救援和调查处理条例》等法律法规都对事故现场保护作出了明确的要求。《安全生产法》规定："单位负责人接到事故报告后，应当迅速采取有效措施，组织抢救，不得故意破坏现场、毁灭有关证据。"《铁路交通事故应急救援和调查处理条例》规定："有关单位和个人应当妥善保护事故现场以及相关证据，并在事故调查组成立后将相关证据移交事故调查组。因事故救援、尽快恢复铁路行车需要改变事故现场的，应当做出标记，绘制现场示意图，制作现场视听资料，并做出书面记录。任何单位和个人不得破坏事故现场，不得伪造、隐匿或者毁灭相关证据。"

6. 向社会公布处理情况

向社会公布的事故处理情况具体内容包括对事故责任单位及有关责任人的处罚、处分、追究刑事责任等及事故防范、整改措施及其落实情况。

《铁路交通事故应急救援和调查处理条例》第三十一条规定：事故的处理情况，除依法应当保密的外，应当由组织事故调查组的机关或者铁路管理机构向社会发布。

6.5　铁路交通事故责任判定与损失赔偿认定

6.5.1　事故责任判定

事故责任的判定是根据《铁路交通事故应急救援和调查处理条例》《铁路交通事故调查处理规则》的规定要求，铁路运输企业及其职工违反法律、行政法规造成事故的，由国务院铁路主管部门或铁路管理机构依法追究行政责任。

1. 事故责任分类

事故分为非责任事故和责任事故。根据对事故基本情况的分析判断，界定不同事故责任主体各自应当承担的行政责任、刑事责任和民事责任。经认定属于责任事故的，应当确定明确的事故责任单位及责任人，并按照责任大小与承担责任的不同分别认定事故责任。事故责任分为全部责任、主要责任、重要责任、次要责任和同等责任。

2. 事故责任的判定

事故责任的判定目前依照《铁路交通事故调查处理规则》第五十条至第七十一条的规定，对拟追责对象及责任与非责任的判定进行了详细的界定。

6.5.2 事故损失认定与赔偿

1. 事故经济损失的基本定义

企业职工在劳动生产过程中发生伤亡事故所引起的一切经济损失，包括直接经济损失和间接经济损失。直接经济损失指因事故造成人身伤亡及善后处理支出的费用和毁坏财产的价值。间接经济损失指因事故导致产值减少、资源破坏和受事故影响而造成其他损失的价值。

2. 事故经济损失的计算方法

铁路交通事故经济损失的界定按照事故责任的大小而有所不同。《铁路交通事故调查处理规则》规定：负有事故全部责任的，承担事故直接经济损失费用的 100%；负有主要责任的，承担损失费用的 50%以上；负有重要责任的，承担损失费用的 30%以上、50%以下；负有次要责任的，承担损失费用的 30%以下。

有同等责任、涉及多家责任单位承担损失费用时，由事故调查组根据责任程度依次确定损失承担比例。负同等责任的单位，承担相同比例的损失费用。

3. 事故损失的认定程序

事故相关单位要如实统计、申报事故直接损失，制作明细表，经事故调查组确认后，在《铁路交通事故认定书》中认定。

4. 事故赔偿

当铁路交通事故涉及人身伤亡的赔偿时，需要考虑事故发生的原因和责任。如《铁路交通事故应急救援和调查处理条例》规定：因铁路行车事故及其他铁路运营事故造成人身伤亡的，铁路运输企业应当承担赔偿责任；但是人身伤亡是不可抗力或受害人自身原因造成的违章通过平交道口或人行过道，或者在铁路线路上行走、坐卧造成的，属于受害人自身的原因造成的人身伤亡，铁路运输企业不承担赔偿责任。

此外，事故造成铁路运输企业承运的货物、包裹、行李损失的，铁路运输企业应当依照《中华人民共和国铁路法》的规定承担赔偿责任。事故造成其他人身伤亡或财产损失的，依照国家有关法律、行政法规的规定赔偿。

铁路运输企业与铁路旅客可以书面形式约定高于相关规定的赔偿责任限额。事故当事人对事故损害赔偿有争议的，可以通过协商解决，或者请求组织事故调查组的机关或铁路管理机构组织调解，也可以直接向人民法院提起民事诉讼。

6.6 事故统计

事故统计分析对企业的安全生产有非常重要的意义。通过事故统计分析可以掌握企业的安全生产情况；统计数据可以使人们了解某个时间段和某个区域内事故的发生情况和经济损失，在一定程度上反映了企业、部门安全生产工作的成绩与差距。通过分析可以查找本系统、本单位和本部门事故存在的隐患，发现事故发生的规律，从而有的放矢地采取措施，强化制度管理、消除事故隐患、改进安全工作，保护职工安全健康，促进生产发展。

6.6.1 事故统计规定

《中华人民共和国统计法》第七条规定：国家机关、企业事业单位和其他组织及个体工商户和个人等统计调查对象，必须依照本法和国家有关规定，真实、准确、完整、及时地提供统计调查所需的资料，不得提供不真实或不完整的统计资料，不得迟报、拒报统计资料。铁路行业统计铁路交通事故主要是依据原铁道部颁发的《铁路交通事故调查处理规则》。

《铁路交通事故调查处理规则》关于事故统计相关要求如下。

（1）事故的统计报告应当坚持及时、准确、真实、完整的原则。事故的统计应按照事故类别、等级、性质、原因、部门、责任等项目分别进行统计。

（2）责任事故件数统计在负全部责任、主要责任的单位，非责任事故和待定责事故件数统计在发生单位，相撞事故统计在发生单位。负同等责任或追究同等责任的，在总数中不重复统计件数。一起事故同时符合两个以上事故等级的，以最高事故等级进行统计。

（3）每日事故的统计时间，由上一日 18 时起至当日 18 时止。但填报事故发生时间时，应以实际时间为准，即以零点改变日期。

（4）发生人员伤亡的事故应按以下规定统计：人员在事故中失踪，至事故结案时仍未找到的，按死亡统计。事故受伤人员因正常手术治疗而加重伤害程度的，按手术后的伤害程度统计。事故受伤人员经救治无效，在 7 日内死亡的，按死亡统计；经医疗事故鉴定委员会确认为医疗事故的，或 7 日后死亡的，按原伤害程度统计。事故受伤人员在 7 日内由轻伤发展成重伤的，按重伤统计。未经医疗事故鉴定委员会确认为医疗事故的伤亡，按责任事故统计。在相撞事故发生后，经调查确认为自杀、他杀的，不在伤亡人数中统计。

6.6.2 铁路交通事故统计

铁路交通事故统计是一项经常性的统计工作，采用报告法，下级按照上级制定的报表制度，逐级将事故报表上报。

1. 事故统计内容

铁路交通事故统计内容包括事故起数、死亡事故起数、死亡人数、受伤人数、直接经济损失、重大事故起数、重大事故死亡人数、特大事故起数、特大事故死亡人数、特别重大事故起数、特别重大事故死亡人数、百万机车总走行公里死亡率、重大事故率、特大事故率。

2. 事故统计管理

在《铁路交通事故调查处理规则》中，对铁路事故统计与分析做出以下规定。

（1）事故登记簿分类。铁路各级安全监察部门应建立《铁路交通事故登记簿》（安监统 1）、《铁路交通事故统计簿》（安监统 2）、《铁路运输企业安全天数登记簿》（安监统 3）、《铁路作业人员伤亡登记簿》（安监统 4）、《铁路交通事故分析会记录簿》。铁路运输企业专业部门、各基层站段应分别填记《铁路交通事故登记簿》（安监统 1），并建立《铁路交通事故分析会记录簿》，台账要长期保存。

（2）事故报表。各级安全监察部门须建立《铁路交通事故（设备故障）概况表》（安监报 1）和《铁路交通事故基本情况表》（安监报 3）的管理制度，规范统计、分析、总结、报送及保管工作。要及时补充填记“安监报 3”的各项内容，在事故结案后，必须准确填写。

铁路运输企业调度部门应当及时、如实填写《铁路交通事故（设备故障）概况表》（安监报 1），建立登记簿，进行统计分析，并制定管理制度。铁路运输企业的专业部门应当建立“安监报 1”登记簿，认真统计分析。

安全监管办须建立《铁路交通事故处理报告表》（安监报 2）管理制度。基层单位按要求做好填记上报。“安监报 2”保管 3 年。安全监管办于月、半年、年度后次月 5 日前填写《铁路交通事故报告表》（安监报 4），报铁道部。“安监报 4”长期保存。安全监管办于月、半年、年度后次月 5 日前填写《铁路交通事故路外伤亡统计分析表》（安监报 5），报铁道部。“安监报 5”长期保存。

第7章 铁路应急救援与管理

铁路应急救援是由专业理论方法、实践措施和管理机制构成的有机结合体，不仅涉及应急响应、信息报告、预案实施、应急处置、善后处理等一整套应急处理流程，还涉及有关部门应对铁路突发事件的组织、分工、实施等应急救援管理工作。本章将针对铁路应急救援与管理的内容从应急救援的概述、组织职责、应急救援预案、应急救援实施和保障等方面展开介绍。

7.1 铁路应急救援与管理概述

应急救援是在应急响应过程中，为有效控制事故，防止事故扩大或恶化，最大限度地降低事故造成的损失或危害而采取的救援措施或行动。在应急响应时，各职能部门应组织、指导、协调应急救援工作，按照有关规定成立应急指挥机构，成员单位根据铁路事故的严重程度、影响范围和应急处置的需要确定。

应急救援工作目标：立即组织营救受害人员，组织撤离或采取其他措施保护危险危害区域的其他人员；迅速控制事态，并对事故造成的危险、危害进行监测、检测，测定事故的危害区域、危害性质及危害程度；减少或控制危害后果，做好现场恢复；查明事故原因，评估危害程度。

1. 应急救援的工作原则

《国家突发公共事件总体应急预案》规定的工作原则如下：“以人为本，减少危害。居安思危，预防为主。统一领导，分级负责。依法规范，加强管理。快速反应，协同应对。依靠科技，提高素质。”《铁路交通事故应急救援规则》规定，铁路事故应急救援工作应该遵循“以人为本、逐级负责、应急有备、处置高效”的原则。

2. 应急救援体制和机制

应急救援体制主要是指：应急救援组织机构、权限划分及各组织机构之间的隶属关系。我国应急救援体制建设的基本思想是“分类管理、分级负责、条块结合、属地为主”。应急救援机构按地域分，有国家救援机构、省级救援机构、县级以上其他救援机构等，按主管业务不同，又有消防、自然灾害、铁路、道路交通等行业救援机构等。

我国应急救援运行机制包括：预测与预警、应急处置、恢复与重建和信息发布。铁路应急救援机制主要包括：预防与应急准备、监测与预警、信息报告与通报、应急响应、协调联动、善后恢复、应急保障和评估与学习等机制。

7.2 应急救援组织职责

铁路运输企业、铁路监管部门、地方人民政府及有关部门均应当落实法律法规要求和各自职责，加强应急管理相关工作，制订完善的应急预案，适时组织应急演练，推进应急保障建设，为及时妥善应对铁路突发事件做好应急救援等工作。

1. 铁路运输企业

《铁路交通事故应急救援和调查处理条例》规定，铁路运输企业和其他有关单位、个人应当遵守铁路运输安全管理的各项规定，防止和避免事故的发生。在事故发生后，铁路运输企业和其他有关单位应当及时、准确地报告事故情况，积极开展应急救援工作，减少人员伤亡和财产损失，尽快恢复铁路正常行车。《铁路安全管理条例》规定，铁路运输企业等单位应当按照国家有关规定制订突发事件应急预案，并组织应急演练。《铁路交通事故应急救援规则》规定，铁路运输企业应当相应成立事故应急救援领导小组并设工作机构，建立健全工作制度，制订和完善事故应急救援预案，加强救援队、救援列车的建设，负责事故应急救援的人员培训、装备配置、物资储备、预案演练等基础工作，积极开展事故应急救援。

2. 铁路监管部门

铁路监管部门应当加强对铁路运输企业应急管理的监督检查，建立铁路行业的应急救援信息系统，制订相关应急预案，并进行演练。在事故发生后，按照国家规定的权限和程序，立刻赶赴事故现场，依法组织或参加有关铁路生产安全事故的应急救援工作。

《铁路交通事故应急救援和调查处理条例》规定：国务院铁路主管部门应当加强铁路运输安全监督管理，建立健全事故应急救援和调查处理的各项制度，按照国家规定的权限和程序，负责组织、指挥、协调事故的应急救援和调查处理工作。铁路管理机构应当加强日常的铁路运输安全监督检查，指导、督促铁路运输企业落实事故应急救援的各项规定，按照规定的权限和程序，组织、参与、协调本辖区内事故的应急救援和调查处理工作。《铁路安全管理条例》规定，铁路监管部门应当按照国家有关规定制订突发事件应急预案，并组织应急演练。国务院安全生产委员会关于印发《国务院安全生产委员会成员单位安全生产工作任务分工》的通知（安委〔2020〕10 号）规定，国家铁路局依法组织或参加有关铁路生产安全事故的应急救援和调查处理。

3. 其他政府部门

我国建立了以统一领导、综合协调、分类管理、分级负责、属地管理为主的应急管理体制。地方各级人民政府作为各行政区的行政领导机构，按照《国家突发公共事件总体应急预案》规定，也是突发公共事件应急管理工作的行政领导机构，负责本行政区域各类突发公共事件的应对工作。地方人民政府应当加强本行政区应急管理工作，制订完善应急预案，并组织进行应急演练。例如，近年来，黑龙江省、江苏省等省份制订了本省的铁路交通事故应急预案（《黑龙江省处置铁路交通事故应急预案》《江苏省铁路交通事故应急预案》）。在事故发生后，还应立即赶赴事故现场，组织事故救援等工作。

《安全生产法》规定，国务院安全生产监督管理部门建立全国统一的生产安全事故应急救援信息系统，国务院有关部门建立健全相关行业、领域的生产安全事故应急救援信息系统；有关地方人民政府和负有安全生产监督管理职责的部门的负责人接到生产安全事故报告后，应当按照生产安全事故应急救援预案的要求立即赶赴事故现场，组织事故抢救。《生产安全事故报告和调查处理条例》规定，事故发生地有关地方人民政府、安全生产监督管理部门和负有安全生产监督管理职责的有关部门在接到事故报告后，其负责人应当立即赶赴事故现场，组织事故救援。《铁路安全管理条例》规定，县级以上各级人民政府及有关部门、铁路运输企业应当依照地质灾害防治法律法规的规定，加强铁路沿线地质灾害的预防、治理和应急处理等工作。《铁路交通事故应急救援和调查处理条例》规定：国务院其他有关部门和有关地方人民政府应当按照各自的职责和分工，组织、参与事故的应急救援和调查处理工作。《国家突发公共事件突发应急预案》规定，对于先期处置未能有效控制事态的特别重大突发公共事件，要及时启动相关预案，由国务院相关应急指挥机构或国务院工作组统一指挥或指导有关地区、部门开展处置工作。现场应急指挥机构负责现场的应急处置工作。需要多个国务院相关部门共同参与处置的突发公共事件，由该类突发公共事件的业务主管部门牵头，其他部门予以协助。

7.3　应急救援预案与演练

铁路应急救援预案是铁路各有关部门根据以往的应急处置经验和应对可能突发的危害铁路安全事件（包括自然灾害、铁路交通事故、群体性事件等），为减少人员伤亡、经济损失和其他影响，预先制订的救援工作方案。应急演练是针对特定危害情景，依据应急预案而模拟开展的预警行动、事故报告、指挥协调、现场处置等活动。开展应急救援演练是检验应急预案有效性、针对性的有效手段，也是提高应急响应速度，提升应急处置能力，锻炼应急队伍的一种培训措施。

7.3.1 预案体系

铁路应急预案按照《国家突发公共事件总体应急预案》及《突发事件应急预案管理办法》分为总体应急预案、专项应急预案、部门应急预案、地方应急预案、铁路企事业单位应急预案等。总体应急预案适用于跨省级行政区域，或者超出事发地省级人民政府处置能力的，或者需要由国务院负责处置的铁路交通特别重大突发公共事件的应对工作。专项应急预案适用于国务院及铁路有关部门为应对某一类型或几种类型突发公共事件而制订的应急预案，如《国家处置铁路行车事故应急预案》。部门应急预案是国家铁路局根据总体应急预案、专项应急预案和部门职责为应对铁路突发公共事件而预先制订的工作方案，如《国家铁路局突发事件应急预案（暂行）》。地方应急预案是地方政府按照法律法规职责规定，制订涉及自身突发事件应急工作方案。黑龙江省、江苏省分别出台了省级铁路专项应急预案《黑龙江省处置铁路交通事故应急预案》《江苏省铁路交通事故应急预案》。将铁路交通事故应急处置工作纳入地方安全生产事故应急预案统一管理。

铁路运输企业应急预案结合实际，可划分为综合预案、专门预案和现场处置方案。综合预案明确了铁路应急管理体系的基本结构，它的编制是专项预案和站段预案编制的基础，为整体铁路事故发生进行应急救援提供了可参照的依据和指导方案。专门预案是为应对有可能会发生的特定的事故而产生的。现场处置方案应当包括危险性分析、可能发生的事故特征、应急处置程序、应急处置要点和注意事项等内容。

7.3.2 预案内容

根据《突发事件应对法》相关规定：应急预案应当根据本法和其他有关法律、法规的规定，针对突发事件的性质、特点和可能造成的社会危害，具体规定突发事件应急管理工作的组织指挥体系与职责和突发事件的预防与预警机制、处置程序、应急保障措施及事后恢复与重建措施等内容。铁路应急预案的基本内容应包括以下几个方面。

（1）总则。总则当中应说明该预案的编制目的及原则和相应的适用范围、该预案的实施原则。

（2）组织指挥体系及职责。规定应急体系框架并确定铁路交通事故应急救援领导小组和成员的职责。

（3）预防预警。各有关部门、单位和企业建立完善铁路交通事故预防预警、协调联动机制，提高预防、应急处置铁路交通伤亡事故能力。引进和研发先进的安全技术装备，完善铁路交通事故预防预警系统。

（4）应急响应。铁路交通事故应急预案应按照国家和铁路行业有关规定及实际情况，确定应急响应是否分级、如何分级及分级响应措施等内容。在达到应急响应规定的条件后，及时进行响应。

（5）后期处置。后期处置主要由善后处置、保价保险和铁路交通事故应急救援经验教训总结及改进建议三方面组成。善后处置主要是对受害旅客、货主、群众及家属进行补偿或赔偿，并清除事故现场的有害物质。保价保险是应急救援人员现场保险及伤亡人员和财产的理赔。

（6）应急保障。包括通信与信息保障、救援装备及应急队伍保障、交通运输保障、医疗卫生保障、治安保障、物资保障、资金保障及技术储备与保障等。

（7）宣传、培训、演习和有效性评估。积极运用社交媒体宣传铁路交通有关法律及铁路重大交通事故的预防、避险、互救和自救知识、组织员工培训演习、预案编制部门对应急预案每年进行有效性评估，得出相应结论。

7.3.3　应急演练

应急演练按照演练内容分为综合演练和单项演练，按照演练形式分为现场演练和桌面演练，不同类型的演练可相互组合。其中，综合应急演练是指针对应急预案中多项或全部应急响应功能开展的演练活动。单项应急演练只针对某项应急响应功能开展的演练活动。现场演练是指选择（或模拟）生产经营活动中的设备、设施、装置或场所，设定事故情景，依据应急预案而模拟开展的演练活动。桌面演练是指针对事故情景，利用图纸、沙盘、流程图、计算机、视频等辅助手段，依据应急预案而进行交互式讨论或模拟应急状态下应急行动的演练活动。

1. 应急演练组织

应急演练不是简单针对事故发生的情况，启动应急预案，按照职责分工进行响应，而是更加具体的操作层面的“实战演练”，应尽可能在设计、操作层面还原真实的事故发生后的应急救援情况。制订应急演练工作方案是开展演练的重要环节之一，主要内容包括：应急演练的目的及要求，应急演练事故情景设计，应急演练规模及时间，参演单位和人员主要任务及职责，应急演练筹备工作内容，应急演练主要步骤，应急演练技术支撑及保障条件，应急演练评估与总结。

应急演练还应该制订应急演练过程中的安全保障方案和应急演练中止条件。《突发事件应急预案管理办法》的规定，专项应急预案、部门应急预案应当至少每 3 年进行一次。

2. 应急演练评估

根据《突发事件应急预案管理办法》的规定，应急演练组织单位应当组织演练评估。

评估的主要内容包括：演练的执行情况，预案的合理性与可操作性，指挥协调和应急联动情况，应急人员的处置情况，演练所用设备装备的适用性，对完善预案、应急准备、应急机制、应急措施等方面的意见和建议等。鼓励委托第三方进行演练评估。

7.4 应急救援实施

在铁路突发事件发生后，除了未发生人员伤亡的一般事故外，铁路监管部门、地方有关人民政府、安全生产监督管理部门等均会采取相应的应急救援响应，并按照各自职责分工和应急预案的要求，开展应急救援相关工作。这是由事故报告及接到事故报告后及时进行响应的法律法规要求决定的。

7.4.1 应急响应

不同的事件或事故等级，有不同的应急响应级别。应急响应一般按Ⅰ、Ⅱ、Ⅲ、Ⅳ级分类标准，铁路应急响应等级主要参考和对应《铁路交通事故应急救援和调查处理条例》特别重大、重大、较大、一般事故的判定标准。不同的单位或部门，同级应急响应的内容也不同。应急响应主要包括应急信息报告和应急救援启动。

1. 应急信息报告

《铁路交通事故应急救援和调查处理条例》第十五条规定：铁路管理机构接到事故报告，应当尽快核实有关情况，并立即报告国务院铁路主管部门；对特别重大事故、重大事故，国务院铁路主管部门应当立即报告国务院并通报国家安全生产监督管理等有关部门。发生特别重大事故、重大事故、较大事故或有人员伤亡的一般事故，铁路管理机构还应当通报事故发生地县级以上地方人民政府及安全生产监督管理部门。

2. 应急救援启动

《铁路交通事故应急救援和调查处理条例》规定，在事故发生后，国务院铁路主管部门、铁路管理机构、事故发生地县级以上地方人民政府或铁路运输企业应当根据事故等级启动相应的应急预案；必要时，成立现场应急救援机构。《安全生产事故报告和调查处理条例》（2007 年国务院令第 493 号）规定，事故发生地的有关地方人民政府、安全生产监督管理部门和负有安全生产监督管理职责的有关部门在接到事故报告后，其负责人应立即赶赴事故现场，组织事故救援。《铁路交通事故应急救援规则》规定，在接到事故救援报告后，应当根据事故严重程度和影响范围，按特别重大、重大、较大、一般四个等级由相应单位、部门作出应急救援响应，启动应急预案。

7.4.2 现场救援

按法律法规规定和职责分工的不同，铁路运输企业、铁路监管部门、安全生产监督管理部门、地方人民政府应急救援工作的重点也不同。铁路监管部门在救援中，突出对应急处置的指导和协调。国铁集团承接了原铁道部的具体的、专业的救援力量，负责具体救援组织等工作。事故发生地人民政府作为突发公共事件应急管理工作的行政领导机构，负责本行政区域各类突发公共事件的应对工作，并具体组织实施救援动作，同时开展公共治安、医疗卫生、资金物资、交通等方面的应急保障工作。

1. 总指挥负责制

现场救援工作实行总指挥负责制，按照事故应急救援响应等级，由相应负责人担任总指挥，或者视情况由上级事故应急救援工作机构指定人员担任临时总指挥，统一指挥现场救援工作。各工作组及参加事故应急救援的单位、部门应当确定负责人。当救援列车进行起复作业时，由救援列车负责人或指定人员单一指挥。

现场总指挥及参加事故应急救援的各工作组负责人、各单位和部门负责人、作业人员应当区别佩戴明显标志。

2. 现场指挥部的工作内容

（1）现场指挥部应当在全面了解人员伤亡及机车车辆、线路、接触网、通信信号等行车设备损坏、地形环境等情况后，确定人员施救、现场保护、调查配合、货物处置、救援保障、起复救援、设备抢修等应急救援方案，并迅速组织实施。

在实施救援过程中，各单位、部门应当严格执行作业规范和标准，防止衍生事故。

（2）当事故造成人员伤亡时，现场指挥部应当立即组织协调对现场伤员进行救治，紧急调集有关药品器械，迅速将伤员转移至安全地带或转移救治，采取必要的卫生防疫措施。

遇有重大人员伤亡或需要大规模紧急转移、安置铁路旅客和沿线居民的，应当及时通知事发地人民政府组织开展救治和转移、安置工作。

（3）现场指挥部应当根据需要迅速调集装备设施、物资材料、交通工具、食宿用品、药品器械等救援物资。铁路运输企业各单位、部门必须无条件支持配合，不得以各种理由推诿拒绝，延误救援工作。

当物资调用超出铁路运输企业自身能力时，可以向有关单位、部门或个人借用。

（4）当事故遇有装载危险货物车辆时，现场指挥部应当在采取确保人身安全和作业安全措施后，方可开展救援。当危险货物车辆需卸车、移动或起复时，应当在专业人员指导下作业，及时清除有害残留物或将其控制在安全范围内。

（5）在事故救援完毕后，现场指挥部应当组织救援人员对现场进行全面检查清理，进一步确认无伤亡人员遗留，拆除、回收、移送救援设备设施，清除障碍物，在确认具备开通条件后，立即通知有关人员按规定办理手续，由列车调度员发布调度命令开通线路，尽快恢复正常行车。

（6）在事故应急救援工作结束后，现场指挥部应当对事故应急救援工作进行总结，形成书面报告，并附事故应急救援有关证据材料，按规定向有关部门备案。

7.4.3 善后处理

事故善后处理工作组应当依法进行事故的善后处理，组织妥善做好现场遇险滞留人员食宿、转移和旅客改签、退票等服务工作，以及伤亡人员亲属的通知、接待及抚恤丧葬、经济补偿等处置工作。负责收取伤亡人员医疗档案资料，核定救治费用，并对应急救援进行调查与总结。事故善后处理的流程图如图 7-1 所示。

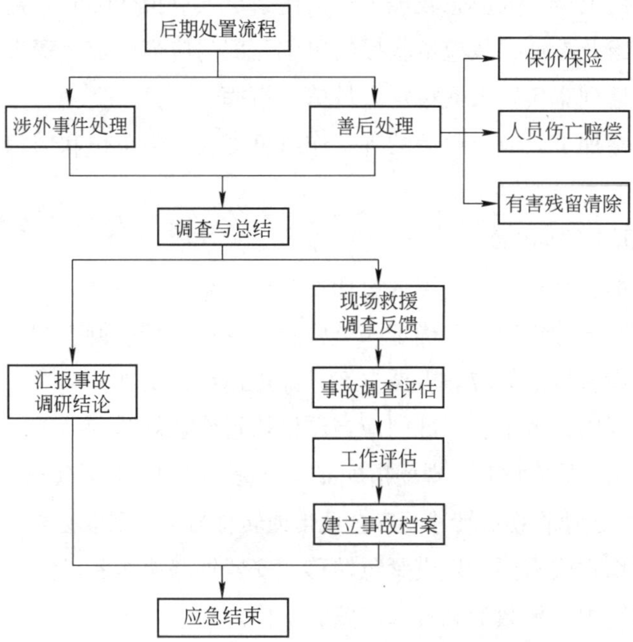

图 7-1 事故善后处理的流程图

7.5 应急救援保障

《国家突发公共事件总体应急预案》规定，为了使应急救援工作快速、有效地开展，必须建立完善的应急保障体系。各有关部门要按照职责分工和相关预案做好突发公共事件的应对工作，同时根据总体预案切实做好应对突发公共事件的人力、物力、财力、交通运输、医疗卫生及通信保障等工作，保证应急救援工作的需要和灾区群众的基本生活，以及恢复重建工作的顺利进行。铁路应急保障体系可以分为：通信与信息保障、救援装备和应急队伍保障、交通运输保障、医疗卫生保障、治安保障、物资保障、资金保障、技术储存与保障。2006 年铁道部制订的《国家处置铁路行车事故应急预案》规定如下。

1. 通信与信息保障

铁道部负责组织协调通信工作，保证应急救援时通信的畅通，负责组织建立统一的国家铁路和国家铁路控股的合资铁路行车事故灾难应急救援指挥系统，逐步整合行车设备状态信息、地理信息、沿线视频信息，并结合行车事故灾害现场动态图像信息和救援预案，建立铁路运输安全综合信息库，为抢险救援提供决策支持。

2. 救援装备和应急队伍保障

铁道部根据铁路救援体系建设规划，协调、检查、促进铁路应急救援基地建设，强化完善救援队伍建设，保证应急状态时的调用。优化和强化以救援列车、救援队、救援班为主体的救援抢险网络，合理配置救援资源；采用先进的救援装备和安全防护器材，制订各类救援起复专业技术方案；积极开展技能培训和演练，提高快速反应和救援起复能力。

3. 交通运输保障

在启动应急预案期间，事发地人民政府和铁路运输企业按管理权限调动管辖范围内的交通工具，任何单位和个人不得拒绝。根据现场需要，由地方人民政府协调地方公安交通管理部门实行必要的交通管制，维持应急处置期间的交通运输秩序。视现场实际情况，在应急处置过程中，现场应急指挥部可商请属地地方交通管理部门实行必要的交通管制，保障现场的交通运输畅通。铁路企业按管理权限调动管辖范围内的交通工具，任何单位和个人必须积极配合。应急救援处置人员，可搭乘动车组、轨道车赶赴现场。

4. 医疗卫生保障

地方卫生行政部门应制订相应的医疗卫生保障应急预案，明确铁路沿线可用于应急救援的医疗救治资源和卫生防疫机构能力与分布情况，提出可调用方案，检查监督本行政区域内医疗卫生防疫单位的应急准备保障措施。各铁路运输企业在制订应急预案时，应按照地方卫生行政部门确定的承担铁路行车事故医疗卫生防疫机构名录，明确当不同地区、不同线路发生行车事故时医疗卫生机构地址、联系方式，并制订应急处置行动方案，确保应急处置及时有效。

5. 治安保障

在各级应急处置预案中，要明确事故现场负责治安保障的公安机关负责人，安排足够的警力做好应急期间各阶段、各场所的治安保障工作。在启动应急预案期间，铁路或地方公安部门负责对现场进行安全警戒，提供治安保障，维护现场秩序稳定。

6. 物资保障

铁路运输企业要按规定备足必需的应急抢险路料及备用器材、设施，专人负责，落实定期检查制度，保证在应急处置时各类设备设施的应急有备。

7. 资金保障

铁路运输企业财会部门要采取得力措施，确保铁路行车事故应急处置的资金需求。铁路行车事故应急救援费用、善后处理费用和损失赔偿费用由事故责任单位承担，事故责任单位无力承担的，由地方人民政府和铁道部按管理权限协调解决。应急处置工作经费保障按《财政应急保障预案》规定实施。

8. 技术储备与保障

铁道部行车事故灾难应急协调办公室负责专家库、技术资料等的建立、完善和更新。

第8章 铁路运输安全投入

安全投入是安全生产的最基本保障，是安全生产的灵魂，是生产经营单位或企业开展生产经营活动的必要条件。科学的安全投入能够促进企业持续健康发展，实现安全与发展间的良性循环。

8.1 铁路运输安全投入概述

企业的投入分为两类，以增加生产效益为主要目的的生产性投入和以提高安全水平为主要目的的安全性投入。企业是安全生产的责任主体，从事生产经营活动应当具备有关法律、行政法规和国家标准或行业标准规定的安全生产条件，安全生产资金投入是条件之一。《安全生产法》第二十条规定，生产经营单位应当具备的安全生产条件所必需的资金投入，由生产经营单位的决策机构、主要负责人或个人经营的投资人予以保证，并对由于安全生产所必需的资金投入不足导致的后果承担责任。《铁路安全管理条例》第五条规定，从事铁路建设、运输、设备制造维修的单位应当加强安全管理，建立健全安全生产管理制度，落实企业安全生产主体责任，设置安全管理机构或配备安全管理人员，执行保障生产安全和产品质量安全的国家标准、行业标准，加强对从业人员的安全教育培训，保证安全生产所必需的资金投入。

企业安全投入是为了实现一个安全的、秩序良好的生产系统，实现人-机-环境及系统的本质安全化，在人力、物力、财力等方面的投入，主要目的是控制生产过程中的危险源，消除事故隐患。既包括隐患问题治理、防护用品购买、职业病预防等安全直接相关成本投入，还包括提高作业安全系数，实现现场标准化，改善作业环境，强化安全教育，加大安全文化建设等方面的远期投入。

安全成本理论是安全管理学的一个新课题，涉及经济学、会计学、管理学、安全系统工程、安全技术等领域。目前，对安全成本研究主要是安全成本的分类、安全经济投入模型及判定标准、安全成本纳入财务核算等方面。《现代安全经济理论与实务》一书中对安全成本的定义为："安全成本是指实现安全所消耗的人力、物力和财力的总和，它是衡量安全活动消耗的重要尺度"。安全投入是从安全产出的角度来表征安全经济活动，安全成本是从消耗的角度来表征安全经济活动。安全投入是安全成本的投入，安全成本是与安全有关的费用总和。

8.1.1 铁路运输安全投入

铁路运输安全投入是为达到保障运输的正常开展，更好地实现运输目的而将一定资源投放到运输安全领域的一系列经济活动和资源的总称。安全专职人员的配备，安全与卫生技术措施的投入，安全设施维护、保养及改造的投入，安全教育及培训的花费等，都是安全投入。

铁路运输安全投入的性质是和国家的经济体制相联系的，在不同的经济体制条件下，安全投入的性质是有区别的。在我国的计划经济体制时期，安全投入带有明显的计划性。然而随着我国经济体制向市场经济运行机制的转变，安全投入的政策、方式和渠道、管理和控制等运行模式，也要求相应的转变。

1. 铁路运输安全投入的分类

铁路运输安全投入的合理分类，对于科学利用和管理安全资源，提高安全投入的效果和效益有重要的作用。根据不同的目的，有不同的安全投入分类方法。

（1）按作用划分为预防性投入、控制性投入。预防性投入可称为主动投入，控制性投入可称为被动投入。

（2）按时序划分为事前投入、事中投入、事后投入。

（3）按所形成的技术"产品"划分为硬件投入、软件投入。

（4）按专业类别划分为安全技术投入、卫生技术投入、辅助设施投入、宣传教育投入、防护用品投入、保健投入、事故处理费用、修复投入。

（5）按用途划分为工程技术投入、人员业务投入与科学研究投入。

（6）按不同资源划分为组织资源投入、财务资源投入、人力资源投入、技术资源投入、信息资源投入等。

2. 铁路运输安全投入的影响因素

（1）经济发展水平。经济发展水平是影响安全投入绝对量和相对量的主要因素，一个国家、行业或部门，能将多少资源投入人们的安全保障，归根到底是受社会经济发展水平制约的。在经济比较落后的地区，人们只能顾及基本的生理需要，因而把资金主要考虑于满足生活的基本需要，而安全、健康被放在次要的地位。随着经济的发展及人民生活水平的逐步提高，一方面科学技术和经济条件提供了基础保证；另一方面人们心理和生理对安全与健康的要求也随之提高，这就使得安全的投入随之增大。

（2）科学技术。先进科技有利于改善人们对系统安全问题的认识，从而更加客观、全面地分析和控制投入产出过程，提高解决安全投入问题的能力。先进的科技手段可以改进和完善系统安全管理机制，提高有效投入，优化资源配置，提高资源开发利用。在一定条件下，通过开发利用替代品或创造新型资源，促进系统安全管理可持续发展。在铁路企业中，铁路新科技不断涌现，为加大铁路安全投入提供了技术保障；铁路工作中的安全第一的企业文化也不断促进铁路安全科技的进步。

（3）生产技术。生产的客观需要决定了安全的发展状况和水平。在不同的生产技术条件下，对安全的要求是不一样的，这就决定了安全投入必须符合生产技术的客观需要。在我国由于铁路运输密度大、速度高、运行环境复杂等运输生产特点，决定了铁路运输生产要求更高的安全性。

8.1.2　铁路运输安全成本

铁路运输安全成本产生于铁路运营全过程，与安全决策、安全管理、运营组织、安全设计、安全保证措施等方面有关，它是铁路运输产品的一种附加性成本。铁路运输安全成本由保证性安全成本和损失性安全成本构成。

1. 铁路运输保证性安全成本

保证性安全成本是指为保证和提高铁路运输安全水平而支出的费用，包括安全工程费用和安全预防费用两部分。为构筑安全工程、安装安全设备、实施安全管理措施、进行安全监督、开展安全培训和教育等活动支出的费用，构成了铁路运输保证性安全成本的主要内容，其作用是在确保铁路系统内安全作业和运营，提高铁路运输安全水平的同时，也提高了铁路运输的经济效益。

（1）铁路运输安全工程费用。安全工程费用是为构筑安装安全工程、设施及购置安全监测设备、仪表等支出的费用。其目的是为实现一定的铁路系统内安全作业水平提供基础条件，其主要项目有：为构筑安全工程设施及购置安全检测设备、仪表等支出的费用（包括材料费、工时费、设备费）；安全监测费（包括安全监测设备、仪器的维护维修费）；安检人员工资；安全工程的设计、评审费；安全工程设施的维护维修费等。

（2）铁路运输安全预防费用。铁路运输安全预防费用是为保证铁路运输安全，降低铁路交通事故发生率，防止或减轻职业病危害而进行的安全培训、安全管理的各种费用。其目的是防止铁路系统内不安全因素的产生，其主要项目有：安全工程和设施的运营费用；安全培训教育费用；安全情报和信息的收集、整理、分析、反馈、储存费用；开展安全管理工作的有关资料、表格打印、宣传费用等。

2. 铁路运输损失性安全成本

损失性安全成本是指因安全问题影响铁路运输生产（或安全水平不能满足铁路运输生

产需要），以及安全问题本身而产生的损失，也可以称之为事故成本，它包括企业内部损失和企业外部损失两部分。

（1）铁路运输业内部损失。铁路运输业内部损失指由于安全出现问题使铁路运输业内部引起的运行延误和安全事故本身造成的经济损失费用，主要项目有：受事故影响所产生的延误损失费用；安全事故本身造成的损失费用（如设备报废、材料报废、工程报废损失费用等）；恢复生产费用；报废设备、工程等的处理费用；安全事故处理、分析费用。

（2）铁路运输业外部损失。铁路运输业外部损失是指因安全发生问题而造成的铁路系统外部的损失费用，主要项目包括：人员伤亡的医疗费；货物丢失、损坏赔偿费等。

8.2　安全投入的基本原则

安全投入是一项重要的管理任务，是在安全管理过程中积极争取前馈控制优势，实施主动或前瞻性安全管理的关键策略。安全投入及其管理也是强化投入与产出匹配，促进系统资源供需均衡的重要管理活动。安全投入应当遵循以下基本原则。

1. 适度超前原则

安全管理的方法论决定了资源投入应当遵循适度超前原则。由于事故是不可容忍的，事故所产生的损失也是难以接受的，应当在事故可能发生之前就做出必要的安全投入。资源的适度超前投入，是确保安全管理效用适时、产出有效和事故得到预防的重要前提条件。依据 REM（reference earth model，参考地球的模型）的分析结论，资源转化过程必定消耗系统的时空资源。也就是说，所需安全管理效用产出经常与资源投入不同步，投入与效用之间存在时间和空间的差别，需要效用时才进行投入往往为时已晚。所以，从安全服务产品的生产过程看，适度超前投入是十分必要的。

2. 要素协调原则

系统安全管理综合性地依赖多种资源，不同系统资源具有固有作用和优势，安全管理应当协调地开发利用不同系统资源。如组织资源、财务资源、人力资源、技术资源和信息资源等。在安全管理中，安全投入的组织资源不足，将导致系统本质不安全的根本性缺陷，组织资源是开发利用其他系统资源的基础，是安全投入的核心资源。因此，安全投入应当做到资源要素在数量、质量和时空分布等方面的匹配协调，才能取得良好的安全经济效果。

3. 水平相称原则

经济和科技水平也影响安全投入的数量和质量。系统处于较低经济或科技水平时，安全投入的数量和质量受到局限，容易产生资源短缺，导致投入产出不匹配问题进而破坏供需均衡。反之，则容易实现投入产出匹配，建立供需均衡。资源短缺固然不是我们所期望发生的问题，但也应当警惕当系统处于高经济和科技水平时，可能产生的资源过剩问题，为此，应当适时扩大安全需求，防止资源闲置或浪费。只有保持与系统所处经济和科技水平相适应的安全投入，才能建立有效的投入产出匹配，保持供需均衡，促进系统可持续发展。

8.3　铁路运输安全费用的提取和使用

《安全生产法》第二十条规定，有关生产经营单位应当按照规定提取和使用安全生产费用，专门用于改善安全生产条件。安全生产费用在成本中据实列支。安全生产费用提取、使用和监督管理的具体办法由国务院财政部门会同国务院安全生产监督管理部门征求国务院有关部门意见后制定。财政部、原安全监督管理总局联合制定的《企业安全生产费用提取和使用管理办法》(财企〔2012〕16 号)，对企业安全生产费用的提取比率及使用范围有明确的规定，铁路运输安全生产费用在财务部门是根据上述办法来提取的，具体的使用范围也包括在内。

8.3.1　铁路运输安全费用的提取标准

《企业安全生产费用提取和使用管理办法》中特别规定了铁路运输企业以上一年度实际营业收入为计提依据，按照以下标准平均逐月提取。

(1) 普通货运业务按照 1%提取。

(2) 客运业务、危险品等特殊货运业务按照 1.5%提取。

8.3.2　铁路运输安全费用使用范围

(1) 完善改造和维护安全防护设施设备支出（不含“三同时”要求初期投入的安全设施)，包括道路、水路、铁路、管道运输设施设备和装卸工具安全状况检测及维护系统、运输设施设备和装卸工具附属安全设备等支出。

(2) 购置、安装和使用具有行驶记录功能的车辆卫星定位装置、船舶通信导航定位和自动识别系统、电子海图等支出。

(3) 配备、维护、保养应急救援器材、设备支出和应急演练支出。

(4) 开展重大危险源和事故隐患评估、监控和整改支出。

（5）安全生产检查、评价（不包括新建、改建、扩建项目安全评价）、咨询及标准化建设支出。

（6）配备和更新现场作业人员安全防护用品支出。

（7）安全生产宣传、教育、培训支出。

（8）安全生产适用的新技术、新标准、新工艺、新装备的推广应用支出。

（9）安全设施及特种设备检测检验支出。

（10）其他与安全生产直接相关的支出。

第9章　铁路行车设备安全管理

铁路行车设备是完成铁路运输任务的物质基础，加强铁路行车设备的安全管理，使用先进的技术手段或检测设备，建立技防、物防、人防相结合的综合防护体系，是铁路运输安全的重要保障。

9.1　铁路行车设备安全管理概述

铁路行车设备分为固定设备和移动设备。其中固定设备主要包括工务线、桥、隧设备，电务信号、通信设备，供电牵引、电力设备等；移动设备主要包括机车、车辆、动车组等。铁路机车车辆的制造、维修、使用单位应当遵守有关产品质量的法律、行政法规及国家其他有关规定，确保投入使用的机车车辆符合安全运营要求。影响铁路运输安全的铁路专用设备，依法应当进行产品认证的，经认证合格方可出厂、销售、进口、使用。

铁路行车安全监测设备一般是指保障铁路行车安全的系统及其设备，具有保障铁路行车设备正常运行的重要作用。如：高速综合检测车、车辆5T设备、货车超偏载监控系统、钢轨探伤车、轨检车及自然灾害和异物侵限监测系统等。铁路运输有关的安全检测、监控、防护设施设备，应当符合国家标准、行业标准和技术规范。安全设备的设计、制造、安装、使用、检测、维修、改造和报废，应当符合国家标准或行业标准。

铁路运输企业应当建立健全铁路设施设备的检查防护制度，加强对铁路设施设备的日常维护检修，确保铁路设施设备性能完好和安全运行。各专业部门、各设备养护单位、各工种在从事铁路运输生产时，必须遵循法规规章规定的基本原则、责任范围、工作方法、作业程序和相互关系。

9.2　铁路主要行车设备

《中国铁路总公司安全管理规定》（铁总安监〔2015〕10号）规定，主要行车设备设施要实行履历管理，强化动态检测监控，建立检查、检修、保养、验收等记录，实现质量可追溯。本节参照《铁路技术管理规程》《铁路主要技术政策》《高速铁路基础设施运用状态检测管理办法》《中国铁路总公司铁路技术规章目录》等规章、规范性文件，简要介绍铁路主要行车设备，并列举部分专业系统规章。图9-1为铁路主要行车设备的构成。

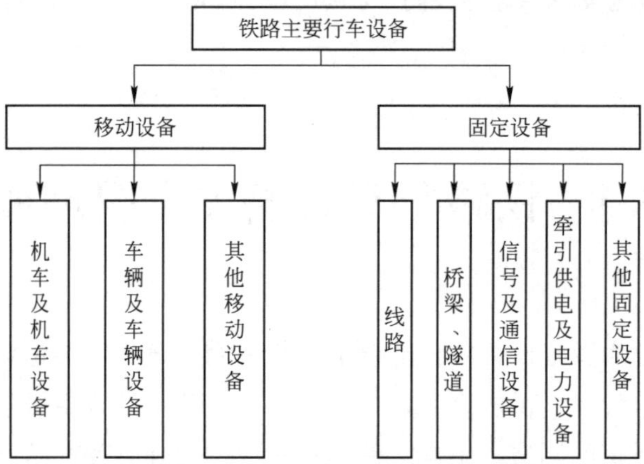

图9-1　铁路主要行车设备的构成

9.2.1　固定设备

铁路行车固定设备一般是指铁路建筑物及有关设备，主要包括线路、桥梁隧道、通信及信号设备及牵引供电和电力设备。

1. 线路、桥梁及隧道

铁路线路分为正线、站线、段管线、岔线、安全线及避难线。铁路桥梁、涵洞及隧道，均应修建为永久性结构，具有良好的耐久性，符合工程结构抗震和相应的技术规范要求。为了保证线路、桥隧、路基等设备质量，应设工务段等工务维修机构，工务段管辖正线长度，应根据单线或双线、平原或山区等条件确定。工务专业系统规章有《铁路工务安全规则》《铁路线路修理规则》《铁路桥隧建筑物修理规则》《大型养路机械使用管理规则》《轨道车管理规则》等。

2. 信号及通信设备

信号设备是铁路上信号、联锁、闭塞设备的总称。信号装置一般分为信号机和信号表示器两类，信号机按类型分为色灯信号机、臂板信号机；信号表示器分为道岔、脱轨、进路、发车、发车线路、调车及车挡表示器。联锁设备分为几种联锁（计算机联锁和继电器联锁）和非集中联锁（色灯电锁器和臂板电锁器联锁）；闭塞设备分为自动闭塞、自动站间闭塞和半自动闭塞。通信设备主要包括普通电话（固定、移动）、专用电话（固定、移动）、会议电话、广播、数据承载、数据终端、图像通信、应急通信、时钟时间同步基准信号设备等。为保证信号、通信设备的质量，应设电务段、通信段等电务维修机构。电务段、通信段管辖范围应根据信号、通信设备等条件确定。信号专业系统规章有《铁路信号维护规则》《铁路电务安全规则》，通信专业系统规章有《铁路运输应急通信管理办法》《铁路通信维护规则》《铁路电报电话管理规则》。

3. 牵引供电及电力设备

牵引供电设备包括变电设备（变电所、开闭所、分区所、自耦变压器所）、接触网和远动系统。牵引供电设备应保证不间断行车的可靠供电。牵引供电能力应与线路的运输能力相适应，满足规定的列车质量、列车密度和运行速度的要求。牵引变电所须具备双电源、双回路受电。电力设备包括变配电所、自闭贯通电线路、箱式变电站等。为保持牵引供电设备良好的技术状态，保证牵引供电系统安全运行，应设供电段等供电维修机构。供电维修机构管辖范围应根据线路及供电设备条件确定。供电专业系统规章有《接触网运行检修规程》《铁路电力管理规程》《接触网安全工作规程》《电气化铁路有关人员电气安全规则》等。

9.2.2　移动设备

铁路行车移动设备主要是指机车、车辆、动车组。机车是牵引列车和调车的基本动力；车辆是装载货物和运送旅客的工具；动车组与传统列车不同，是单元化复合列车。

1. 机车设备

机车按牵引动力方式分为电力机车、内燃机车，传动方式主要有交流传动和直流传动。机车应实行计划预防修，实施主要零部件的专业化集中修和定期检测状态修。为保证机车良好的技术状态，应有进行检修和整备作业的机务段、机车检修段等机务维修机构。机务专业系统规章有《铁路机车运用管理规程》《机车技术管理规则》《机务行车安全管理规则》等。

2. 车辆设备

车辆按用途分为客车、货车及特种用途车（如试验车、发电车、轨道检查车、检衡车等）。车辆实行定期检修，并逐步扩大实施状态修、换件修和主要零部件的专业化集中修。

客车和特种用途车实行以走行千米为主、时间周期为辅的计划预防修，最高运行速度不超过 120 km/h 的客车修程分为厂修、段修、辅修，最高运行速度超过 120 km/h 的客车修程分为 A4、A3、A2、A1；货车修程分为厂修、段修、辅修。为了保证车辆良好的技术状态，应有进行检修和整备作业的车辆段等车辆维修机构。车辆专业系统规章有《铁路客车运用维修规程》《铁路货车厂修规程》《铁路货车运用维修规程》等。

3. 动车组设备

动车组是指由若干带动力的车辆（动车）和不带动力的车辆（拖车）或全部由动车或由大部分动车和少部分拖车长期固定地连挂在一起组成的车组。动车组实行以走行千米周期为主、时间周期为辅的计划预防修，检修方式以换件修为主，主要零部件采用专业化集中修。为保证动车组良好的技术状态，应有进行检修和整备作业的动车段、动车所等维修机构。动车组相关（车辆专业）系统规章有《动车组专业管理规定》《和谐 5A 型动车组三级检修规程》《和谐 380CL 型动车组三级检修规程》等。

9.3 铁路行车安全监测设备

铁路行车安全监测设备是保障铁路运输安全的重要技术设备，《铁路技术管理规程》把铁路行车安全监测设备分为七类：机车车辆的车载监测设备；机车车辆的地面监测设备；轨道、通信、信号、牵引供电、电力等固定设备的移动检测设备；线路、桥梁、隧道、通信、信号、牵引供电、电力等固定设备的在线自动监测设备；车站行车作业监控设备；自然灾害及异物侵限监测系统；列车安全防护预警系统、道口及施工防护设备。

本节介绍中国列车运行控制系统、机车车辆安全监测设备、车站行车作业监控设备、常用的移动监测设备和自然灾害及异物侵限监测系统。

9.3.1 机车车辆安全监测设备

机车车辆安全监测设备一般包括列车运行监控记录装置、列尾装置、5T 系统、轮对和轴承故障监测装置、机车信号监测装置等。其中，5T 系统是指我国在铁道客货车管理信息化和安全防范手段创新方面自主研发的管理信息化和安全防范系统，已广泛投入使用。

1. 列车运行监控记录装置

列车运行监控记录装置是列车超速防护设备，是三项设备的核心部件。监控装置的雏形是自动停车装置，它的发展经历了数代更新，目前被广泛应用的是 LKJ-2000 型列车运行监控记录装置。它把计算机技术运用到铁路行车安全领域，可以准确地记录列车运行状况并且确保行车的安全。其简单原理是：预先把地面路线参数存储在监控主机内，在运行时，不断测定机车速度及机车信号等参数，以图形、曲线、文字等方式显示前方线路状况、运行情况等信息，并在列车超速、冒进信号等危险情况时，自动采取紧急制动，保障铁路运输安全。

2. 列尾装置

列尾装置全称为列车尾部安全防护装置，由固定在机车司机室的机控盒和安装在列车尾部的尾部装置组成，尾部装置通过列车无线调度系统机车电台与机控盒进行通信。通过列尾装置，机车乘务员能够及时准确地掌握列车尾部风压，当列车尾部风管因非正常泄露低于规定限值时，该设备可以自动报警；当车辆折角塞门被意外关闭时，机车乘务员可操纵列车尾部装置进行尾部排风辅助制动，以防止列车“放飏”事故；该设备还可兼作列车昼夜尾部标志（白天用红白相间斜彩条标志，夜间用红色发光管闪光标志），除对列车起防护作用之外，还用以表示列车完整、标示列车尾部的位置等。

3. 车辆 5T 系统

（1）红外线轴温探测系统（THDS）。红外线轴温探测系统（THDS），利用轨边红外线探头，对通过车辆每个轴承温度实时检测，并将检测信息实时上传到车辆运行安全检测中心，红外线值班员通过红外线监控中心软件掌握车辆轴温信息，及时对报警车辆进行相应的处理（激热立即停车，强热前方车站拦停，微热跟踪），并进行实时报警。通过配套故障智能跟踪装置，实现车次、车号跟踪，对热轴车辆进行跟踪报警，重点防范热切轴事故。

（2）车辆运行故障动态图像检测系统（TFDS）。车辆运行故障动态图像检测系统（TFDS），采用高速连续数字照像技术、大容量图像数据实时处理技术和精确定位技术，利用轨边高速摄像头，对运行货车隐蔽故障和常见故障进行动态检测，及时发现货车运行故障，重点检测货车走行部、制动梁、悬吊件、枕簧、大部件、钩缓等安全关键部位，重点防范制动梁脱落事故，防范摇枕、侧架、钩缓大部件裂损、折断，防范枕簧丢失和窜出等危及行车安全隐患。该系统主要监测车辆的车种车型、行驶速度、运行方向、通过探测点时间、当前运行故障类型、故障部位等参数。

（3）车辆滚动轴承早期故障轨边声学诊断系统（TADS）。车辆滚动轴承早期故障轨边声学诊断系统（TADS），利用安装在列检所前方的轨边声学装置，采用声学诊断技术和计算机网络技术，对运行中的货车滚动轴承噪声信号的采集和分析，判别轴承的工作状态，重点检查货车滚动轴承内圈、外圈、滚子等关键部位故障，及早发现轴承早期故障，使安全防范关口前移，与红外线轴温监测系统互补，防止切轴事故的发生。该系统主要监测车辆轴承的故障种类如内圈滚道、外圈滚道、滚子、保持架等和轴承的缺陷类型（如剥离、裂损、划伤、腐蚀等）等参数。

(4) 车辆运行状态地面安全监测系统（TPDS）。车辆运行状态地面安全监测系统（TPDS），利用安装在铁路正线直线段的轨边检测装置，当货车以正常行车速度通过该区段上的轨边检测装置，能准确地识别货车是否蛇行失稳及失稳程度，识别运行状态不良的车辆，监测车辆的总重、前后转向架重、轴重和轮重，检测车辆的超载和偏载情况，识别车轮的踏面擦伤情况，自动统计轨道负荷通过总重、平均总重和当量通过总重。其检测结果可以为铁路运输安全管理、掌握轨道实际承载状态提供重要信息，从而防范货车脱轨、车轮踏面擦伤、剥离和货物超载、偏载等安全隐患。该系统主要监测车辆的行驶速度、运行方向、通过探测点时间、运行状态、车辆的总重、前后转向架重、轴重和轮重、超载、左右偏、前后偏、最大冲击当量、报警类型及级别等参数。

(5) 客车运行安全监控系统（TCDS）。客车运行安全监控系统（TCDS），对轴温、供电、车门、车下电源、火灾、空调、防滑器、基础制动系统和转向架、车辆动力学的全面监测，重点对客车热轴故障、火灾隐患、供电故障及制动系统和走行部故障进行监控。通过车载系统的无线、有线网络，将监测信息向地面传输、汇总，形成实时的客车安全监控运行图，使各级车辆管理部门及时掌握客车运行安全状况。重点对 160 km/h 及以上客车轴温、制动系统、转向架安全指标、火灾报警、客车供电、电器及空调系统运行安全状况实时监控。

4. 铁路客车轮对和轴承故障监测装置

铁路客车轮对和轴承故障监测装置利用共振解调技术对走行部轴承的滚动工作面和轮对踏面进行早期全面的监测诊断，故障的信息可通过通信网络传送到全车或模块将报警信息及时传输到特定的手机中，其轴温数据和报警数据也可以通过集中记录仪的接口进行下载，通过单机接口可以下载故障冲击采样数据，实现在地面数据分析处理系统中进行趋势分析。该装置主要监测车辆的轴承温度、轴承接触面故障、轮对踏面的损伤程度等参数。

5. 机车信号记录装置

该装置安装在机车上，具有超速报警、调车作业、区间作业、警惕、解锁、熄火卸载功能及显示、记录、数据专储等功能。主要完成对地面信号质量监测和车载信号设备运行状况的监测与记录。通过对数据下载分析，可以及时发现和排除信号系统中的故障点，保障铁路运行安全。当发生事故时，运行记录数据，能够尽快分析事故原因和责任。该装置主要监测地面信号品质、车载供电电源的稳定性、主机对地面信号解读的准确性、绝缘节信息、信号机的点灯状态、机车运行的千米标、运行时间等参数。

9.3.2 车站行车作业监控设备

1. 信号微机监测系统

该系统安装在车站，通过监测并记录信号设备的主要运行状态，实现模拟量在线监测。监测对象包括电源屏、电源对地漏泄电流、转辙机、轨道电路、电缆绝缘性、区间自动闭塞、部内电码化、开关量、按钮状态、控制台表示、功能型继电器状态、数据逻辑判断等。当信号设备工作偏离预定界限或出现异常时能够及时进行报警，为电务部门掌握设备的当前状态和进行事故分析提供科学依据。该系统主要监测道岔密贴程度、缺口超限程度、转换力超限程度、位置、挤岔程度、锁闭继电器封连、信号机是否非正常关闭、列调信号主灯丝是否断丝、三相电源是否断相和错序、外电网是否断电、主副电源屏转换报警、熔丝是否断丝、区间信号点故障、控制台是否破封、故障通知按钮是否报警等参数。

2. 铁路货车超偏载检测监控信息系统

该系统利用安装在编组站进站口的超偏载仪，检测通过车辆各车轮对轨道的压力和剪力数据值，通过对检测数据进行分析和处理，得出车辆货物装载超载、偏载、偏重等情况。值班人员根据超偏载系统检测信息对通过的报警车辆（超载、偏载、偏重），做出相应的处理（扣车、通知、放行），保障货物列车的安全运行。主要服务于货运部门，重点服务于车站商检室。该系统主要监测车辆的行驶速度、运行方向、通过探测点时间、车种车型、发站、到站、品名、自重、标重、总重、允许增重、超载、偏载、偏重等参数。

3. 动态轨道衡检测监控信息系统

该系统主要利用安装在装车站、货检站和编组站的动态轨道衡检测仪，检测通过车辆的各车轮对轨道的压力值，通过对检测数据的后续分析和处理，计算出车辆的自重、标重、总重、车号、盈亏装货物重量的多或少等情况。值班员根据检测和计算的结果对报警车辆实行扣车、警告、放行等相应处理，保障货物列车的安全运行。该系统主要监测车辆的行驶速度、运行方向、通过探测点时间、车辆自重、标重、总重等参数。

9.3.3 铁路行车安全移动检测设备

1. 轨道检测车

轨道检测车又称轨道检查车，用来检测轨道的几何状态和不平顺状况，以便评价轨道几何状态的特种车辆，简称轨检车。它是指导轨道养护维修的重要工具。根据轨检车的记录，可以发现轨道平顺状态不良的地点，以便采取紧急补修或限速措施，并确定应进行计划维修的里程段落，编制维修作业计划。轨道检查车可以检测轨道尺寸和不平顺的病害，评定轨道质量，但具体的轨道部件的损坏，如枕木腐朽、扣件松动等还要靠实地人工检查。为了进一步改进轨道状态的科学管理，还需要研制能测出轨道弹性、道床状态及某些对行车安全影响较大的复合不平顺状态的轨检车。

2. 钢轨探伤车

钢轨探伤车是装在轨道上检测钢轨伤损设备的专用车辆或专用列车。按钢轨探伤车检测原理可分为电磁钢轨探伤车和超声波钢轨探伤车两类。电磁钢轨探伤车采取非接触通磁法检测钢轨伤损，最佳检测速度为30～70 km/h，但这种车辆不能检测钢轨腰部和钢轨接头附近的钢轨伤损。超声波钢轨探伤车利用超声波法进行钢轨伤损探测，能够探测钢轨的轨头和轨腰范围内（包括接头附近）的疲劳缺陷和焊接缺陷，有的还能检测擦伤、轨头压溃和波浪形磨耗，以及轨底锈蚀和月牙掉块。目前，我国钢轨探伤车全部采用超声波探伤技术。

3. 高速综合检测车

高速综合检测车是对快速铁路和高速铁路质量状态综合检测的动车组列车，是为时速200 km以上铁路实施定期检测、综合检测和高速检测的重要装备，拥有对轨道、接触网、通信信号等基础设施的综合检测能力，为高铁运输安全评估和指导各铁路局的养护维修提供技术支撑。高速综合检测列车以高速动车组为载体，集现代测量、时空定位同步、大容量数据交换、实时图像识别和数据综合处理等先进技术于一体，涉及高速铁路多个技术领域，是实现高速铁路周期性高速综合检测的关键技术装备，也是高速铁路最具代表性的高新技术装备之一。

9.3.4 防灾安全监控系统

防灾安全监控系统是保证铁路列车运行安全的重要基础装备之一，属重要的行车设备，按照《铁路技术管理规程》规定的铁路信息系统一类设备进行管理，主要用于高速铁路。防灾安全监控系统对危及高速铁路列车运行安全的风、雨、雪、地震等灾害和异物侵限进行实时监测、报警，为调度指挥及维护管理提供报警信息，控制列车限速或停车。系统主要构成如下。

（1）风向风速计。选用超声波风向风速计，其抗电力牵引电磁干扰能力强，适应复杂、恶劣的环境。

（2）雨量计。采用24 GHz多普勒雷达测量单个雨/雪滴落速度的方式来测量降水强度。通过滴落速度与大小的关联，计算降水量与降水强度。不同的滴落速度决定了不同的降水类型。

（3）雪深计。雪深计测量从探头到被测目标表面的距离，智能推算出积雪深度，通过发出红外激光，打到被测平面，测量整个传播过程。

（4）异物侵限监测设备。在公跨铁立交桥、隧道口等处所设置异物侵限监测设备，实时监测各双电网传感器的状态，当发生异物侵限时，立即通过监控单元向信号列控系统、联锁系统发送控制命令，通过信号列控系统、联锁系统使列车自动停车，并向列车调度员发出异物侵限报警信息。

（5）地震监测设备。地震除直接破坏铁路基础设施外，还会导致列车脱轨和倾覆及冲入受灾地区等。为避免这些灾害的发生，在高速铁路沿线设置地震监测报警系统接入牵引供电控制系统，在地震发生时系统自动控制停电、降低列车运行速度或停车。

第 10 章　铁路安全教育与培训

铁路安全教育与培训是保障铁路安全发展的基础。随着我国铁路装备水平不断提升、安全管理理念不断发展、安全防护手段不断加强，对铁路从业人员安全素质提出了更高的要求。可以说，铁路的安全发展，离不开安全意识强、业务素质高的铁路干部职工队伍，以及与之相适应的安全教育与培训管理水平。本章主要介绍安全教育培训的法规规定，铁路安全教育与培训形式介绍，安全培训组织及内容等。

10.1　铁路安全教育与培训概述

安全教育与培训是保障企业安全生产的重要方式，通过对安全生产各环节相关人员的教育与培训，使之达到满足安全生产中法律法规、企业管理制度规定的要求标准，提升相关人员安全生产意识和安全素质，防范安全生产事故发生，保证人身和财产安全。

1. 安全教育与安全培训

安全教育是将现有的安全经验、安全知识、安全观点授于受教育者，为其解释生产生活中的各种现象、问题或行为，使其以一种相对成熟或理性的安全思维来认知对待事物。通过安全教育，使得受教育者对安全的感性认识，上升到认知理解的理性认识状态。在经过不断地、循环的安全教育后，受教育者的安全意识思维不断完善，并最终具备优秀的安全素质和正确的安全思维认知，这是安全教育的根本所在。

安全培训一般是指以提高安全监管监察人员、生产经营单位从业人员和从事安全生产工作的相关人员的安全素质为目的的教育培训活动。安全培训是安全生产管理工作中一项十分重要的内容，也是提高从业人员安全素质的一项重要手段。

企业安全教育和安全培训的共同目的是帮助从业人员提高安全意识，分析辨识安全生产危险，吸取安全事故经验教训。企业安全教育与安全培训也有所不同，各有侧重，但是同等重要，缺一不可。安全培训是安全管理工作的重要部分，安全教育是提升安全文化的重要手段，安全教育既体现安全管理工作的内容，又超出了安全管理工作的范畴，安全文化对安全培训质量有重要影响。有关安全文化内容见第 11 章。

2. 安全教育与培训相关法规规定

安全教育与培训涉及的政策文件、法律法规、规章办法很多，在安全培训教育的主要内容、安全培训时限、安全培训的保障、组织实施和相关人员机构资质管理等方面有详尽的规定。《安全生产法》安全教育培训要求如下。

（1）生产经营单位的主要负责人对本单位安全生产工作负有组织制订并实施本单位安全生产教育和培训计划的职责。

（2）生产经营单位的安全生产管理机构及安全生产管理人员，履行组织或参与本单位安全生产教育和培训，如实记录安全生产教育和培训情况的职责。

（3）生产经营单位应当对从业人员进行安全生产教育和培训，保证从业人员具备必要的安全生产知识，熟悉有关的安全生产规章制度和安全操作规程，掌握本岗位的安全操作技能，了解事故应急处理措施，知悉自身在安全生产方面的权利和义务。未经安全生产教育和培训合格的从业人员，不得上岗作业。

（4）生产经营单位使用被派遣劳动者的，应当将被派遣劳动者纳入本单位从业人员统一管理，对被派遣劳动者进行岗位安全操作规程和安全操作技能的教育和培训。劳务派遣单位应当对被派遣劳动者进行必要的安全生产教育和培训。

（5）生产经营单位接收中等职业学校、高等学校学生实习的，应当对实习学生进行相应的安全生产教育和培训，提供必要的劳动防护用品。学校应当协助生产经营单位对实习学生进行安全生产教育和培训。

（6）生产经营单位应当建立安全生产教育和培训档案，如实记录安全生产教育和培训的时间、内容、参加人员及考核结果等情况。

（7）生产经营单位应当教育和督促从业人员严格执行本单位的安全生产规章制度和安全操作规程；并向从业人员如实告知作业场所和工作岗位存在的危险因素、防范措施及事故应急措施。

（8）生产经营单位必须为从业人员提供符合国家标准或行业标准的劳动防护用品，并监督、教育从业人员按照使用规则佩戴、使用。

《劳动法》规定，用人单位必须建立、健全劳动安全卫生制度，严格执行国家劳动安全卫生规程和标准，对劳动者进行劳动安全卫生教育，防止在劳动过程中的事故，减少职业危害。从事技术工种的劳动者，上岗前必须经过培训。从事特种作业的劳动者必须经过专门培训并取得特种作业资格。

《铁路安全管理条例》规定，从事铁路建设、运输、设备制造维修的单位应当加强对从业人员的安全教育培训，保证安全生产所必需的资金投入；铁路运输企业应当加强铁路专业技术岗位和主要行车工种岗位从业人员的业务培训和安全培训，提高从业人员的业务技能和安全意识。

《中共中央国务院关于推进安全生产领域改革发展的意见》强调，严格落实企业安全教育培训制度，切实做到先培训、后上岗。《安全生产“十三五”规划》指出，严格实行企业全员安全生产责任制，加强对安全生产责任制落实情况的监督考核，完善企业从业人员安全生产教育培训制度。

10.2　安全教育培训形式

10.2.1　铁路安全教育

1. 安全生产委员会（以下简称“安委会”）

安委会的召开过程就是管理决策层安全教育实施的过程。尽管安委会与生产从业人员安全教育不直接关联，但以会议精神、会议决定、会议文件等形式对安全管理工作进行指导，进而影响安全教育的决策和部署。国家铁路局、原中国铁路总公司是国务院安委会成员单位，各铁路运输企业及分支机构也有相应的安委会机构，因此各级安委会是贯彻落实上级安全指示精神的直接途径，也是组织学习安全法律法规的最前端。

2. 安全生产分析例会

铁路安全生产分析例会一般按月召开，安全教育主要包括安全法律法规教育、安全生产方针政策教育、劳动纪律、典型经验及事故案例教育。

（1）通过安全生产法规和劳动纪律教育，使职工了解和懂得国家有关安全生产的法律、法规和城市轨道交通企业各项安全生产规章制度，促使其依法进行安全生产。

（2）通过学习安全生产方针、政策，提高职工对安全运营重要意义的认识，使其在日常工作中坚定地树立“安全第一”的思想，正确处理好安全与运营的关系，确保铁路企业安全生产。

（3）通过典型经验和事故案例剖析教育，可以使职工受到教育和启发，又可结合实际，对照先进找出差距，使工作进步提高。同时，可以使员工了解到铁路安全运营和企业发展、个人和家庭幸福之间的关系，从而坚定安全生产的信念。

3. 班前预想

班前预想是指每项工程（工作）开工前对作业过程中可能导致事故的危险有害因素进行预测和预想，提出安全对策措施，并指定落实负责人。预想的内容包括：设想、识别可能导致事故的人和物的不安全状态和不安全行为，针对不安全状态和不安全行为提出制订的安全对策措施。班前安全预想是班组管理的一部分。

10.2.2 铁路安全培训

根据培训对象和负责部门的不同，安全培训可分为干部安全培训和职工安全培训。干部安全培训的对象是单位安全生产主要负责人、安全生产管理人员及专业技术人员，一般由铁路运输企业的人事和职工教育部门组织。职工安全培训的对象是从事生产活动的各岗位从业人员，一般由所属站段职教部门负责。国铁集团及所属铁路局集团公司拥有铁道党校、培训基地、训练段、培训中心等机构，负责组织专门的进修培训、专业培训、技能培训等。本节主要介绍铁路普遍开展的职工安全培训形式，分为资格性培训和适应性培训。

1. 资格性培训

资格性培训可以分为新职、转岗、晋升人员资格性培训，高速铁路运营人员资格性培训，从事特种作业和特种设备作业的人员资格性培训。新职、转岗、晋升人员资格性培训是按照《国家职业技能标准》和《铁路特有工种技能培训规范》要求，取得定职资格、转岗资格、晋升资格的培训，包括已具备职业资格的新入职中、高职及以上毕业生的培训，即行车安全三级培训。高速铁路运营人员资格性培训，按照总公司和路局高速铁路运营人员准入、培训有关规定执行。从事特种作业和特种设备作业的人员资格性培训需取得《特种作业操作证》或《特种作业人员证》。

以新职、转岗、晋升人员资格性培训为例，新职、转岗、晋升人员上岗前必须首先进行站段、车间、班组三级安全教育培训，按站段—车间—班组的先后顺序实施。站段级安全教育培训由职教和劳人部门组织实施，采取集中脱产方式进行。依据《铁路劳动安全培训规范》和相应岗位《铁路特有工种技能培训规范》规定的安全知识科目和课时要求进行，其中劳动安全培训不少于 24 学时；车间级安全教育培训由车间主管领导组织实施，采取集中脱产方式进行，结合车间生产特点、工作环境、安全职责等实际开展有针对性的安全教育培训；班组级安全教育培训由班组长组织实施，采取现场教学等方式进行，结合班组工作环境、岗位安全职责和安全作业技能等实际开展有针对性的安全教育培训。

2. 适应性培训

适应性培训指根据岗位的生产需要而进行的培训，采取按需培训模式。适应性培训包括：重大的新技术、新设备、新知识、新规章等适应性培训，年度劳动安全培训，年度防寒培训，电气化安全培训，营业线施工安全培训及其他铁路运输企业要求的专项培训等。

10.3　安全培训内容

本节以国铁集团为例，介绍铁路运输企业主要负责人、安全生产管理及专业技术岗位、操作技能岗位人员培训内容。

（1）铁路运输企业及所属单位主要负责人安全培训应根据实际需要，主要包括下列内容：国家安全生产方针、政策和有关安全生产的法律、法规、规章及标准；安全生产管理基本知识，铁路安全生产技术及知识；重大危险源管理、重大事故防范、应急管理和救援组织及事故调查处理的有关规定；职业危害及预防措施；国内外先进的安全生产管理经验；典型事故和应急救援案例分析；其他需要培训的内容。

（2）安全生产管理及专业技术岗位人员安全培训应根据实际需要，主要包括下列内容：国家安全生产方针、政策和有关安全生产的法律、法规、规章及标准；铁路安全生产管理、技术、职业卫生等知识；铁路交通事故统计、报告及调查处理方法；应急管理、应急预案编制及应急处置的内容和要求；国内外先进的安全生产管理经验，以及新技术、新工艺、新设备、新材料投入使用的安全管理知识；典型事故和应急救援案例分析；其他需要培训的内容。

（3）操作技能岗位新接收录用、外单位调入、转岗、复岗人员的安全培训按照站段、车间、班组三级组织实施。

① 站段级安全培训主要内容应包括：与铁路运输安全生产有关的法律、法规、规章及标准；本单位安全生产情况及安全生产基本知识；本单位安全生产规章制度和劳动纪律；从业人员安全生产权利和义务；自救互救、急救方法、疏散和现场紧急情况的处理；有关事故案例；其他需要培训内容。

② 车间级安全培训主要内容应包括：工作环境及危险因素；所从事工种的安全职责、操作技能及强制性标准；所从事工种可能遭受的职业伤害和伤亡事故；安全设备设施、个人防护用品的使用和维护；本车间安全生产状况及规章制度；预防事故和职业危害的措施、应注意的安全事项及有关事故案例；其他需要培训的内容。

③ 班组级安全培训主要内容应包括：岗位劳动安全风险点、防控措施及有关事故案例；岗位安全操作规程、岗位之间工作衔接配合的安全与职业卫生事项；现场实地安全培训；其他需要培训的内容。

10.4 安全培训组织

安全培训工作实行统一规划、归口管理、分级实施、分类指导、教考分离的原则。铁路运输企业制订年度培训计划，并有专项资金保证培训计划落实。铁路运输企业是其从业人员安全生产教育与培训的责任主体，应当建立健全安全培训工作制度，加强师资队伍建设，改善培训条件，保证经费需求，完善考务管理，严格落实培训合格持证上岗制度，健全职工教育培训档案，加强教育培训质量评和考核管理等。

1. 安全培训机构

具备安全培训条件的铁路运输企业，应当以自主培训为主；也可以委托具备安全培训条件的机构（如铁道党校、铁路培训基地等）对从业人员进行安全培训。不具备安全培训条件的，应当委托具备安全培训条件的机构进行培训。委托其他机构进行安全培训的，保证安全培训的责任仍由本单位负责。铁路运输企业或安全培训机构应当保证安全师资力量，选聘安全管理、技术人员担任兼职教师。支持高等学校、职业院校等参与铁路安全培训。

2. 培训记录

铁路运输企业所属单位要建立安全生产教育和培训档案，如实记录安全生产教育和培训的时间、内容、参加人员及考核结果等情况。按照“先培训、后上岗”制度要求，铁路从业人员上岗前必须根据岗位标准进行岗前资格性培训，考试合格并取得《铁路岗位培训合格证书》中相应岗位“资格性培训合格证”后，方具备上岗资质。《铁路岗位培训合格证书》是记载职工接受技术业务培训情况和考核结果的凭证，是铁路从业人员上岗、晋升和交流的重要依据。

3. 安全培训学时

《国务院安委会关于进一步加强安全培训工作的决定》（安委〔2012〕10号）规定：非高危企业新职工上岗前要经过至少24学时的安全培训，每年进行至少8学时的再培训。《生产经营单位安全培训规定》（国家安全生产监督管理总局令第3号）规定：生产经营单位主要负责人和安全生产管理人员初次安全培训时间不得少于32学时。每年再培训时间不得少于12学时；生产经营单位新上岗的从业人员，岗前安全培训时间不得少于24学时。

铁路运输企业的安全教育培训，是企业安全管理和落实安全生产责任的重要内容之一。铁路监管部门、铁路运输企业应对所属单位安全教育培训情况，进行监督检查。主要检查安全培训制度、计划的制定及实施情况；单位主要负责人和安全生产管理及专业技术岗位人员培训及能力考核情况；特种作业人员操作资格证持证上岗情况；建立安全生产教育和培训档案，并如实记录情况；抽考从业人员安全生产知识；其他需要检查的内容。

第 11 章　铁路安全文化

文化是人类精神财富和物资财富的总称，安全文化和其他文化一样，是人类文明的产物，是为人们在生产、生活、生存活动上提供安全的重要保证，安全文化建设越来越受到重视。安全文化的最先提出是在苏联的切尔诺贝利的核电站事故之后，当时是为了解决核安全问题。切尔诺贝利核电站事故震惊全世界，纵然采取“纵深防护”防护策略，系统本质安全程度非常高的核电站仍然会发生事故，对此国际核安全小组提出了以安全文化为基础的安全管理原则，随后安全文化理念迅速发展到其他领域。

11.1　铁路安全文化概述

在安全生产的实践中，人们发现，对于预防事故的发生，仅有安全技术手段和安全管理手段是不够的。一方面，当前的科技手段还达不到物的本质安全化，设施设备的危险不能根本避免。另一方面，安全管理的作用发挥，也会受管理模式、人员素质等因素的制约。生产人员在缺乏管理监督的情况下，漠视安全规章制度，“冒险”采取不安全行为。然而并不是每一次不安全行为都会导致事故的发生，这会进一步强化这种不安全行为，并可能“传染”给其他人。不安全行为是事故发生的重要原因，大量不安全行为的结果必然是发生事故。安全文化手段的运用，正是为了弥补安全管理手段不能彻底改变人的不安全行为的先天不足。通过对人的观念、道德、伦理、态度、情感、品行等深层次的人文因素的强化，利用领导、教育、宣传、奖惩、创建群体氛围等手段，不断提高人的安全素质，改进其安全意识和行为，从被动地服从转变成主动接受。

从文化的形态来说，安全文化的范畴包括安全物质文化、安全制度文化、安全价值文化、安全精神文化。

安全文化层次如图 11-1 所示。

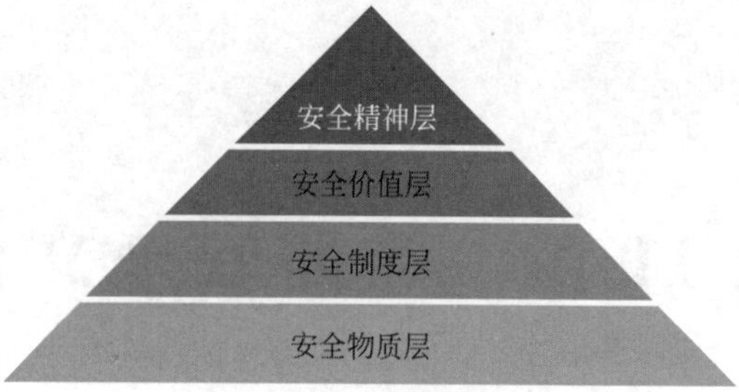

图 11-1　安全文化层次

1. 安全物质文化

安全物质文化又称为安全物态文化或安全器物文化，其所对应的是安全器物层次。安全器物文化是人类因生产、生活、生存和求知的需求而制造并使用的各种防护或保护影响或伤害人类身心安全（含健康）的安全工具、器物和物品，即表层安全文化。它是安全文化发展的物质基础，也是安全文化发展历史和水平的标志，不同的器物代表了不同时代的安全文化水平。

2. 安全制度文化

安全制度文化又称为安全管理与法制文化。它是指劳动保护、劳动安全与卫生交通安全、消防安全、防灾减灾、环保等方面的一切制度和社会组织形式及和人的社会关系网络。从与安全有关的社会制度、法律制度、政策体制、经济体制及教育科学体制，直至各种生产行业、各个社会的组织形式等，均属安全文化的制度层次。安全文化制度层次的变化对安全文化整体的充实、更新和发展往往能起决定性的作用，因为它具有实现社会聚合和社会控制的功能。

3. 安全价值文化

安全价值文化是人对安全的价值观的建立和不断积累，安全价值观是企业员工群体所共享的、对安全问题的意义和重要性的总评价和总看法。如“安全第一”“预防为主”“零事故”“安全超前”“安全管理科学化”等观念及自我保护的意识，保险防范的意识，防患于未然的意识等。安全价值观是安全文化的核心和灵魂。通过对安全保障、安全技能等物质的不断积累，以及在所处生产环境中安全制度、安全氛围的不断熏染、影响和固化，最终形成更深层次的安全价值的认同，根植于安全文化系统的深层结构之中。

4. 安全精神文化

安全精神文化又称为安全观念文化或安全智能文化。安全观念文化包括安全哲学思想和信仰、安全审美意识、安全文学、安全艺术、安全科学及自然科学、社会科学在安全科学或安全管理方面的经验和理论。从本质上看，安全文化的精神智能层次是人关于安全的思想、情感和意志的综合表现，它是人对外部客观世界和自身内心世界的认识能力与辨识结果的综合体现。

11.2 铁路安全文化建设

11.2.1 铁路安全文化建设特点

铁路安全文化建设可按从上到下的顺序划分为决策层、管理层和操作层 3 个层次。决策层的任务是结合前人积累的成功的安全经验来制定符合铁路现场员工进行生产工作时的安全行为准则规范；管理层的任务是严格执行决策层下达的安全任务，以此来监督和管理这一阶层的员工行为和处于操作层的员工行为，从而形成管理层安全文化；操作层的任务是自觉遵守由决策层通过管理层传达下来的总体安全任务，进而形成一个班组内成员间的安全文化。这 3 个层次之间相互影响、相互制约，要想全面性地去提高铁路企业的整体安全素质，需要不断加强这 3 个层次之间的联系，通过强化每一层次员工的安全素养来建设铁路安全文化。

1. 各个层面的作用及相互之间的影响

（1）决策层安全文化素质在整个铁路开展文化建设工作过程中起到了决定性的影响作用。因为决策层在对待安全问题时的态度和行为等会直接影响管理层和操作层员工的安全价值观。决策层安全文化建设得好坏直接决定了管理层和操作层是否能够营造一个良好的安全氛围环境，对这两个层次安全文化的形成起到一定的引导和强化的作用。真正优秀的领导决策层，在安全和效益面前，肯定会毫不犹豫地选择安全，特别是人的生命健康安全。一切生产工作重心始终以铁路员工的生命安全为第一位考虑因素，避免重效益轻安全类似现象的发生。只有这样，才能为管理层和操作层员工提供一个正确的、合理的安全价值取向。

（2）企业管理层安全文化素质是铁路企业在建设安全文化过程中重要的影响因素。其需要严格执行决策层下达的任务并服从其管理，在决策层和操作层之间起到了一个桥梁或衔接作用。管理层在管理基本运输生产安全的基础上，还需要通过不断完善其自身的安全文化素质等去提高铁路的综合管理成效。为加强企业管理层的安全文化建设，需要做到以下几点：认真了解、掌握党和国家提出的安全生产方针政策等，从严对待安全问题，在遵守基本安全规章制度的基础上，全面落实到各单位部门日常生产工作中去。在完善自身安全技能的同时，加强安全管理方面的知识巩固，采用新科技、新方法使得铁路安全管理更加科学和规范。不断地去更新各项安全管理制度，以此来适应新时代员工的安全价值观等。依据现场工作的实际情况和操作层员工切身体会去制定新的规章管理制度，使其更加贴近实际和更具可操作性。管理层的安全文化建设离不开对其进行必要的安全教育。从管理者的角度去更新安全教育活动的形式和内容，促进安全工作的开展和实施。

（3）操作层安全文化素质是建设铁路安全文化的基石。从某种意义上来说，操作层安全文化素质是铁路决策层和管理层下达与执行安全生产任务的效果反馈。这一层次的安全文化素质，对于铁路运输生产工作顺利、安全地进行有决定性的作用。操作层人员作为铁路生产工作进行的主干力量，其安全意识、行为等的不规范可能会直接引发不必要的事故，造成一定的经济损失，甚至是人员伤亡。针对诸多可能出现的安全问题，需要对其进行全方位的、专业性的技术培训、指导教育，使其真正认识到安全生产的重要性。

2. 铁路安全文化建设要素

（1）从业人员安全素养。强化操作层从业人员在安全认知和安全技能等方面的教育，对于企业建设安全文化是至关重要的。对企业操作层的员工进行安全文化教育，要总体规划，从安全的物质、制度、精神等多个方面不断丰富、完善及充实安全文化的内涵，通过丰富多样的形式进行安全宣传和培训教育，以期达到提高员工安全素养的目的，同时使其行为更加符合安全生产生活的需要。

（2）生产一线安全文化氛围。根据不同的操作人员具备不同的安全文化素养，有针对性地开展安全文化活动，对其工作与生活环境安全氛围进行相应的营造和改造，让操作人员在其潜意识里能够潜移默化地形成对安全的认知、注重和意识的培养。

（3）系统性安全制度文化。制度是为了规范约束人的行为，让人尽可能避免在工作过程中可能会出现的一些不利的后果。提高操作层的制度文化素质，就是提升操作层员工对通过前人血汗经验制定的安全规章制度的认同，并在铁路运输生产中自觉遵守。同时制度也会反过来作用于人，直接对人的行为进行约束和规范，其实人制定制度的初衷无非就是想用这些安全规章制度来说服操作人员要注重在生产工作中安全的重要性。

（4）安全价值观及安全精神文化。对于企业而言，要想做好员工在精神层面的文化建设，首先必须要了解操作人员是怎么看待安全的，其对安全的态度如何。要主动用企业自身的安全文化观念和理念去灌输和引导操作人员对安全的进一步认知和认识。只有精神层面做足了扎实的工作，才能为后期安全制度和物质等多方面文化打下坚实的基础，为激励操作人员用科学合理的安全理念和思维去对待其工作提供动力和源泉。

11.2.2 铁路安全制度文化建设新阶段

安全制度文化是安全文化中最重要的组成部分，也最具中国铁路安全文化特色。经过70余年的发展，我国铁路安全制度文化日臻完备，在铁路发展新阶段，路网规模进一步扩大，装备技术水平大幅提升，运输生产组织更加高效，特别是中国高铁已成为我国一张靓丽的外交名片。取得这些荣誉和成就的同时，铁路行业也在探索和不断完善安全责任体制、安全制度体系及安全制度文化。

1. 丰富的安全制度文化基础

安全制度文化形成过程是对历史经验的总结，也是对生产过程中安全需要的正确把握，主要涉及职工队伍素质、各种安全生产关系、安全生产条件、安全生产管理环境、安全生产管理制度的目标、生产组织方式与结构等方面。在我国铁路发展历程中，总结了大量安全制度文化词语，凝聚了广大铁路干部职工的心血和智慧。例如，“一站、二看、三通过”“三点共识、三个重中之重”“自控、互控、他控”“人身安全‘十不准’”“宁错停、勿错放”“三控”（指对关键作业、关键岗位和关键人员实施重点控制），“三负责制”（向上级负责，向职工负责，向自己负责）、“三不倒一到”（职工岗位应知应会、必知必会的业务知识技能做到“问不倒、考不倒、难不倒，做得到”）。

2. 先进的安全制度价值观

铁路进入新的发展阶段后，保持铁路行业领导层的安全制度价值观的先进性，对保证新的发展阶段的铁路运输安全，具有更为重要而深远的意义。企业的“一把手”有什么样的安全制度价值观，就会有什么样的安全制度与安全治理效果。安全制度价值观的先进性与时代性、行业性直接相关，当前和今后一个时期，铁路安全制度价值观的先进主要体现在以下几个方面。

（1）“人命至上，健康第一”的安全制度目标观。这是关于安全制度目标取向的观念，制定安全生产制度，是为了装点门面、应对检查、留出减免责任“后路”，还是为了保障人的生命安全与健康，是判定安全制度价值观的主要标准。毫无疑问，“人命至上，健康第一”的安全制度目标取向，是先进的安全制度价值观第一要求。

（2）“源于生产需要，符合生产需要”的安全制度生成观。错误与落后的制定安全制度生成观，在制度的制定上，往往“闭门造车”想当然，因而，结果往往是不符合安全生产需要，因而，不是形同虚设，便是成为安全生产障碍，它是错误落后的安全制度目标观的必然结果。

（3）“安全制度面前人人平等”的安全制度执行观。这是民主观念在安全制度方面的反映。在特权与集权意识严重的人的心目中，制定制度是为了约束别人，或者说只是约定“下人”的，因而，他们不可能具有先进的安全制度执行观。领导干部安全制度执行观正确与否，直接影响安全制度文化的先进与否，以及安全生产状况的好与差、主动与被动。

3. 科学的安全管理体制

安全管理体制是安全制度文化的重要组成部分，铁路行业进入新的发展阶段后，建立完善与之相适应的安全管理体制更加重要。科学的安全管理体制与组织结构，就是反映安全规律，适应安全管理规律需求的机构设置和管理权限划分的制度。不同的生产技术条件与生产组织方式，对安全管理体制的要求是不同的。在铁路发展新阶段，对科学的安全管理体制要求更高。

（1）安全信息全面、准确、及时的反馈，并得到合理及时运用信息公开的程度，信息反馈的全面性、准确性与及时性，是衡量一个政权科学性、先进性与生命力的重要标准，更是安全管理体制科学性与先进性的首要标准。不合理的安全管理体制，是造成隐瞒安全信息，安全信息反馈缓慢，同一安全生产问题在同一地区和单位重复发生的体制性根源。

（2）安全责任“纵向到底，横向到边”，无人没有安全责任，无人不受安全管理。安全是一个综合性指标，也是一个系统工程。任何一个细节都有可能导致安全生产事故，需要每一个生产者与管理者的积极参与。能否从制度上保障每一个员工认真参与安全管理，积极接受安全管理，能否实现对每一个生产岗位、每一个与生产安全相关的细节的有效管理，无疑是衡量安全管理体制科学与否的一项重要标准。

（3）安全生产事故资源得到充分运用。安全生产事故，是用巨大财产甚至是鲜血造成安全生产重要“资源”。能否将其作为“重要资源”和是否充分运用这个特殊的“资源”，既涉及对事故的理解与认识问题，更涉及安全事故调查与处理原则及程序问题，但归根到底是安全管理体制问题。科学的安全管理体制，在事故调查与处理过程中，一般坚持“事故原因究明”原则，把着力点放在防止同类事故重复发生上，并坚持安全生产事故信息公开，运用社会监督力量和市场认同的力量，将事故转化为宝贵的安全管理资源，因而，能够较为有效地防止同类事故的重复发生。

（4）安全管理权责对等，安全考核公平、科学、有效，权力与责任对等，是科学的安全管理体制的基础；安全考核公平、科学、有效，是科学的安全管理体制的必然要求。在设置安全管理机构与划分安全管理权限的时候，必须坚持权力与责任对等的原则，并以安全考核是否公平有效，作为检验安全管理权责是否对等的一项重要标准。

（5）和谐的安全制度体系是一架铁路高速运转的联动机。保障铁路平稳有序安全运输，各种技术设施、设备与装备和保持动态达标并和谐运转是“硬性基础”，而和谐的安全管理制度体系则是“硬性基础”保持动态达标的保障。这一特性，在铁路行业进入新的发展阶段更为突出。

（6）一丝不苟的制度精神。所谓一丝不苟的制度精神，就是在任何情况下，无条件地严格按制度要求，规范自己的一言一行，在生产岗位的每时每刻，分分秒秒，说“标准话”，干“标准活”，并形成一种无意识的习惯。一丝不苟的制度精神既是现代工业大生产的产物，也是现代工业大生产的基本要求。在进入新的发展阶段，铁路安全对一丝不苟的制度精神的要求更为强烈。

11.3 铁路安全文化经典理念

11.3.1 安全第一，预防为主

“安全第一，预防为主”是我国铁路运输安全管理方针。“安全第一”就是要求运输

企业在组织生产、指挥生产时，坚持把安全生产作为企业生存与发展的第一要素和保证条件。“预防为主”就是要求运输企业以主动积极的态度，从组织管理和技术措施上，增强运输安全保障系统的整体功能，把事故遏杀在萌芽状态，做到防患于未然。

1. 文化内涵

在铁路运输生产中，“安全第一”主要由运输生产的特点所决定的，而当行车、客运、货运等事故一旦发生，所造成的物质损失就无法挽回。预防事故是主动而为，事故抢救是迫不得已，对来自人祸天灾的事故而言必须以预防为主，这是运输安全不可动摇的原则。“安全第一”的思想到位，解决好各种各样的矛盾，是“预防为主”的前提，离开这个前提就谈不上“预防为主”。因为，不解决好“安全第一”的思想认识和实际问题，职工预防事故的自觉性、主动性和积极性就难以调动和持久。

“预防为主”就是要对事故发生的原因进行调查研究、系统分析、制订原则、采取对策。真正做到思想上重视，制度上保证，工作上落实，作风上适应，常抓不懈，持之以恒。当“安全第一，预防为主”的指导方针未能得到彻底贯彻落实的时候，影响安全的因素，如人员、设备、环境、管理等，其非正常状态就成为事故发生的原因。

“安全第一，预防为主”最终还是以清除隐患、预防事故发生为归宿。故应积极采取措施，消除各种不利因素，把事故消灭在萌芽状态之中，满足“安全第一”需要。可见“预防为主”是“安全第一”的重要保证，失去这种保证，“安全第一”就成为一句空话。“安全第一”和“预防为主”的辩证关系与生产实践相结合，共同构成了运输生产的安全屏障，二者密不可分。

2. 意义和作用

安全生产是社会主义运输企业管理的一项基本原则。安全是与计划、生产、技术、质量、物资、设备、劳动和财务等管理密切相关并渗透其中的企业管理的首要任务。安全管理是上述八项管理中与安全相关的管理内容的综合和发展，并由专门机构和人员负责统一规划、组织协调、监控实施。运输安全管理以“安全第一，预防为主”作为指导方针，是安全科学理论与安全生产实践相结合的结果，也是几十年来我国运输安全工作经验和教训的科学总结。这一不以人们意志为转移的客观规律，不仅深刻揭示了安全与效率、安全与效益及安全管理与其他管理工作之间的辩证关系，同时也表明了安全管理自身各项工作应遵守的原则。“安全第一，预防为主”指导方针的作用主要有以下 4 个方面。

（1）导向作用。在运输生产中存在各种各样的矛盾，如安全与效率、技术与管理、软件与硬件、局部与整体等。安全与效率始终是主要矛盾，而安全又是矛盾的主要方面，在任何时候只有首先抓住了主要矛盾和矛盾的主要方面，也就是对影响安全的不利因素，如隐患、危险等主动出击，预先防主，就能牢牢把握住运输生产的主动权，促使矛盾向有利于安全的方面转化，任何单位和个人违背这个原则，必将受到事故惩罚，造成无法挽回的损失。

(2) 规范作用。运输生产是一个动态变化的过程，影响安全和生产的因素很多。凡事预则立，不预则废，把“安全第一”要做的工作，“预防为主”必办的事情落到实处，才能收到预期的安全效果。如从指导思想到奋斗目标，从阶段任务到主攻方向，从实施方案到具体办法，从组织分工到监控反馈等进行周密规划、统一部署，并按变化作出必要调整，形成着眼于现场作业控制的管理落实机制，使运输生产处于有序可控状态。

(3) 约束作用。安全需要纪律严明、按章办事、工作高效的个人行为、群体行为、管理行为的联合保证。这就需要上上下下有“安全第一，预防为主”的共同思想基础，并以此为准则，抵制克服不利于安全的思想和行为。为此，按照“安全第一，预防为主”的要求，加强安全教育和培训，制订各级安全责任制，健全安全生产激励机制，使广大铁路职工心往一处想，劲往一处使，共同开创运输安全新局面。

(4) 评价作用。以发生事故的数量及其损失大小可以衡量一个生产单位安全状况的好坏。但由于事故具有潜在性和再现性、偶然性和必然性、事发原因的多重性和因果性等特性，为了实事求是地判断运输企业的安全状况和发展趋势，除以事故指标衡量外，还需要考察“安全第一”的思想和“预防为主”的措施落实情况及效果，即对运输系统中的关键人员、关键岗位、关键作业、关键设备等有无防范举措，安全观念中是否有超前防护意识，作用如何等进行评价。

11.3.2 强基达标，提质增效

2017 年，中国铁路总公司提出“强基达标、提质增效”作为工作主线，2019 年进一步提出“聚焦交通强国、铁路先行，强化强基达标、体质增效”的部署战略。

1. 文化内涵

“强基达标”旨在强化基础达到标准，这里面的基础包含了职工队伍建设、业务设备、机制、安全、管理等，其中以安全生产为其指导思想，务实基础是铁路生存的根本，“提质增效”意为提升经营质量，增创效率，其核心依旧是客、货运输市场的变化。奋力开创铁路改革发展的新局面，彰显铁路与时俱进新思路，打造铁路一片美好的蓝天是“强基达标，铁路增效”的重要体现和结果。

“强基达标、提质增效”的这一工作主题站位高、指向准、目标明、内容实，对实际工作指导性强，必须脚踏实地、一以贯之抓出成效。这一主题的提出，是铁路部门向党中央看齐，落实稳中求进工作总基调，全面深化国企改革，做优、做大、做强铁路企业的具体行动。“强基达标”就是坚持抓基础、强基本、重基层，注重工作的标准化和规范性，“提质增效”就是坚持以提高发展质量和效益为中心，全面提升铁路工作质量。贯彻这一工作主题，一定要从思想上、态度上、行为上查找和整改不适应的问题，不断提升工作质量。

2. 意义和作用

强基的最小单位主体对象是个人，再次是班组，是车间……。设备的维护度直接关乎它运行的靠谱性，职工队伍高的综合素质是强基的中心思想。不同专业、不同岗位的职工一定要认识到自己对企业发展的重要性，保持高度的责任感，将所负责的区块基础务实。细致到一个业务电话、一份应急方案、一个隐患的发现……

“基础不牢，地动山遥”永远是一个企业发展的不变真理，务实基础没有完成时，只有进行时，坐牢基层，做强基本功。万事万物变化不离其根本的宗旨。近年来随着高铁的不断延伸，路网规模的不断扩大，社会对运输企业的要求也在不断提高。与此同时，对安全、服务质量、员工素质、现代化设备运行的可靠性都有了更高的要求。牢筑基础，一切经营符合社会需求的发展。由此可见“强基达标，提质增效”是铁路发展的必然产物。高铁普及的时代是中华民族的百年复兴史，复兴号的崛起更给铁路树立起了一块新的里程碑。国家的发展，铁路的发展都离不开每一名在岗的职工，都千丝万缕地连着职工的每一个工作行为。

11.3.3　严字当头，铁的纪律

1983 年，铁道部在铁路职业道德建设方面提出“严字当头、铁的纪律、团结协作、优质服务”的十六字令。从此“严字当头、铁的纪律”成了中国铁路优良传统，融入百万铁路干部职工的行为规范中。

1. 文化内涵

坚持严字当头，既要敢于严，又要善于严。每一名铁路职工处在组织中、处在管理中、处在纪律中，做到时时严、处处严、人人严；每一名铁路职工在工作中对作业程序严格执行，技术标准严格遵守，做到严之有据、严得科学、严得合理。

铁的纪律是铁路安全工作的前提保证，没有纪律约束，安全很难保障。严格管理的思想决不能放松，在保障安全的问题上不但不能放松，还要更加严格。只有这样，铁的纪律才能够有效落实，程序才不能被简化，标准才不能被降低，安全才会有所保证。

2. 意义和作用

铁路具有高度集中的特点，车、机、工、电、辆等部门需要紧密联系、协调配合，一个岗位、一个环节发生问题，都会影响到铁路这个大联动机的整体运作。对于铁路来说，参加作业工种多、人员多、作业复杂，更需要用“严字当头、铁的纪律”来保障。按照调度统一指挥，依据各自技术作业规程，严格执行各项规章制度，紧密联系，协同动作，在规定时间内按标准完成技术作业。通过这样数以千计的点的安全高效运作，就能保证整个铁路系统的安全高效，最终实现“人便其行、货畅其流”的目标。正是因为有这样强有力的保证，才使得祖国万里铁道线畅通无阻，让列车日夜安全驶向四面八方，在各种急难险重任务中创造出一个个奇迹，这也充分体现出铁路职工的核心价值观。

11.3.4 一点不差，差一点也不行

“一点不差，差一点也不行”是中国铁路沈阳局集团公司小东站自1948年恢复运营以来，小东人始终坚持矢志不渝、履职担当、开拓进取的主人翁精神。

1. 文化内涵

小东站是沈阳局集团公司管内高新线上的一个四等小站。但就是在这个不起眼的车站，小东人不忘初心，牢记使命，使小东站也成为全国铁路的一面红旗，曾两次荣获中华全国总工会颁发的五一劳动奖状，多次被中华全国总工会、共青团中央、原铁道部、辽宁省政府、铁路总公司授予荣誉称号400多项，先后70余人受到表彰，多次受到邓小平、江泽民等领导人的接见，被原铁道部命名为全路安全生产的排头兵。车站虽小，精神无限。走出运转室，立定、左转，迈向接车台，举起右手信号旗指向远处的信号机，与运转室联络，转向列车方向，双手下垂并拢，立正，等待列车进入，如此一套被旅客视为“国旗班标准”的接发车动作，折射出一个车站的整体风貌，展示出职工们标准化作业的勤修苦练。也可以说，一天87次的操作，若不是习惯成自然，又怎能不出现半点差错。走进小东站荣誉室，斑驳的信号灯、闭塞机、道岔表示器等老物件，以及数不尽的奖状、奖杯、锦旗都在无声地诉说着一代代小东人“一点不差，差一点也不行”的职业操守；见证着他们听话跟走，创造全路中间站安全生产70周年最高纪录的足迹。

1948年，在解放战争的隆隆炮声和滚滚硝烟中，小东站职工立下为解放全中国一刻不耽误、一列不影响的铮铮誓言，在100多天里累计安全接发军列150趟，有力地支援了解放军南下。一刻不耽误、一列不影响成为小东精神的胚胎。

贫苦出身的小东站扳道员刘国全，将对党的一片赤诚融入到每个工作细节。在道岔扳动过程中，转辙器连接导线的横竖两个拉刀口必须对准，差一点就落不到位，很容易造成道岔不密贴，威胁行车安全。刘国全对这个环节特别上心，每一次无论是自己干活，还是带徒弟作业，他都确认或嘱咐徒弟拉刀口对准不能差。在一次班前会上大家谈保安全的感受，刘国全说：就是扳道时一压到底，横竖两个拉刀口对准，保证一点也不能差，差一点也不中呗！就是这一句非常朴实的话语，被车站干部职工广为流传。后来经过一年多总结提炼、加工推敲，最后形成了“一点不差，差一点也不行”的小东精神。

在铁路发展进程中，他们坚持严一格、紧一扣不放松，形成坚守岗位一刻不离，按章操作一项不漏，监视运行一丝不苟，标准用语一字不差的工作理念，对“一点不差，差一点也不行”又进一步加以诠释。

2. 意义和作用

放大来看，中国铁路发展至今，这种“差一点也不行”的精神追求，又何尝仅体现在

一个小小的车站之内。在助力国家经济发展上，14 万 km 铁路运营线纵横交错，编织出世界最现代化的铁路网和最发达的高铁网；在助力精准扶贫战略中，一条条铁路穿越崇山峻岭，在复杂的地质环境上为山区百姓开辟出“致富路”；在优化旅客出行体验上，各类便民惠民举措的相继推行增强人们出行的幸福感、获得感…… 由此可见，发展得差一点也不行，建设得差一点也不行，服务得差一点也不行，诠释出中国铁路始终坚守“以国为本，以民为根”的初心不改。特别是在“复兴号”的研制过程中，技术的“差一点也不行”，更擦亮了“中国制造”的金字招牌，使中国高铁屹立于世界强林之巅。

常言道，把一件事做到极致，胜过平庸地去做一万件事。“一点不差，差一点也不行”是状态，更是方法，要求“行为者”稳扎实干，精益求精，把职业当事业，把本职当天职，而这也更是一种对于完美的追求。一个小小车站的精神底蕴，充分展现出了中国铁路的发展追寻，更展示出广大铁路人的魂之所在，初心所在。

附录 A　铁路安全大事记

A.1　铁路行车安全特、重大事故

1978 年 12 月 16 日，陇海东线兰考县杨庄车站附近，由西安开往徐州方向的 368 次列车与南京至西宁的 87 次列车发生相撞。死亡 106 人，轻伤 171 人，重伤 47 人。1979 年 1 月 26 日，国务院针对杨庄事故发文强调：铁路运输业，必须把安全放在首位。

1980 年 1 月 22 日，当由长沙开往广州的 403 次旅客列车驶入株洲车站时，因旅客违章携带猎枪打火纸，碰撞车厢地板着火，造成旅客 22 人死亡，4 人受伤。

1981 年 7 月 9 日，成昆铁路发生利子依达事故，因大桥被泥石流冲塌 2 台机车、1 辆行李车和 1 辆客车坠入大渡河内，造成 130 人失踪和死亡，146 人受伤，线路中断 15 天。

1988 年 1 月 7 日，京广铁路发生马田墟列车火灾事故，造成旅客 34 人死亡，30 人受伤。

1988 年 1 月 17 日，拉滨线背荫河车站发生列车冲突事故，造成旅客和铁路职工 19 人死亡，重伤 25 人，轻伤 51 人。

1988 年 1 月 24 日，昆沪线发生 80 次列车颠覆责任事故，造成 88 人死亡，62 人重伤，中断正线行车 44 小时 33 分。

1988 年 3 月 24 日，沪杭外绕线发生列车相撞事故，造成 28 人死亡、7 人重伤、20 人轻伤，中断行车 23 小时 07 分，本次事故导致日本旅行团死亡 27 人，重伤 7 人，轻伤 13 人，使本次事故成为中国铁路史上外籍旅客伤亡人数最多的事故。

1988 年一季度，全路连续发生 4 起旅客列车重大事故，是改革开放以来安全形势最严重的一年，也是新中国成立后的第三个安全低谷。

1989 年 6 月 26 日，沪杭铁路发生列车爆炸事故，造成旅客死亡 24 人、重伤 11 人、轻伤 28 人，中断正线行车 4 小时 7 分。

1993 年 7 月 10 日，京广铁路七里营发生旅客列车冲突重大事故，造成 40 人死亡、9

人重伤，中断正线行车11小时15分。

1997年4月29日10时48分，京广线荣家湾车站发生旅客列车追尾冲突行车特大事故，造成死亡126人、重伤48人、轻伤182人。

2008年4月28日，胶济铁路发生特别重大铁路交通事故，导致72人死亡、416人受伤，中断胶济线上下行线行车21小时22分。

2010年8月19日，宝成线发生列车坠河事故，由于处理方法及时、妥当，本次事故未造成一人伤亡，K165次列车乘务组受到奖励。

2011年7月23日，甬温线发生特别重大铁路交通事故，造成40人死亡、172人受伤，中断行车32小时35分。

A.2　铁路安全管理制度沿革

1949年5月16日，沈阳铁路管理局局长公布《铁路运转报告事故及处理补则》。

1949年5月27日，中国人民革命军事委员会铁道部公布《直属部门职工及直第系家属死亡丧葬补助费支给暂行办法》。

1949年6月1日，东北铁路总局以车技15号文公布《行车安全办法》。

1949年6月9日，中国人民革命军事委员会铁道部以铁道部令运技工78号正式公布《铁道运输事故报告及处理暂行规则》。

1949年6月15日，《铁路运转事故报告及处理暂行规则》实行。

1949年8月，郑州局首次公布《运转事故奖惩暂行办法》。

1949年12月29日，东北行政委员会公布《东北铁路总局行车事故处理细则》。

1949年12月，衡阳铁路管理局制定《运输事故处理办法》。

1950年1月，铁道部颁布《关于防止事故　保障行车安全的命令》及《实施安全负责制暂行办法》。

1950年3月，铁道部发布《行车事故处理规则及救援规则》。

1950年5月1日，全国铁路实行《铁路行车规则》《铁路信号处理规则》《行车事故处理规则》。

1950年6月19日，铁道部发布《铁路奖惩条例》。

1950年10月16日，铁道部发布《行车安全监察室业务暂行规则》。

1950年，铁道部制定《行车安全监察工作规则》《行车安全监察指导簿使用暂行条例》。

1951年5月31日，铁道部公布第二部《铁路行车事故处理及救援规则》（铁监〔1951〕字第37号令），1951年7月1日起实行。

1951年6月21日，铁道部发布《行车事件处理办法》（铁监〔1951〕字第40号令）。

1951年7月31日，全国铁路试行《优胜循环红旗奖励暂行办法》。

1951年，政务院公布《铁路旅客意外伤害强制保险条例》，铁道部颁布《铁路职工因工伤亡报告试行办法》。

1952年6月5日，铁道部发布《超轴列车的编组及运行办法》和《超轴奖励暂行办法》。

1953年3月24日，铁道部下发施行《铁路行车事故损失赔偿暂行办法》。

1953年4月30日，铁道部公布修正《行车安全监察通讯网办法》。

1954年8月2日，铁道部公布《铁路工务行车事故及事件处理暂行办法》。

1954年12月，《中华人民共和国铁道部行车安全监察组织规程》发布。

1954年，铁道部修订《列车行驶中发生行人伤亡事故处理暂行办法》，公布《铁路职工工作服及防护用品使用办法》。

1955年9月5日，铁道部公布第三部《铁路行车事故处理规则》（铁监吕〔1955〕字第25号文）。

1955年，郑州局落实《机车乘务员防止恶性事故的注意事项》和《机车司机防止列车断钩细则》。

1956年4月，铁道部修订《铁路行车规则》《铁路信号处理规则》《行车事故规则》。

1956年10月，铁道部修改《行车事故处理规则》。

1958年1月1日，为适应铁路管理体制改革的需要，预先对第三部《事故》进行了修订，并于1957年12月23日公布第四部《铁路行车事故处理规则（草案）》（铁监吕〔1957〕字第36号文），自1958年1月1日起试行。

1958年9月，铁道部发布《安全监察工作二十条》。

1958年12月15日，铁道部公布第五部《铁路行车事故处理规则》（铁监余〔1958〕字第33号令），自1959年1月1日起执行。

1958年12月，铁道部、公安部颁布《铁路行车路外人员伤亡及铁路与公路车辆冲突事故调查处理办法》。

1959年，铁道部发布《关于开展安全正点运动的指示》。

1959年1月1日，中共中央转发铁道部《关于开展安全正点运动的指示》。

1959年1月1日，全国正式实行新《事规》。

1960年9月21日，铁道部发出《关于防止铁路道口事故的指示和措施》。

1961年1月，中共中央《关于调整管理体制的若干规定》，全国铁路恢复由铁道部集中统一领导。

1961年1月26日，中共中央批转铁道部党组《关于在铁路系统建立政治工作部门和改进管理体制的报告》，首次提出铁路“高、大、半”特点，即铁路是国民经济大动脉，是高度集中的企业，带有半军事化性质。

1961 年 3 月 2 日，运输总局长签发《五员一长安全生产手册》初稿。

1961 年，铁道部颁发《社会主义劳动竞赛评比奖励办法》。

1962 年 4 月，铁道部公布执行《调车作业四大纪律十六项注意》。

1962 年 7 月 25 日，铁道部发布《铁路安全运输安全工作条例（草案）（铁路六十条）》。

1962 年 11 月 1 日，铁道部公布《铁路行车火灾事故处理暂行办法》。

1964 年 7 月 12 日，铁道部、铁道部政治部联合发布《关于公布铁路职工奖惩条例的指示》。

1964 年，铁道部公布《铁路劳动保护工作的几项规定》。

1964 年，铁道部、铁道部政治部联合发布《关于公布铁路职工奖惩条例的指示》；铁道部公布《铁路劳动保护工作的几项规定》。

1967 年 5 月 31 日，中共中央、国务院、中央军委、中央文革小组发出《关于对铁道部实行军事管制的决定（试行草案）》，对铁道部实行军事管制，成立铁道部军事管制委员会。

1967 年 6 月 1 日，中共中央发出《关于坚决维护铁路、交通运输革命秩序的命令》。

1967 年 8 月 10 日，中共中央、国务院、中央军委、中央文革小组发出《关于派国防军维护铁路交通的命令》。

1967 年 12 月 2 日，中共中央国务院、中央军委、中央文革小组发出《关于确保铁路运输物资安全的通令》。

1968 年 2 月 6 日，中共中央国务院发出《坚决打击破坏铁路运输的反革命分子的命令》。

1970 年 12 月 11 日，中共中央发出《关于加强安全生产的通知》（中发〔1970〕71 号）。

1971 年 5 月 22 日，交通部转发锦州铁路局《关于安全生产情况的报告》。

1972 年 1 月 15 日，交通部颁布《关于加强安全运输生产的紧急通知》（〔1951〕交办字 102 号）。

1972 年，交通部颁布《关于加强安全运输生产的紧急通知（〔1972〕交办字 102 号）》；交通部调整 8 个组均改为局，增设外事局、船检港监局、科学技术委员会、安全监察委员会。

1973 年 4 月，公安部、交通部联合发布《关于严禁旅客携带爆炸易燃危险物品乘坐车船的通知》。

1973 年，铁道部（交通部）颁布新《铁路技术管理规程》。

1974 年 1 月 16 日，交通部下发《关于对铁路行车事故处理规则补充解释的通知》（〔1974〕交安监字 81 号文）。

1974 年 3 月 2 日，国务院批转公安部、交通部《关于整顿铁路治安秩序的请示报告》。

1974 年 4 月 22 日，交通部下发《关于对铁路行车事故处理规则补充解释的通知》。

1974 年 7 月 1 日，中共中央发出《关于抓革命促生产的通知》。

1975 年，首次提出“三不放过”：查不清事故发生原因不放过，查不出事故责任者和责任者未能接受教训不放过，未订出防止措施不放过。

1975 年 3 月 5 日，中共中央发出《关于加强铁路工作的决定》（中央 1975 年 9 号文件）。

1975 年 12 月，铁道部公布第六部《铁路行车事故处理规则》（〔1975〕铁安监字 409 号），自 1976 年 1 月 1 日起执行。

1979 年 2 月 14 日，铁道部发出《关于确保行车安全的命令》（铁安监〔1979〕244 号）。1979 年 5 月 11 日，公安部、铁道部联合发布《关于整顿铁路治安秩序的通知》。

1979 年 5 月，铁道部、交通部、公安部联合颁布了《火车与其他车辆碰撞和铁路路外人员伤亡事故处理暂行规定》。

1979 年 7 月 16 日，国务院批转铁道部、交通部、公安部《关于重新修订〈火车与其他车辆碰撞和铁路路外人员伤亡事故处理暂行规定〉的请示报告》（国发〔1979〕178 号）。

1979 年 8 月，铁路局公布《百日无事故竞赛评比奖励试行办法》。

1979 年 12 月 28 日，铁道部公布第七部《铁路行车事故处理规则》，自 1980 年 1 月 1 日起试行。

1980 年 1 月 30 日，国务院批转铁道部《关于严禁旅客携带易燃、易爆危险品进站上车保证春运安全的紧急报告》。

1980 年 4 月 21 日，铁道部部署全路在 5 月份开展“安全月”活动，自此每年 5 月份全路均开展该项活动。

1982 年 9 月 19 日，铁道部发布《铁路运输安全奖惩办法》。

1982 年 12 月 20 日，国务院发出《关于保护铁路设施确保铁路运输安全畅通的通知》。

1982 年 12 月 29 日，铁道部颁布第 6 次修订的《铁路技术管理规程》，规程自 1983 年 7 月 1 日起施行。

1982 年，铁道部颁发《铁路劳动安全监察工作条例》。

1982 年，国务院发出《关于保护铁路设施确保铁路运输安全畅通的通知》，开始关注铁路设施安全。

1983 年 7 月 1 日，铁道部公布《中华人民共和国铁路技术管理规程》。

1983 年 8 月 24 日，公安部、铁道部发出《关于严禁拦截火车保障铁路运输安全的通令》。

1983 年，铁道部修订《铁路行车事故救援规则》。

1984 年 6 月，铁道部颁布了在各铁路局开展“安全年”竞赛活动的通知，各铁路局提出实现安全年的奋斗目标，自此每年开展该项活动。

1984 年 12 月，铁道部公布《铁路职工安全生产奖惩办法》。

1984 年，铁道部再次修订《安全监察工作细则》。

1985 年 1 月 1 日，铁道部发布的《铁路职工安全生产奖惩办法》开始施行。

1985 年 1 月 12 日，铁道部发出《关于铁路改革的意见》，要求所属单位执行。

1985 年 3 月 5 日，铁道部公布第八部《铁路行车事故处理规则》（〔1985〕铁安监字 212 号），自 1985 年 4 月 1 日起试行。

1986 年 3 月 31 日，国家经委、铁道部、交通部、公安部、农牧渔业部、城乡建设环境保护部、劳动人事部发布《铁路道口管理暂行规定》。

1986 年 4 月 22 日，铁道部发布《铁路运输安全奖惩办法》。

1986 年 6 月 22 日，铁道部公布第九部《铁路行车事故处理规则》（铁安监〔1986〕550 号），自 1986 年 7 月 1 日起在全路试行。

1987 年 8 月 20 日，铁道部发布《铁路施工企业升级考核评审办法（试行）》。

1987 年 12 月 10 日，铁道部公布第十部《铁路行车事故处理规则》（铁安监〔1987〕1102 号），自 1988 年 1 月 1 日起施行。

1988 年 1 月 22 日，国务院发出《关于加强铁路运输安全工作的紧急通知》。

1988 年 6 月 18 日，铁道部发出《关于进一步普及、配套、完善、提高机车“三大件”等安全行车设备的决定》。

1988 年 7 月 24 日，国务院发出《关于加强交通运输安全工作的决定》。

1989 年 5 月 25 日，国务院发出《关于坚决制止各地学生冲击铁路、强行乘车进京的紧急通知》。

1989 年 8 月 3 日，国务院第 43 次常务会议审议通过《铁路运输安全保护条例》，8 月 15 日生效。

1990 年 9 月 7 日，《中华人民共和国铁路法》经第七届全国人大常委会第十五次会议通过。

1991 年 1 月 1 日，上海铁路局首次制定颁布实施《安全工作条例》。

1991 年 6 月 19 日，中共铁道部党组发出《关于加强铁路治安综合治理的决定》。

1992 年 9 月 1 日，第七次修订的《铁路技术管理规程》开始施行。

1992 年 9 月 3 日，铁道部制定的《旅客列车治安联防工作暂行办法》正式公布实施。

1993 年 6 月 7 日，铁道部发出《关于整顿运输纪律、维护集中统一指挥的通知》。

1993 年 6 月 22 日，铁道部下发《关于颁布〈车机联控作业及信息管理标准〉的通知》。

1994 年 4 月，铁道部公布《铁路安全合格锅炉房分类检查评比意见》。

1994 年 5 月 17 日，国务院办公厅转发铁道部《关于对无人看守的铁路道口加强管理的意见》。

1994 年 8 月 30 日，经国务院批准，铁道部发布《铁路旅客运输损害赔偿规定》。

1995 年 1 月 1 日，铁道部发布铁办〔1994〕164 号《关于加强铁路运输安全基础建设的决定》。

1995 年 8 月 31 日，《铁路无人看守道口监护管理规定》由国家经贸委、铁道部、交通部、公安部、农业部、建设部、劳动部联合颁文，于 1995 年 8 月 31 日在全国施行。

1996 年 1 月 1 日，铁道部发布铁办〔1995〕172 号《关于进一步加强铁路运输安全工作的通知》。

1996 年，铁道部发布《关于落实〈围歼旅客列车事故的实施意见〉的细化措施》。

1998 年 12 月，中华全国铁路总工会以铁工发〔1995〕4 号文下发《全路货车列检系统开展“万辆无漏检安全优质无事故劳动竞赛活动”的通知》。

1998 年，铁道部下发《印发〈关于确保旅客列车安全的 100 条措施〉的通知》（铁安监〔1998〕138 号文）。

1999 年 1 月 13 日，铁道部发布《关于建立安全监察特派员制度有关事项的通知》（铁劳卫〔1999〕4 号）。

1999 年，铁道部将机务系统 5 个行车安全装备管理规章调整为 3 个，分别是《机车技术管理规则》《机车行车安全装备管理规则》《机务段机车运用安全计算机管理系统管理规则》；铁道部决定实行资产经营责任制，出台了《关于全国铁路运输安全“强基达标”的意见》，把安全指标作为资产经营责任制的一项重要考核内容，实行“一票否决”制，强化了安全管理的约束机制。

2000 年 4 月 28 日，铁道部发布第十一部《铁路行车事故处理规则》（铁道部令第 3 号），自 2000 年 7 月 1 日起施行。

2000 年 5 月 1 日，新《铁路技术管理规程》正式颁布实施，以新技规为核心的中国铁路安全技术管理体系形成。

2000 年 7 月 1 日，《铁路行车事故处理规则》于 1999 年 12 月 25 日在铁道部部长办公会议上通过，2000 年 4 月 28 日发布，7 月 1 日起施行。

2000 年 8 月 7 日，《合资铁路与地方铁路行车安全管理办法》在铁道部部长办公会议上通过，10 月 1 日发布施行。

2000 年 8 月 11 日，铁道部新修订的《铁路主要技术政策》发布，该技术政策是铁路技术发展的纲要文件，1983 年首次公布实行，随着我国铁路的发展和科技进步，1988 年、1993 年、1998 年先后进行了修订，此后 2004 年、2013 年又进行了修订。

2000 年，机务部门修订并发布《机车行车安全装备管理规则》，组织编制《监控装置业务工作标准》草稿。

2001 年，铁道部下发《铁道部有关安全生产若干事项行政审批职责》文件。

2002 年 1 月 13 日，铁道部发布《铁路企业伤亡事故处理规则》。

2002 年 2 月 9 日，铁道部发布《铁道部关于重大事故责任追究的办法》。

2002 年 2 月 28 日，铁道部发布《铁路剧毒品运输跟踪管理暂行规定》。

2002 年 5 月 7 日，铁道部发出《关于授权铁路局对合资、地方铁路企业行使安全管理职责的通知》，该通知 6 月 1 日起实施。

2003年10月28日，第十届全国人民代表大会常务委员会第五次会议通过了《中华人民共和国道路交通安全法》。

2004年8月1日，铁道部颁布《铁路局主要领导、部机关部门负责人定期添乘提速列车机车检查制度》。

2004年8月13日，铁道部《铁路主要技术政策》出台。

2004年，党中央国务院批准了《中长期铁路网规划》，我国高速铁路建设正式拉开序幕。

2005年4月1日，《铁路运输安全保护条例》（中华人民共和国国务院令第430号）正式施行；《铁路超限超长超重集重货物承运人资质许可办法》（铁道部令第16号）、《铁路危险货物承运人资质许可办法》（铁道部令第17号）、《铁路危险货物托运人资质许可办法》（铁道部令第18号）实施；《铁路运输安全设备生产企业认定办法》（铁道部令第15号）施行。

2005年7月25日，《关于贯彻〈铁路运输安全保护条例〉，加强铁路桥梁（涵洞）、线路安全保护工作的通知》（铁办〔2005〕134号），铁道部、交通部、公安部、建设部联合发布，自发布之日起实施。

2005年7月，修订后的《铁路营业线施工及安全管理办法》（铁办〔2005〕133号）再次颁布。

2005年8月18日，《〈铁路运输安全保护条例〉确定的铁路管理机构职责规定》（铁道部令第23号）发布，自发布之日起实施。

2005年8月25日，《铁路管理机构运输安全监督管理管辖范围》（铁办〔2005〕148号），2005年8月25日发布，自发布之日起实施。

2005年9月24日，《关于加挂铁路安全监督管理办公室牌子及刻制相关印章的通知》实施。

2005年12月29日，《铁路运输安全行政执法人员管理办法（暂行）》（铁安监〔2005〕228号）实施。

2005年，配合《铁路旅客运输安全保护条例》的实施，铁道部修订《铁路旅客运输危险品查验管理办法》。

2006年2月1日，《违反〈铁路运输安全保护条例〉行政处罚实施办法》（铁道部令第27号）实施。

2006年，《铁路技术管理规程》（铁道部令第29号）施行。

2006年9月14日，国家发改委、铁道部、交通部联合下发《关于继续做好铁路无人看守道口监护管理工作的通知》，对无人看守道口的监护工作提出具体要求。

2006年12月15日，《规范新体制下铁路运输安全基础管理制度的意见》（铁安监〔2006〕222号）实施。

2006年12月31日，铁道部公安局、运输局、安监司联合发布《关于加强铁路沿线治安综合治理采取有效措施的通知》。

2006 年，配合国务院法制办开展《铁路交通事故应急救援和调查处理条例》的立法工作；铁道部发布《关于进一步规范铁路安全监督管理办公室行政许可实施程序的意见》《铁路行政许可工作领域防范商业贿赂的若干规定》《关于违反铁路运输安全保护条例行政处罚文书格式》《铁路运输安全行政执法罚没收入收支管理暂行办法》《关于进一步加强行车和劳动安全考核的通知》。

2006 年，《铁路安全文化建设总体纲要》《铁路安全文化建设评估体系》发布，促进铁路安全文化系统化、规范化和制度化建设。

2007 年 4 月 1 日，新版《铁路技术管理规程》正式施行。

2007 年 5 月 1 日，《引起铁路行车事故的工程质量责任调查及经济损失赔偿暂行规定》（铁建设〔2007〕79 号）实施。

2007 年 6 月 27 日，国务院审议并原则通过《铁路交通事故应急救援和调查处理条例》，7 月 11 日正式发布，9 月 1 日施行。

2007 年 8 月 28 日，铁道部发布第十二部《铁路交通事故调查处理规则》（铁道部令第 30 号，仍沿用简称《事规》），自 2007 年 9 月 1 日起施行。

2007 年 9 月 1 日，《铁路交通事故调查处理规则》（2007 年铁道部令第 30 号）实施；这是铁道部自 1949 年 6 月之后颁布施行的第十二部《事规》。《铁路交通事故应急救援规则》（2007 年铁道部令第 32 号）实施。

2007 年 11 月 8 日，铁道部颁布《铁路运输安全考核办法》。

2007 年 12 月 31 日，铁道部下发《关于公布 2007 年路外伤亡事故死亡人数控制指标的通知》。

2008 年 12 月 6 日，为加强暴风雨雪雾等恶劣天气情况下的铁路运输组织工作，铁道部发布《铁路暴风雨雪雾等恶劣天气应急预案（暂行）》。

2009 年全面启动了 3 个“三年工程”——“三项工程”。制定了《关于实施优化站段管理结构三年工程的指导意见》《加强自控型班组建设的指导意见》《关于实施主要行车工种队伍建设三年工程的指导意见》。

2010 年 9 月 13 日，铁道部颁布《关于印发〈铁路建设工程安全风险管理暂行办法〉的通知》（铁建设〔2010〕162 号）。

2010 年 9 月 16 日，铁道部颁布《铁路交通事故查处挂牌督办办法》（铁安监〔2010〕176 号）。

2010 年 11 月 14 日，铁道部颁布《关于建立重点帮促制度实行综合管理和专业管理部门共同研究解决安全突出问题的实施办法的通知》（铁安监〔2010〕215 号）和《铁路运输企业安全考核办法》（铁卫〔2010〕216 号）。

2011 年 5 月 10 日，铁道部发布《关于调整铁道部安全监察司和运输局的编制的通知》（铁劳卫〔2011〕267 号）。

2012 年，铁道部先后发布《关于推行铁路安全风险管理的指导意见》（铁安监〔2012〕46 号）、《铁道部关于深化铁路安全风险管理的指导意见》（铁安监〔2012〕240 号）等文件。国家铁路启动了全面风险管理工作。结合安全发展，把传统的安全生产管理进一步延伸、运用风险管理的方法，实现安全的可控、能控，通过构建安全风险管理的运作体系，实现风险识别、评估、预控、化解等环节的联动。通过探求风险发生、变化的规律性，认识、估计和分析风险所造成的危害，并选择适当的方法处置风险，实现最大的安全保障。

2013 年 7 月 24 日，国务院发布了《铁路安全管理条例》，自 2014 年 1 月 1 日起施行。

2013 年，国家铁路局发布了《铁路运输基础设备生产企业审批办法》《违反〈铁路安全管理条例〉行政处罚实施办法》《铁路机车车辆驾驶人员资格许可办法》《铁路机车车辆设计制造维修进口许可办法》《铁路主要技术政策》等铁路规章。

2013 年，国家铁路部门就开始重视安全风险管理。部门规章《铁路主要技术政策》（2013 年铁道部令第 34 号）指出，在行车安全方面，要坚持“安全第一、预防为主、综合治理”的方针，全面推进安全风险管理，强化安全风险管理基础，加强安全风险过程控制，做好安全风险应急处置，构建安全风险防控体系，全面提升铁路安全保障能力。

中国铁路总公司于 2014 年发布了《关于推进安全管理规范化的意见》（铁总安监〔2014〕18 号），明确了各职能部门的具体安全生产管理职责；各职能部门应当将安全生产管理职责具体分解到相应岗位。

2014 年 6 月 29 日，中国铁路总公司颁布了第 1 版《铁路技术管理规程》（简称“总公司第 1 版《技规》”），分为普速铁路和高速铁路两部分，自 2014 年 11 月 1 日起施行。

2014 年，国家铁路局发布了《铁路旅客运输安全检查管理办法》《铁路旅客车票实名制管理办法》《铁路运输企业准入许可办法》3 件铁路规章，废止 7 部铁路规章、规范性文件 14 件、铁路行业标准 55 项。

2015 年，国家铁路局发布了《铁路危险货物运输安全监督管理规定》《铁路建设工程质量监督管理规定》，交通运输部发布了《铁路专用设备缺陷产品召回管理办法》3 个铁路规章、规范性文件 6 个、铁路行业标准 116 项。

2016 年，国家铁路局发布实施规范性文件 14 个、铁路工程建设方面标准 11 项，产品标准 116 项。

2017 年，中国铁路总公司发布《关于构建铁路安全风险管控和安全隐患排查治理双重预防机制的指导意见》（铁安监〔2017〕68 号），在准确把握铁路安全生产的特点和规律的前提下，坚持目标导向、问题导向和人防、物防、技防综合施策，构建铁路安全风险管控和安全隐患排查治理双重预防机制。

2017 年，国家铁路局修订的《铁路运输企业准入许可办法》（交通运输部令 2017 年第 31 号）等公布施行，编制了《铁路安全生产“十三五”规划》，发布了 89 项铁道行业标准、13 项铁路工程建设标准。

2018 年，交通运输部发布《高速铁路基础设施运用状态检测管理办法》（交通运输部令 2018 年第 19 号），修订的《铁路专用设备缺陷产品召回管理办法》（交通运输部令 2018 年第 18 号）等部门规章公布施行，全面清理原铁道部规范性文件，编制发布 115 项铁道行业标准、17 项铁路工程建设标准。

2019 年，交通运输部发布的《铁路机车车辆驾驶人员资格许可办法》（交通运输部令 2019 年第 43 号）、修订的《铁路机车车辆设计制造维修进口许可办法》（交通运输部令 2019 年第 3 号）等部门规章公布施行，发布铁道行业技术标准 72 项。

A. 3　铁路安全监管机构改革

1949 年 1 月 10 日，中国人民革命军事委员会铁道部（简称“军委铁道部”）根据中国人民革命军事委员会电令在石家庄成立，军委铁道部“统一全国各解放区铁路的修建、管理和运输”。

1958 年 1 月 1 日，铁道部撤销铁路分局，实行铁路局直接管理站段的新体制。

1958 年 3 月，中共中央决定改革铁路管理体制，实行地方分权，把包括铁路局在内的大部分中央企业的管理权下放地方。

1967 年 5 月 31 日，铁道部实行军事管制，成立铁道部军事管制委员会。

1970 年 7 月 1 日，组建新的交通部，负责铁路安全的专职人员在运输组中。同一天，铁道部、交通部、邮电部（邮政部分）合并成立交通部革委会。

1975 年 1 月 17 日，第四届全国人民代表大会第一次会议决定，交通部划分为铁道部和交通部。

2000 年 6 月 8 日，铁道部建立安全监察特派员制度。长春、南京、武昌、贵阳、兰州 5 个安全监察特派员办事处成立。

2005 年 3 月 18 日，铁道部召开全路电视电话会议，部署铁路局直接管理站段体制改革工作。铁道部撤销铁路分局，全国铁路 18 个铁路局（公司）实行直管站段。撤销了 41 个铁路分局和 2 个铁路公司（南疆铁路公司、北疆铁路公司），同时成立太原、武汉、西安铁路局。铁路行业实现了由“四级管理”向“三级管理”的企业结构调整，实施了铁路局直接管理站段体制改革。

2006 年，铁路应急救援体系建设启动，铁道部成立应急救援指挥中心，建立铁路突发公共事件应急预案体系，完善应急救援工作制度。

2013 年，我国铁路管理体制实现政企分开改革。将铁道部拟定铁路发展规划和政策的行政职责划入交通运输部。组建国家铁路局，由交通运输部管理，承担铁道部的其他行政职责，负责拟订铁路技术标准，监督管理铁路安全生产、运输服务质量和铁路工程质量等。组建中国铁路总公司，承担铁道部的企业职责，负责铁路运输统一调度指挥，经营铁路客货运输业务，承担专运、特运任务，负责铁路建设，承担铁路安全生产主体责任等。

2019 年 6 月 18 日，经国务院批准同意，中国铁路总公司改制成立中国国家铁路集团有限公司，在北京挂牌。

附录B 铁路《事规》修订历程

1. 第一部《事规》的制定

在制定第一部《事规》前，为加强行车事故的报告及处理，1949 年 6 月 9 日，中国人民革命军事委员会铁道部制定并公布实施了《铁路运转事故报告及处理暂行规则》（运技字第 178 号令）命令中说明：为统一各路局运转事故报告方法及处理办法起见，特参酌各路情形，制定本规则。自 1949 年 6 月 15 日起实行，要求各路局所定有关运转事故报告及处理规则之细则或办法，不得与本规则有所抵触。

《铁路运转事故报告及处理暂行规则》，分为总则、急报、事故报告书与局分界站报告及处理四章，共计 26 条。总则将运转事故分为两大种类：第一种事故包括列车冲突、列车脱线、列车火灾、列车进入异线、阻碍列车运转、列车冒进信号、列车分离、违反办理闭塞、违反办理信号、乘务员漏乘、车辆冲突、车辆脱线、车辆火灾、车辆溜走、妨害运转、机车、动车破损及故障、客货车破损及故障、线路破损及故障、闭塞器装置破损及故障、信号机装置破损及故障、死伤、妨碍路线等 26 种；第二种事故包括列车区间非正常停车、列车晚点等 2 种，并分别作了释义。总则同时对发生事故后，信息报送及调查处理也作了明确规定。

铁道部分别以 1949 年 9 月 15 日颁布的运字第 838 号令、1949 年 9 月 29 日颁布的运字第 925 号令、1949 年 10 月 24 日颁布的运字第 1143 号令改定或修订了《铁路运转事故报告及处理暂行规则》中的事故旬报表、月报表及概况报告表的填报办法及列车晚点、妨害运转、客车破损及故障、货车破损及故障事故的构成条件。

1950 年 4 月 3 日，铁道部在执行《铁路运转事故报告及处理暂行规则》的基础上制定公布了新中国成立后的第一部《铁路行车事故处理规则》附《救援列车章程（草案）》（央运字〔1950〕第 809 号令），于 1950 年 5 月 1 日起实行。分为总则，事故种别，事故通报，事故之调查及处理，日报、旬报、月报 5 章，共计 20 条。

2. 第二部《事规》的修订

1）第二部《事规》修订的内容

1951 年 5 月 31 日，铁道部公布第二部《铁路行车事故处理及救援规则》（铁监

〔1951〕字第37号令），1951年7月1日起实行。分为总则、事故分类、事故通报、事故之调查处理4章，共计28条。

（1）总则。要求铁路运输必须成为正确和优良的工作联动机，不间断和无事故地工作；各部门必须保持高度的协调性，执行《铁路技术管理规程》及有关行车规则、细则、办法、命令等；全体职工必须对破坏劳动纪律、违反规章的行为和现象进行严肃和不妥协的斗争；必须提高政治警惕性，严防敌特奸细的破坏。总则还规定了防止事故的措施。

（2）事故分类。按照事故性质、损害程度及对行车的影响，将铁路行车事故分为重大事故、大事故、恶性事故及一般事故4种。取消了"停车晚点事故"。

重大事故。取消了第一部《事规》6类重大事故名称，并规定为2类重大事故。其一，旅客列车于区间或车站发生冲突或脱轨，不管其后果如何（即使一个轮对脱轨），即构成重大事故。并注明：旅客列车系指各种旅客列车、混合列车、军用列车及人员输送列车。其二，在区间或车站因违反技术规程、破坏劳动纪律、技术不良、自然灾害或敌特奸细破坏等，招致列车及调车的机车、车辆冲突或脱轨；造成人员死亡或重伤；区间完全中断或车站耽误接、发列车超过1个小时；机车或车辆1辆大破须进厂修理或由财产目录中注销。符合其中一项时，即构成重大事故。

大事故。取消了第一部《事规》中6类大事故名称。规定当列车及调车作业中发生机车、车辆冲突或脱轨时，造成机车或车辆一辆中破，须进机检段修理；双线以上区段，有一线中断超过1小时。符合其中一项时，即构成大事故。

恶性事故。将第一部《事规》中19类恶性事故，修订为7类。其构成条件是：严重违反技术管理规程，而其损害后果不够重大、大事故程度。

一般作业事故。将第一部《事规》中13类一般事故，修订为23类。其事故种别主要是指行车设备不良、故障或在作业中操作不当等原因，造成事故的损害后果不够重大、大事故及恶性事故程度，而又造成不良后果或耽误列车时，即构成一般作业事故。

（3）事故通报。分别规范了当发生重大事故、大事故或恶性事故及一般作业事故时的通报责任者、通报项目、办法及程序。

（4）事故之调查处理。对第一部《事规》中的事故调查及处理，作了以下重点修订和补充。一是明确规定重大事故、大事故及恶性事故由管理局负责处理，一般作业事故由分局负责处理。二是事故调查委员会在事故现场调查收集各种证据的规定。

2）第二部《事规》公布实施后的补充、修订

1951年6月21日，铁道部公布《行车事件处理办法》（铁监〔1951〕字第40号令），对《事规》未包括的行车事件做出规定：①行车事件类别。凡由于违反有关行车规章命令，破坏劳动纪律，或者由于自然灾害及外界影响所发生的事情，不属于行车事故范围的，如列车车辆火灾、人员死伤、列车晚点、信号办理错误等20项。②行车事件报告及处理规定。当行车事件发生后，由站长、车长或司机电话速报列车调度员，转报调度主

任，调度主任认为有必要时，应向上级及有关各部门转报。分局及管理局各主管部门应就事件发生情况及性质，分析其所发生的根源，拟定具体防止办法贯彻执行。

1952年1月1日，铁道部公布《关于铁路行车事故处理规则第二章事故分类的修正》（铁道部令铁监〔1952〕字第1号）。对第八条第四项修订：①“链子钩破损发生分离时”，改为“车钩自动发生分离时”；②“因燃轴导致区间或中间站耽误列车以及旅客列车、直通货物列车因燃轴而发生车辆摘解时”，改为“因车辆燃轴，以至于区间内耽误列车或在中间站（列车检修所所在地除外）摘解，以及直通列车因车辆燃轴在区段编组而发生摘解时”。

1952年7月31日，铁道部公布《关于铁路行车事故处理规则第二章第8条中所指机车车辆“大破损”和“中破损”范围的解释》（铁监〔1952〕字第11号令），规定：①属于大破损范围的：a凡机车锅炉、机械、车架、走行、制动及煤水车等主要部件，无论厂修、段修都算大破损。b凡机车重要部件，因事故造成破损，也按大破损论。②属于中破损范围的：a凡机车的破损部分，须超过洗检修程范围以上方能修复者，都算中破损。b凡机车主要部件，因事故破损均属于中破损范围。

1953年2月3日，铁道部公布《补充重大及大事故报告办法》（铁监武〔1953〕字第6号令）。对《事规》第三章“事故通报”中的重大或大事故通报部分作了补充规定：①报告列车重大或大事故情况之通话应立刻接通。②遇有在区间内发生重大或大事故时，列车长、司机或列车乘务组中任何人应立刻报告分局列车调度员，或者报告邻站值班站长，由其转报分局列车调度员及有关站长。③分局列车调度员应立即将重大或大事故情况报告调度主任，由调度主任转报管理局值班调度长和分局电话所领班，立即用电话通知管理局长及主管行车副局长、行车安全监察室、有关业务处长及铁路公安处长、铁道部长及主管行车副部长、行车安全总监察室、各业务局长及铁路公安局长。

3. 第三部《事规》的修订

1）第三部《事规》修订的内容

1955年9月5日，铁道部公布第三部《铁路行车事故处理规则》（铁监吕〔1955〕字第25号文）。分为总则、事故分类、事故通报、事故之调查及处理、事故之报告统计及分析5章，27条。删除了“救援规则”部分的内容。

（1）总则。延续了第二部《事规》的规定。

（2）事故分类。与第二部《事规》的规定相同，但调整了构成事故的条件。

重大事故。其一，旅客列车于区间或车站发生冲突或脱轨，不问其后果如何，即构成重大事故。其二，修订为：其他列车于区间或车站发生冲突或脱轨；机车车辆在调车作业或整备作业中发生冲突或脱轨，造成人员死亡或重伤、机车或车辆损害程度须进行大修、线路严重损坏或堵塞，以致区间或车站行车完全中断1小时及以上，当符合其中之一时，即构成重大事故。

大事故。修订为：其他列车于区间或车站发生冲突或脱轨；机车车辆在调车作业或整备作业中发生冲突或脱轨，造成机车或车辆损害须进行中修、站线堵塞，造成车站调车工作紊乱、在复线以上区段，有一线中断超过 1 小时及以上，虽未构成重大事故的条件，但当符合以上规定之一时，即构成大事故。

恶性事故（虽未造成损失后果或损失后果不够重大、大事故者）。修订为：向占用线接入列车（进入进站信号机或特设界标就算）；未准备妥当进路接入列车（进入进站信号机或特设界标就算）；未准备妥当进路发出列车（列车出发启动就算）；向占用区间发出列车（列车机车越过出站信号机或警冲标就算）；列车冒进信号；列车越过警冲标；以错误的占用区间许可发出列车（列车机车越过出站信号机或警冲标就算）。虽未构成重大、大事故的条件，但当符合以上规定之一时，即构成恶性事故。在规定中除删除了单机、动车及各种闭塞设备名称外，还注明了构成事故的时机（括号中的内容）。

一般作业事故。取消了第二部《事规》一般作业事故中的“自然界灾害，致使列车及机车、车辆脱轨”事故，修订为 22 类。修改了部分行车设备的名称或名词，如将“止轮器”改为“制动铁鞋”、“连结器”改为“车钩装置”、“风闸”改为“自动制动机”、“分割牵出”改为“分部牵出”等，还修改了部分事故的构成条件。

（3）事故通报。当发生重大及大事故时，除按规定通报铁路分局、铁路管理局及铁道部有关领导和业务部门领导外，分别增加了以下部门领导：铁路分局的铁路沿线检察院驻分局检察长、铁路公安驻地所长、公安分处负责同志、军运代表、工会分区委员会主席、分局政治处主任等；铁路管理局的行车安全监察副局长、铁路沿线检察院检察长、区工会主席、军运处长、政治部主任等；铁道部的行车安全总监察、公安部十局局长、人民监察局长等。分别细化了发生恶性及一般作业事故的通报程序和内容。

（4）事故之报告统计及分析。分别规定了行车事故概况统计表及行车事故总结月报的统计办法和逐级报告程序等。

2）第三部《事规》公布实施后的补充、修订

1956 年 1 月 7 日，铁道部公布修订的《行车事故处理规则》（铁监滕〔1956〕字第 1 号令）。共修订 13 项条款，修改有关词句 9 处。按旅客列车、混合列车、运送人员车辆发生火灾，不论损害后果如何；其他列车车辆，当因火灾造成机车、车辆大破或人员死亡重伤时其他列车发生火灾，造成机车、车辆中破时，分别列入相应的行车事故。凡属恶性事故，统由分局和管理局负责处理，不再报部。修订后的《事规》说明，铁道部对重大、大事故从严管理，而对恶性事故可由铁路管理局处理。

4. 第四部《事规》的修订

铁道部将于 1958 年 1 月 1 日撤销铁路分局，实行铁路局直接管理站段的新体制。为适应铁路管理体制改革的需要，预先对第三部《事故》进行了修订，并于 1957 年 12 月 23 日公布第四部《铁路行车事故处理规则（草案）》（铁监吕〔1957〕字第 36 号文），自

1958 年 1 月 1 日起试行。同时，要求各铁路局于 1958 年 1 月末，将试行中所遇到的问题及意见报部，以便最后定稿。

1958 年 4 月 15 日，铁道部召开全路车辆防止事故会议，对《铁路行车事故处理规则（草案）》中的“行车事故分类内容解释”及客车大、中破，货车大、中破各梁损害程度和一般事故构成条件提出了修订意见。

同年 5 月 20 日，铁道部将铁路局及全路车辆防止事故会议提出的修改意见汇总修订后，公布《铁路行车事故处理规则（草案）》（铁监滕〔1958〕字第 11 号令）。于 1958 年 6 月 1 日起实行。

第四部《事规》分为总则，事故分类，事故通报，事故调查及处理，行车事故统计、分析及总结报告 5 章，29 条。

以下仅记述主要修订部分的内容。

（1）总则。新增了“铁路技术管理规程及其有关的规则，是保证行车安全和协调准确地完成运输任务的基本法规，也是铁路职工劳动纪律的基本法规，全体铁路工作人员，必须无条件地执行”的规定并对其他各条规定内容进行了文字调整。

（2）事故分类。

将“一般作业事故”修改为“一般事故”。

将重大事故中的“其他列车、调车或机车、车辆在整备作业中发生冲突或脱轨”造成的后果修改为：有人员死亡；机车或客车大破 1 辆；货车报废 1 辆或大破 2 辆；区间或车站行车完全中断满 2 小时。

将构成大事故的前提条件修改为：列车（旅客列车除外），调车或机车、车辆在整备作业中发生冲突或脱轨。造成的后果修改为：有人员伤亡；机车或客车中破 1 辆；货车大破 1 辆或中破 2 辆；区间或车站行车完全中断满 1 小时。

一般事故。与第三部《事规》相比，取消 4 类一般作业事故，新增 2 类一般事故，修订为 20 类，并较大幅度地调整了事故构成条件。

（3）事故通报。取消了当发生重大、大事故时，铁路管理局调度副科长应通报的行车安全监察副局长、铁路沿线检察院检察长、区工会主席、军运处长、政治部主任等人员。

（4）事故调查及处理（略，因事故调查处理专设一节）。

（5）行车事故统计、分析及总结报告。新增了备制行车事故记录台账的规定。各特、一等站及段、队，均应备制行车事故记录台账，记载有关行车事故之发生月、日、时间、地点，关系人员姓名，事故经过及原因，以及处理日期和人员奖惩与采取之行动措施，定期分析总结行车事故，组织所属职工进行学习讨论。

5. 第五部《事规》的修订

1）第五部《事规》修订的内容

1958 年 12 月 15 日，铁道部公布第五部《铁路行车事故处理规则》（铁监余〔1958〕

字第 33 号令)，自 1959 年 1 月 1 日起执行。分为总则，事故分类，事故通报，事故调查及处理，行车事故统计、分析及总结报告 5 章，共计 27 条。

在铁道部发布铁监余〔1958〕字第 33 号命令的文件中，阐明了修订《事规》的指导思想及作用。即为了贯彻党的鼓足干劲、力争上游、多快好省地建设社会主义的总路线，使铁路运输工作全面满足工农业大跃进的需要，必须保证运输安全，彻底消灭事故，除了采取种种预防性措施以外，还必须对已发生的大大小小事故，认真地从政治上、制度上、技术上及设备上详加研究调查，分析原因，采取防止重复发生的措施。根据群众路线及下放的精神，对《事规》进行了必要的修订，主要是强调了用发动群众，鸣放辩论，召开现场会议的方法处理事故；事故调查委员会的组成，由铁路管理局具体规定等。

以下仅记述主要修订部分的内容。

(1) 总则。首次规定了行车事故定义。即凡由于违反《铁路技术管理规程》及有关规则与命令，破坏劳动纪律，技术设备不良或破坏行为等招致行车有关人员伤亡及铁路财产受到损害或影响行车，以及虽未造成损害后果，而严重危及行车安全的，均应列为行车事故。为严肃处理与有效防止事故，要求各部门和各单位必须从政治上、制度上、技术上和设备上详加调查研究，充分依靠和发动群众，通过鸣放辩论，分析原因，制定防止对策，不使同样事故重复发生。并规定，对已发生的事故，必须按本规则规定的时间及时调查处理完毕。对推脱责任及拖延处理的单位和人员，应予以批评或处分。

(2) 事故分类。

① 重大事故。分为 3 类，一是旅客列车于区间或站内发生冲突或脱轨。二是其他列车、调车或机车、车辆在整备作业中发生冲突或脱轨，造成人员死亡；机车或客车大破 1 辆；货车报废 1 辆或大破 2 辆；造成区间内正线或车站行车完全中断满 2 小时。三是其他 (虽非冲突脱轨所引起，但有严重损害后果，铁路局长认为有必要时)。

② 大事故。列车 (旅客列车除外)，调车或机车、车辆在整备作业中发生冲突或脱轨，造成人员重伤；机车或客车中破 1 辆；货车大破 1 辆或中破 2 辆；造成单线区间内正线、复线中之一线或车站行车完全中断满 1 小时。

③ 恶性事故。保留了原有规定。

④ 一般事故 (其性质及损害后果不够重大、大、恶性事故者)。对以下各项事故进行了修订：将“列车、机车、车辆发生冲突或脱轨”修改为“列车、机车、车辆、调车发生冲突或脱轨”；“列车车钩破损或自动分离”修改为“列车发生分离”；“制动装置不良，列车发生自然制动或缓解不良耽误列车”；“路基、线路上部建筑，桥隧建筑物不良，招致列车车辆脱轨”修改为“线路或桥隧不良，招致列车、机车、车辆脱轨”；“使用轻型车辆，耽误列车”修改为“使用轻型车辆，或单轨小车耽误列车”；“违反规章制度或劳动纪律，招致耽误列车的其他事故”修改为“其他事故”。

(3) 事故通报。规范了当发生行车事故时的通报责任者及通报程序。当遇到发生重大、大事故时，在区间发生，由车长（无车长时为司机）立刻报告列车调度员。如不可能，应报告最近车站值班员转报列车调度员及有关站长。在站内或段管线内发生时，由车站站长或段长直接报告列车调度员。当遇发生恶性及一般事故时，在区间发生，由车长（无车长时为司机）或施工领导人向车站站长，站长转报列车调度员。在站内或段管线内发生时，由车站站长或段长直接报告列车调度员。在发生恶性事故的通报人员中，增加了“办事处主任”；在发生一般事故的通报单位中，增加了“办事处”。

2）第五部《事规》公布实施后的补充、修订

铁道部于 1962 年 5 月，发布文件对《事规》进行修改，于 6 月 1 日起执行。

（1）将构成重大事故中的第三（3）种情形：“其他（虽非冲突脱轨所引起，但有严重损害后果，铁路局长认为有必要时）”修改为“其他（凡由机车、车辆破损及货物装载不良，刮坏铁路建筑物及设备，中断行车，影响其他列车满 2 小时时”。

（2）在构成大事故的条件中增加了第七种情形：“凡由机车、车辆破损及货物装载不良，刮坏铁路建筑物及设备，中断行车满 2 小时”。

1974 年 1 月 16 日，交通部公布《关于铁路行车事故处理规则补充解释的通知》〔1974〕交安监字 81 号），对“内燃、电力机车大、中破损范围”；货车“贯通式中梁的牵引梁部分、非贯通侧梁端部的短侧梁、守车端梁”弯曲、破损的计算方法及“旅客列车发生冲突，造成机车、车辆破损”构成大事故的条件，进行了补充或解释。

1974 年 4 月 22 日，交通部公布《关于铁路行车事故处理规则补充解释的通知》（〔1975〕交安监字 906 号），1974 年 5 月 1 日起实行。对“复线区段发生冲突、脱轨时”造成中断时间的计算方法；“列车进错股道、开错方向时”的事故性质；“二轴守车破损时”的破损程度计算方法“行车事故的损失费用赔偿”的规定；“行车事故件数”的统计办法；“人员死亡或重伤”的范围；“耽误列车”的含义；机车、车辆“中、侧梁弯曲”的测量方法；“铁路行车事故与路外伤亡事故”的列算方法及“一般事故的统计报表”的填写等，进行了补充或解释。

6. 第六部《事规》的修订

1975 年 12 月，铁道部公布第六部《铁路行车事故处理规则》（〔1975〕铁安监字 409 号），自 1976 年 1 月 1 日起执行。分为总则，行车事故的分类，行车事故的通报，行车事故的调查和处理，行车事故的统计分析、总结报告 5 章，共计 24 条。

修订的主要部分的内容如下。

（1）总则。增加了为保证安全生产，定期开展“四查”的要求。必须在党的领导下，以阶级斗争和路线斗争为纲。坚持无产阶级政治挂帅，充分发动群众，贯彻以预防为主的方针。教育广大职工树立全心全意为人民服务的思想，要定期开展“四查”（查思想、查纪律、查制度、查领导）为内容的安全生产大检查，边查边改，及时解决问题，消除隐患。严格规定了对事故责任者、未及时上报者的处置力度。对事故责任者，应根据性质和

情节，予以批评教育、纪律处分以至法律制裁；对已发生的事故，应按《事规》规定的时间和要求，及时上报，积极处理，对有意拖延处理、推脱责任、姑息纵容者，应予严肃批评或纪律处分。

（2）行车事故的分类。主要是扩大了事故的构成条件及种类。将重大、大事故各分为4类、恶性事故及一般事故分别由7类增至13类、20类增至25类。

重大事故。i. 旅客列车、临时旅客列车、混合列车发生冲突或脱轨，造成：人员死亡；车辆小破需要中途摘车修；机车小破需要更换，影响本列车满1小时之一时。ii. 其他列车、调车或机车、车辆在整备作业中发生冲突或脱轨，造成：人员死亡；机车大破1台；动车或客车大破1辆；货车报废1辆或大破2辆；重型轨道车（不包括拖车）报废；单线正线行车中断2小时并影响其他列车满2小时，复线之一线行车中断满2小时并影响其他列车之一时。iii. 机车、车辆、设备破损或货物装载不良，致使铁路设备遭到破损，造成②款各项后果之一时。iv. 列车、机车、车辆、线路、桥梁发生火灾或爆炸，造成：人员死亡；机车大破1台；动车或客车大破1辆；货车报废1辆或大破2辆；重型轨道车（不包括拖车）报废；单线正线行车中断影响其他列车满2小时，复线之一线行车中断满2小时并影响其他列车之一时。

大事故。i. 旅客列车、临时旅客列车、混合列车发生冲突或脱轨，造成：人员重伤；车辆小破需要入段摘车修；列车不能按正常速度运行；影响本列车满半小时之一时。ii. 其他列车、调车或机车、车辆在整备作业中发生冲突或脱轨，造成：人员重伤；机车中破1台；动车或客车中破1辆；货车大破1辆或中破2辆；重型轨道车（不包括拖车）大破；单线正线行车中断满2小时并影响其他列车，复线之一线行车中断满2小时之一时。iii. 机车、车辆、设备破损或货物装载不良，致使铁路设备遭到破损，造成②款各项后果之一时。iv. 列车、机车、车辆、线路、桥梁发生火灾或爆炸，造成：人员重伤；机车中破1台；动车或客车中破1辆；货车大破1辆或中破2辆；重型轨道车（不包括拖车）大破；单线正线行车中断并影响其他列车，复线之一线行车中断满2小时之一时。

恶性事故。凡事故性质严重，但未造成损害后果或损害后果不够重大、大事故的为恶性事故。其中将“以错误的占用区间许可发出列车”修改为“未办或错办闭塞发出列车”；新增6类为：列车冲突；列车脱轨；机车、车辆溜入区间或站内；列车中列车、车辆、动车、重型轨道车断轴；列车中车辆制动装置脱落；列车在区间撞轻型车辆、小车及施工机械。

一般事故。凡事故性质及损害后果或损害后果不够重大、大事故、恶性事故的为一般事故。通过内容和文字调整，删除了“列车冲突”“列车脱轨”“对施工地点或区间内停车列车未设停车信号防护或防护不正确”3类事故，增加了8类事故。

（3）行车事故的通报。因恢复了铁路分局机构，在事故通报中增加了“分局列车调度员”“铁路局革委会主任（局长）“副主任（副局长）”“分局革委会主任（分局长）“副主任（副分局长“如发生火灾事故时，还应通知消防部门”等职名或部门。

(4) 行车事故的调查和处理。新增了“铁路局认为必要时，可将恶性事故提级处理”。删除了采用“鸣放辩论”处理事故的方法。

(5) 行车事故的统计分析、总结报告。明确规定了事故件数的统计办法。各种事故虽确定为他局或工厂；铁路所属机车、车辆、人员，在路外单位专用线作业及路外单位的机车、车辆、人员在铁路所属线路作业，造成事故的，均由铁路统计件数。当路外单位租用铁路的机车、车辆、借调的人员发生行车事故时，按双方签订的合同规定办理。

1975 年 12 月 2 日，铁道部安全监察委员会公布《关于〔1975〕铁安监字 409 号〈铁路行车事故处理规则〉若干条款的说明》的文件中称：为做好 1975 年 4 月下达的《事规》实行前的准备工作，于 1975 年 11 月间，举办了《事规》学习班，对提出的问题，统一了认识，特发此文，自 1976 年 1 月 1 日起，与《事规》一并实行。

对以下主要问题进行了说明。

重大、大事故有关条款的说明。一是规定“军用列车”按其他列车办理。二是对“车辆小破需要中途摘车修”“车辆小破需要入蔺摘车修”“机车小破需要更换”、计算“列车中断时间”的起止时间等进行了解释。三是规定了当“旅客列车发生冲突、脱轨时，影响本列车不超过半小时列恶性事故；超过半小时列大事故；超过 1 小时列重大事故”。四是解释了将“设备破损”列入构成重大、大事故条件的原因。五是说明了在“火灾、爆炸”构成事故的条件中，不把“行包货物损失”作为确定事故依据的原因。六是规定了“人员伤亡”“冲突”的涵盖范围及“车辆大、中破”标准。

关于其他类别事故有关条款的说明。一是增加了“列车开错方向、进错股道”“施工机械被列车撞上或轧上”构成恶性事故的条件。二是对“操纵机车不当或蒸汽不足招致列车在区间内停车”的定责问题。“铁路机车、车辆与其他交通车辆冲突”中增加“列车”及“重型轨道车”；在“脱轨”的解释增加“重型轨道车”及“拖车”等进行了补充说明。

其他方面问题的说明。对“行车设备、技术革新项目及新建投产的信号设备，在规定的试验期内”是否构成行车事故及定责问题进行了解释。

对“车辆制动梁脱落、燃轴、抱闸事故的责任划分”作出了规定。

7. 第七部《事规》的修订

1) 第七部《事规》修订的内容

1979 年 12 月 28 日，铁道部公布第七部《铁路行车事故处理规则》(〔1979〕铁安监字 2032 号)，自 1980 年 1 月 1 日起试行。分为总则，行车事故分类，行车事故的通报，行车事故的调查和处理，行车事故的统计、分析、总结报告 5 章，25 条。

新《事规》具有以下主要变化：调整了重大、大事故的构成条件，拉大了重大、大事故的差距；为避免“恶性事故”与其他行业的事故名称混淆，将“恶性事故”改为“险性事故”；将“路外交通肇事造成的行车事故”，改列在“路外伤亡事故中统计和掌握”；将“列车、机车、车辆、线路、桥梁发生的火灾爆炸事故”，改为“列车火灾爆炸事故”；明确规定了因业务部门的行车设备质量造成的事故，一律列责任事故；严肃了对重大事故的处理程序；对机车、车辆大、中破范围和限度，进行合理调整，对淘汰型车辆，木制客车在确认破损程度时，均按降一级处理；将“铁路行车事故分类内容解释”列入附件，以便正确理解和掌握。

（1）总则。首先，叙述了确保行车安全的重要意义。指出：安全生产是党和国家的一贯方针，是完成运输生产任务的根本条件，铁路行车安全的好坏是衡量铁路运输管理水平和各部门工作质量的主要标志之一。确保行车安全，直接关系到社会主义现代化建设的速度问题，也是全路职工最严肃的一项政治任务。其次，提出了确保行车安全的基本原则。要求各级领导必须把安全生产工作摆到重要的议事日程上，牢固树立“安全第一，质量第一”的思想，坚持“预防为主”的方针，搞好各项工作。

（2）行车事故分类。主要是对重大、大事故造成的后果进行了修改。

重大事故。i 旅客列车、临时旅客列车、混合列车发生冲突或脱轨，造成：人员死亡3人或死亡、重伤5人及其以上；机车中破1台；客车中破1辆；货车大破1辆；单线或复线之一线行车中断满2小时，或影响本列车满2小时之一时。ii 其他列车、调车作业，机车、车辆整备作业中发生冲突或脱轨，造成：人员死亡3人或死亡、重伤5人及其以上；机车大破1台或中破2台；动车、客车报废1辆或大破2辆；货车报废3辆或大破6辆（大破2辆折合报废1辆）；单线正线行车中断满4小时并影响其他列车满3小时，复线之一线行车中断满4小时；复线行车完全中断满2小时之一时。iii 机车、车辆、设备破损或货物装载不良，致使铁路设备破损，造成 ii 款各项后果之一时。iv 列车发生火灾或爆炸，造成 ii 款各项后果之一时。

大事故。i 旅客列车、临时旅客列车、混合列车发生冲突或脱轨，造成：有人员死亡或重伤，伤亡人数不够重大事故条件者；机车小破需要中途更换；车辆小破需要中途摘车；影响本列车满1小时之一时。ii 其他列车、调车作业，机车、车辆整备作业发生冲突或脱轨，造成：有人员死亡或重伤，伤亡人数不够重大事故条件者；机车中破1台；动车或客车中破1辆；货车大破1辆或中破2辆；重型轨道车报废；单线正线行车中断满2小时并影响其他列车，复线行车完全中断满1小时；报废钢轨200米及其以上或钢筋混凝土轨枕500根及其以上之一时。iii 机车、车辆、设备破损或货物装载不良，致使铁路技术设备破损，造成②款各项后果之一时。iv 列车发生火灾或爆炸，造成②款各项后果之一时。

险性事故。凡事故性质严重，但未造成损害后果或损害后果不够重大、大事故的为险性事故。修改为12类。分别将“未准备好进路接入列车”“未准备好进路发出列车”合并为“未准备好进路接、发列车”；“列车冒进信号”“列车越过警冲标”合并为“列车冒进信号或越过警冲标”。增加了“列车开错方向或进错股道”。将“列车中车辆制动装置脱落”修改为“列车中机车、车辆制动梁或下拉杆脱落”。

一般事故。凡事故性质及损害后果或损害后果不够重大、大事故、险性事故的为一般事故。修改为24类。删除了“区间线路上有障碍物耽误列车”。

(3) 行车事故的通报。在事故通报中删除了“铁路局革委会主任、副主任”“分局革委会主任、副主任”的职名。修改为“铁路局局长、副局长”“分局局长、副局长”，并增加了“医疗单位负责人”等职名。

(4) 行车事故的统计、分析、总结报告。重新规定了以下事项：一是明确规定了《事规》的解释权属于铁道部行车安全监察部门。对行车事故的定性属于各级行车安全监察部门。上级行车安全监察部门发现下级行车安全监察部门对定性定责不准确时，有权加以纠正。二是明确规定了行车事故损失费用的承担责任。行车事故的损失费用，应由主要责任单位承担（包括路外责任单位）；定其他责任的事故损失费用（不包括路外企业责任的事故），由发生铁路局（或分局）列销；特殊情况可由事故处理会议做出关系单位的分担决议。

2) 第七部《事规》公布实施后的补充、修订

(1) 1980年2月27日，铁道部以306号电报，对《事规》中的“车辆制动梁或下拉杆脱落”构成事故的算法，作出以下补充说明：一是列车在规定进行列检作业的车站，经列检检查发现制动梁或下拉杆脱落时，列一般行车事故。二是凡编组始发的列车，经列检检查发现制动梁或下拉杆脱落时，由列检处理，不列行车事故。

(2) 1982年3月11日，铁道部以〔1982〕铁安监字364号文件公布《〈铁路行车事故处理规则〉补充说明》，这是根据1980年11月和1981年3月分别在长沙召开的专业监察会议和在怀化召开的全路行车安全工作会议提出的一些问题作出的较大幅度修订。修订内容：附件二中“铁路行车事故分类内容解释”部分有3条、22项；附件三中“机车、车辆大、中破损范围”部分中有4条；《事规》“解释权”中有4条；其他方面有10条等，进行了补充或修订。

(3) 1983年3月3日，铁道部以〔1983〕铁安监字345号文件公布《对一些小杂型货车发生行车事故后降级处理的规定》，对附件三，“机车、车辆大、中破损范围”中“注”的内容，进行了修订。

8. 第八部《事规》的修订

1985年3月5日，铁道部公布第八部《铁路行车事故处理规则》（〔1985〕铁安监字212号），自1985年4月1日起试行。分为总则，行车事故分类，行车事故的通报，行车事故的调查和处理，行车事故的统计、分析、总结报告5章，25条。

以下仅记述主要修订部分的内容。

(1) 将“旅客列车”修改为“客运列车”；“复线”修改为“双线”。

(2) 将“重大事故”“大事故”，由3类划分为4类，其名称均修改为：i 客运列车发

生冲突、脱轨、火灾或爆炸。ii 其他列车发生冲突、脱轨、火灾或爆炸。iii 调车作业（包括机车车辆整备作业）发生冲突或脱轨。iv 由于铁路技术设备、其他临时设备破损或货物坠落，致使铁路设备破损。

（3）重大事故的修订。将 i 类中的“客车中破 1 辆”修改为“动车、客车中破 1 辆”；“货车大破 1 辆”修改为“货车大破 1 辆或中破 2 辆”。ii 类中的“动车、客车报废 1 辆或大破 2 辆”修改为“动车、客车大破 1 辆或中破 2 辆”；“货车报废 3 辆或大破 6 辆（大破 2 辆折合报废 1 辆）”修改为“货车报废 2 辆或大破 4 辆（大破 2 辆折合报废 1 辆）”。iii 类中除规定“动车、客车报废 1 辆或大破 2 辆”、“货车报废 3 辆或大破 6 辆（大破 2 辆折合报废 1 辆）”外，其他构成事故的条件与 ii 同。v 类事故的构成条件与 ii 同。

（4）大事故的修订。修改幅度较大，基本上是重新规定了构成事故的条件。i 客运列车发生冲突、脱轨、火灾或爆炸，造成：人员死亡 1 人或重伤 2 人及以上者；中途更换机车；中途摘车或货车中破 1 辆；重型轨道车报废；单线或双线之一线行车中断满 1 小时，或影响本列车满 1 小时之一时。ii 其他列车发生冲突、脱轨、火灾或爆炸，造成：人员死亡 1 人或重伤 2 人及以上者；机车中破 1 台；动车、客车中破 1 辆；货车大破 1 辆或中破 2 辆；重型轨道车报废；单线行车中断满 2 小时并影响其他列车，双线之一线行车中断满 2 小时，双线行车完全中断满 1 小时之一时。iii 调车作业（包括机车车辆整备作业）发生冲突或脱轨，造成：人员死亡 1 人或重伤 2 人及以上者；机车中破 1 台；动车、客车中破 1 辆；货车大破 1 辆；重型轨道车报废；单线行车中断满 2 小时并影响其他列车，双线之一线行车中断满 2 小时，双线行车完全中断满 1 小时之一时。iv 由于铁路技术设备、其他临时设备破损或货物坠落，致使铁路设备破损，其构成事故的条件与 ii 同。

（5）险性事故。删除了“列车开错方向或进错股道”“列车中列车、车辆、动车、重型轨道车断轴”2 类。增加了“烧漏机车易熔塞”“其他（性质严重的列车事故经铁路局决定的列入本项）”2 类。

（6）一般事故。由 24 类增至 32 类。增加的 8 类为“调车拉断车钩”“调车中刮坏技术设备”“滥用紧急制动阀耽误列车”“擅自发车、开车、停车、错办通过或在区间乘降所错误通过”“未松手闸致使列车停车”“列车拉铁鞋开车”“漏发、错发、漏传、错转命令耽误列车”“未及时关闭道口栏木耽误列车”。修改 1 类为“其他（由于违章作业或损坏设备，危及行车安全，经铁路局决定算事故的均列入本项）”。

在铁路行车事故分类内容解释中，除对解释的内容、文字调整及修订、补充外，将“正线行车中断”修改为“行车中断”、“机车小破需要更换”修改为“中途更换机车”、“车辆小破需要中途摘车”修改为“中途摘车”；增加了“客运列车发生冲突或脱轨造成的后果，包括本列或与其冲突的列车、机车、车辆造成的损失和影响”“烧漏机车易熔塞”“擅自发车、开车、停车、错办通过或在区间乘降所错误通过”及删除了“其他”等词句的解释。

9. 第九部《事规》的修订

1986年6月22日，铁道部公布第九部《铁路行车事故处理规则》（铁安监〔1986〕550号），自1986年7月1日起在全路试行。分为总则，行车事故分类，行车事故的通报，行车事故的调查和处理，行车事故的统计、分析、总结报告5章，25条。

以下仅记述主要修订部分的内容。

（1）将重大事故i类中的“货车大破1辆或中破2辆”修改为“货车大破1辆”；iii类中的“机车大破1台或中破2台”，修改为“机车中破1台”；“动车、客车报废1辆或大破2辆”修改为“动车、客车报废1辆”；“货车报废3辆或大破6辆（大破2辆折合报废1辆）”修改为“货车报废3辆”；“单线行车中断满4小时并影响其他列车满3小时，双线之一线行车中断满4小时，双线行车完全中断满2小时”修改为“单线行车中断满4小时并影响其他列车，双线之一线行车中断满4小时，双线行车完全中断满2小时”。

（2）将大事故iii类中的“动车、客车中破1辆”修改为“动车、客车大破1辆或中破2辆”；“货车大破i辆”修改为“货车报废1辆或大破2辆”。

（3）一般事故。由32类调整为26类，删除了“机车牵引力不足，招致列车在区间内停车”“机车缺乏燃料、水耽误列车”“列车自然制动，缓解不良耽误列车”“调车拉断车钩”“调车中刮坏技术设备”“未松手闸致使列车停车”等6类。

（4）在铁路行车事故分类内容解释中，删除了“机车牵引力不足，招致列车在区间内停车”“机车缺乏燃料、水耽误列车”的解释。

10. 第十部《事规》的修订

1）第十部《事规》修订的内容

1987年12月10日，铁道部公布第十部《铁路行车事故处理规则》（铁安监〔1987〕1102号），自1988年1月1日起施行。分为总则，行车事故分类，行车事故的通报，行车事故的调查及处理，行车事故的统计、分析、总结报告，附则6章，共计27条。

其主要内容是对部分事故构成的条件及事故定性、定责的补充和解释。

（1）在构成各类大事故的条件中，增加了“报废钢轨200米及其以上，或钢筋混凝土轨枕500根及其以上”的规定。

（2）将险性事故由12类改为13类。增加了“列车中机车、车辆、动车、重型轨道车断轴”的规定。

（3）将第四章，“行车事故的调查及处理”中的“重大、大事故发生局如初步判明与他局或铁路工厂有关时，应立即发出电报通知有关局或工厂”修改为“重大、大事故发生局如初步判明与他局或铁路工厂有关时，应立即（在三日内）发出电报通知有关局或工厂”。

（4）对附件二，“重大、大事故责任的判断”“铁路行车事故分类内容解释”中有关事故定性、定责的个别词句进行了补充、修改。

（5）在新增的第六章，“附则”中规定：《事规》的解释权属于铁道部行车安全监察室；寸轨铁路的行车事故处理规则由所属铁路局自行制定公布施行，并报铁道部备案。米轨铁路构成各类行车事故的条件，由所属铁路局参照本规则结合米轨铁路具体情况进行制定，并报铁道部审批。

2）第十部《事规》公布实施后的补充、修订

（1）1988 年 5 月，铁道部根据机车车辆等运输装备的变化，印发〔1988〕铁安监字 992 号文件，对本《事规》附件三，“机车、车辆大、中破范围注释”作了适当修改。修改条款自 1988 年 6 月 1 日起施行。

（2）1990 年初，铁道部对第十部《事规》的个别条款进行了修订，并再版印刷，1990 年 5 月 24 日起施行。

11. 第十一部《事规》的修订

2000 年 4 月 28 日，铁道部发布第十一部《铁路行车事故处理规则》（铁道部令第 3 号），自 2000 年 7 月 1 日起施行。分为总则，行车事故分类，行车事故的通报，行车事故的调查及处理，行车事故责任的判断和处理，行车事故的统计、分析、总结报告，罚则，附则 7 章，共计 74 条。

（1）调整了《事规》的整体排序结构。一是按章、节、条、款排序，使每项内容明了清晰。二是将“行车事故责任的判断和处理”纳入正文，新增“罚则”，并各列一章，彰显了对事故定性、定责及处罚的重要性。

（2）总则。一是明确规定了《事规》的适用范围。即适用于国家铁路企业和国家企业参股并委托国家铁路企业经营的地方铁路。国家铁路企业的机车、车辆、客、货列车在地方铁路营运时发生的事故按本规则办理。二是明确规定了铁路行车事故的主管部门。即各级行车安全监察机构是铁路行车事故调查处理的主管部门。铁道部安全监察特派员办事处依据本规则参与所辖区域发生的重大、大事故调查并提出定性、定责建议。

（3）行车事故分类。增加了特别重大事故的种类及构成条件。按繁忙干线、干线、其他线路分别规定了重大、大事故的构成条件。

特别重大事故的构成条件为：列车发生冲突、脱轨、火灾、爆炸或调车作业（包括机车车辆整备作业）发生冲突、脱轨，造成人员死亡 50 人及以上或直接经济损失 1 000 万元后果之一时。

重大事故的分类为：客运列车、其他列车、调车作业事故。客运、其他列车又分为在繁忙干线、干线、其他线路上发生的事故。其构成条件为：客运列车发生冲突、脱轨、火灾、爆炸，在繁忙干线上造成：人员死亡 3 人及以上或死亡、重伤 5 人及以上，单线或双线之一线行车中断或延误本列车满 3 小时，双线行车中断满 2 小时；客车中途摘车 2 辆；机车大破 1 台；客车报废 1 辆或大破 2 辆；直接经济损失 500 万元。客运列车在干线、其他线路造成事故的条件，除中断时间外，其他条件均与在繁忙干线上造成客运列车事故的条件相同。在干线上的中断时间为：单线或双线之一线行车中断或延误本列车满 4 小时，

双线行车中断满 3 小时；在其他线路上的中断时间为：行车中断或延误本列车满 6 小时。

其他列车发生冲突、脱轨、火灾、爆炸，在繁忙干线上造成其人员伤亡及直接经济损失与客运列车在繁忙干线上构成事故的条件相同。其他条件为：单线或双线之一线行车中断满 4 小时，双线行车中断满 3 小时；机车、车辆脱轨 6 辆（台）。其他列车在干线、其他线路造成事故的条件，除中断时间、机车、车辆脱轨的规定外，其他条件均与在繁忙干线上造成其他列车事故的条件相同。在干线上中断时间、机车、车辆脱轨的规定分别为：单线或双线之一线行车中断满 6 小时，双线行车中断满 4 小时；机车、车辆脱轨 8 辆（台）及以上。在其他线路上中断时间、机车、车辆脱轨的规定分别为：行车中断满 8 小时；机车、车辆脱轨 10 辆（台）及以上。

调车作业（包括机车车辆整备作业）发生冲突、脱轨，造成的人员伤亡及直接经济损失与前项相同。中断时间分别与其他列车中的繁忙干线、干线、其他线路的规定相同。

大事故的分类与重大事故的分类相同。

客运列车发生冲突、脱轨、火灾、爆炸，在繁忙干线上造成：人员死亡 1 人及以上或重伤 2 人及其以上；单线或双线之一线行车中断或延误本列车满 2 小时，双线行车中断满 1 小时；客车中途摘车 1 辆；机车中破 1 台，客车中破 1 辆；直接经济损失 100 万元。客运列车在干线、其他线路造成事故的条件，除中断时间外，其他条件均与在繁忙干线上造成客运列车事故的条件相同。在干线上的中断时间为：单线或双线之一线行车中断或延误本列车满 3 小时，双线行车中断满 2 小时；在其他线路上的中断时间为：行车中断或延误本列车满 4 小时。

其他列车发生冲突、脱轨、火灾、爆炸，在繁忙干线上造成：其人员伤亡与客运列车在繁忙干线上构成事故的条件相同。其他条件为：单线或双线之一线行车中断满 3 小时，双线行车中断满 2 小时；机车、车辆脱轨 3 辆（台）；直接经济损失 200 万元。其他列车在干线、其他线路造成事故的条件，除中断时间、机车、车辆脱轨的规定外，其他条件均与在繁忙干线上造成其他列车事故的条件相同。在干线上中断时间、机车、车辆脱轨的规定分别为：单线或双线之一线行车中断满 4 小时，双线行车中断满 3 小时；机车、车辆脱轨 4 辆（台）。在其他线路上中断时间、机车、车辆脱轨的规定分别为：行车中断满 6 小时；机车、车辆脱轨 4 辆（台）。调车作业（包括机车车辆整备作业）发生冲突、脱轨，造成的人员伤亡及直接经济损失与前项相同。中断时间分别与其他列车中的繁忙干线、其他线路的规定相同。

险性事故。增加了“接触网塌网、坠落、倒杆刮上客运列车”“关闭折角塞门开出列车”“列车运行中刮坏行车设备或货物坠落损坏行车设备”；删除了“烧漏机车易熔塞”。由 13 类调整为 15 类。

一般事故。为区别造成事故的主要原因和其性质的严重程度，进行了以下调整和修改：一是将其分为 A 类（基本上是人为原因造成）及 B 类（基本上是设备原因造成）一般事故。二是将“关闭折角塞门开出列车”“列车运行中刮坏行车设备或货物坠落损坏行车设备”调整为险性事故。三是将“未及时关闭道口栏木耽误列车”修改为“错误操纵及使用行车设备耽误列车”。由26类调整为24类，其中A类17项、B类7项。

（4）行车事故的通报。修改、规定了当客运列车发生冲突、脱轨、火灾或爆炸事故后，铁路局调度值班科长和安全监察室主任或值班监察，必须在1小时（原为“及时”）内分别报告铁道部调度员和安全监察司值班监察。

（5）将附件二“铁路行车事故分类内容解释”修改为《铁路行车事故处理规则》内容解释。增加了“繁忙干线”“干线”“其他线路”、“直接经济损失”等新增内容有关词句的解释，并对部分词句的解释进行了修改、补充或文字调整。

12. 第十二部《事规》的修订

2007年8月28日，铁道部发布第十二部《铁路交通事故调查处理规则》（铁道部令第30号，仍沿用简称《事规》），自2007年9月1日起施行。分为总则，事故等级，事故报告，事故调查，事故责任判定和损失认定，事故统计、分析，罚则，附则8章，共计95条。

第十二部《事规》是依据国务院2007年7月11日颁发的《铁路交通事故应急救援和调查处理条例》（国务院令第501号令，简称《条例》），为适应铁路运输企业的快速发展，特别是经过铁路6次大面积提速以来，对加强铁路安全法制化、规范化管理，妥善处理铁路交通事故，维护铁路交通秩序的需要，在总结铁路交通事故调查处理实践经验的基础上修改制定的。

随着第十二部《事规》的公布施行，既是铁路企业管理的终结，又是国家法制管理的开端。在《事规》的事故调查、事故责任判定和损失认定、罚则等规定中突显出以下主要特点。

（1）具有法律属性。《条例》是我国第一部全面规范铁路交通事故调查处理的行政法规，《事规》是严格依据《条例》而制定。在事故定义、适用范围、事故调查机构、事故等级划分、事故报告程序、事故调查、事故责任判定和损失认定及事故责任单位、个人违反法律法规处罚等内容，都充分体现了《条例》的各项规定。

（2）事故调查主体法制化。《事规》确立了政府机构调查处理铁路交通事故的权限和职能，明确规定铁道部（国务院铁路主管部门）和铁路安全监督管理办公室（简称“安全监管办”）是铁路交通事故调查处理的主体。改变了由铁路局和基层站段进行事故调查处理的企业行为。

（3）实行事故责任追究制。《事规》规定，事故调查处理应坚持以事实为依据，以法律、法规、规章为准绳，认真调查分析，查明原因，认定损失，定性定责，追究责任。在“事故责任判定和损失认定”中，规定了事故责任的分类：即事故分为责任事故和非责任事故。责任事故分为全部责任、主要责任、重要责任、次要责任和同等责任。并根据不同原因造成的事故及事故责任者应负的责任，确定“认定”或“追究”责任的类别。

（4）采用《铁路交通事故认定书》的形式认定事故责任。事故认定书是事故赔偿、事故处理、事故责任追究的依据，具有法律效力。《事规》规定，在事故调查组工作结束后，铁道部、安全监管办，根据《铁路交通事故调查报告》制作《铁路交通事故认定书》，送达相关单位。事故责任单位须填写《铁路交通事故处理报告表》报送送达机关。

（5）拓展了适用范围。一是将《事规》《铁路伤亡事故处理规则》《火车与其他车辆相撞和铁路路外人员伤亡事故处理暂行规定》进行整合，实现了“三规合一”。二是国家铁路、合资铁路、地方铁路企业及专用铁路、铁路专用线等发生事故的调查处理，均适用本规则。

附录 C　常用安全管理理论与方法

学者们在各种事故发生的实践中不断总结经验，分析事故教训，探索事故发生的规律，研究如何消除和控制事故的影响因素，防止事故的发生和发展，保证生产系统处于安全稳定状态之中，相继提出了防止事故发生的安全基础理论。目前，安全的基础理论很多，不同的基础理论从不同角度对安全问题进行了分析。现实的安全更需要各种基础理论从不同角度分析的综合。而且随着科学技术发展的速度越快，越是需要理论的综合。本附录仅介绍与铁路安全相关的一些基础理论，如人因工程理论、安全风险理论、事故预防理论、系统安全管理。对事故致因理论的发展历程介绍较为系统，为之后安全体系的建立奠定了基础。基础理论的具体扩展可参阅相关书籍。

C.1　事故致因理论

事故致因理论的演进可划分为 4 个阶段：从单纯强调人的不安全行为的单因素理论（点状），到以海因里希的多米诺骨牌理论为代表的事故链致因理论（线状），再发展为轨迹交叉论和能量意外释放论为代表的多因素事故致因理论（网状），再到现代的、系统的系统论事故致因理论（动态网状）（点—线—面—体）。

事故致因理论是在分析大量典型事故发生原因的基础上，提炼出的事故发生机理和模型。通过事故致因理论可以阐明事故的成因、始末过程和事故后果，对安全事故发生的经过和导致事故发生的原因进行深入分析，从而为安全风险管理做好预防预报工作。

C.1.1　单因素事故致因理论

单因素事故致因理论的核心观点是认为事故的致因是“点”状的。

20 世纪初，事故致因理论开始萌芽。1919 年，由格林伍德（M. Greenwood）和伍兹

(H. Woods) 提出了“事故倾向性格论”，认为事故由人的性格或心理缺陷造成。1939 年，法默（Farmer）和查姆勃（Chamber）提出的“事故频发倾向论”认为事故频发倾向者的存在是工业事故发生的主要原因。单因素事故致因理论过分夸大了人的性格特点在事故中的作用，认为工人性格特征是事故频发的唯一因素。

C. 1. 2　事故链致因理论

事故链致因理论认为事故由多个有关联的事故组成的事故链造成。事故链致因理论将事故发生的过程描述为一系列具有因果关系的事件链，认为事故的致因是“线”状的（见图 C-1)，但究其根源讲，依旧认为事故是由单一因素引发的，因此适用于简单系统的事故分析。

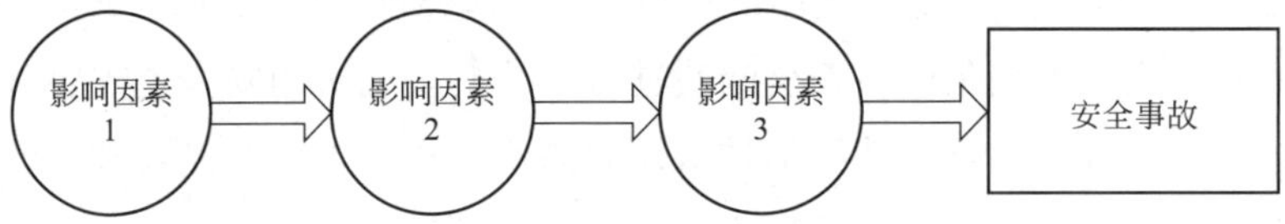

图 C-1　多因素事故致因理论

1. 海因里希法则

1941 年，美国著名安全工程师海因里希（Herbert William Heinrich）提出的 300：29：1 法则，即海因里希法则（Heinrich rule)，又称“海因里希安全法则”、“海因里希事故法则”或“海因法则”。这个法则意为：一件重大的事故背后必有 29 件轻度的事故，还有 300 件潜在的隐患。

海因里希对大量安全事故结论分析研究表明：大多数的伤害事故都是由于人的不安全行为和物的不安全状态引起的。所谓人的不安全行为或物的不安全状态是指那些曾经引起过事故，或者可能引起事故的人的行为，或者机械、物质的状态，它们是造成事故的直接原因。海因里希法则指出，只要控制未遂事故的发生即能控制严重事故的发生，也能控制一般事故的发生。

2. 多米诺骨牌理论

多米诺骨牌理论指在一个存在内部联系中，一个很小的初始能量就可能导致一连串的连锁反应。客观上，它是由点到面的一种运动过程，动作一个接着一个地接力，直到完成最后的终点动作。事实上，多米诺骨牌在摆布，静态积蓄能量，当起始点（也可能是体系中的某一位置）受到激励时，将积蓄能量释放，就引发一场类似灾难性的雪崩，一旦发生，其势不可阻挡，像流体一样，迅速冲击整个体系。

C. 1. 3 多因素事故致因理论

多因素事故致因理论初步体现了系统论的观点，认为引发事故的原因不局限在一个或一类因素，而是由多个独立的原因共同导致事故的发生，事故致因是带有层级结构的“网”状分布（见图 C-2），且事故致因之间互不相关。但随着系统复杂性的提高，这种静态网状结构描述的致因理论未能体现出复杂系统事故的动态性和涌现性特征。

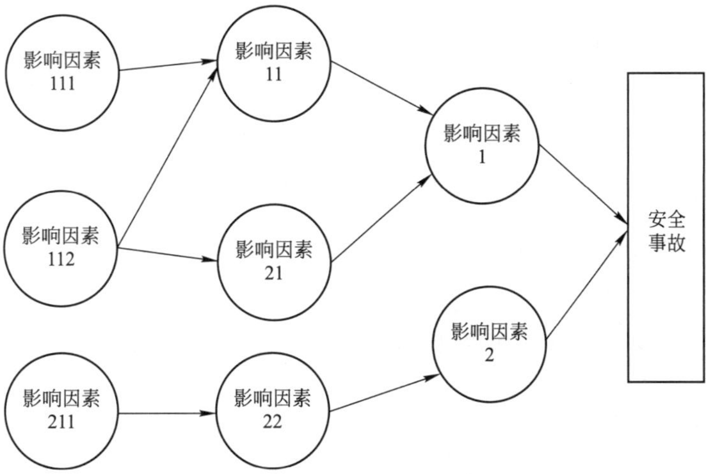

图 C-2 多因素事故致因理论

1. 轨迹交叉理论

轨迹交叉理论即为多因素事故致因理论的一种。约翰逊（W. G. Jonson）认为，判断到底是不安全行为还是不安全状态，受研究者主观因素的影响，取决于他认识问题的深刻程度。许多人由于缺乏有关失误方面的知识，把由于人失误造成的不安全状态看作是不安全行为。一起伤亡事故的发生，除了人的不安全行为之外，一定存在着某种不安全状态，并且不安全状态对事故发生作用更大些；斯奇巴（Skiba）提出，生产操作人员与机械设备两种因素都对事故的发生有影响，并且机械设备的危险状态对事故的发生作用更大些，只有当两种因素同时出现，才能发生事故。上述理论被称为轨迹交叉理论，轨迹交叉理论的主要观点是，在事故发展进程中，人的因素运动轨迹与物的因素运动轨迹的交点就是事故发生的时间和空间，即人的不安全行为和物的不安全状态发生于同一时间、同一空间，或者说人的不安全行为与物的不安全状态相通，则将在此时间、此空间发生事故。

2. 瑞士奶酪模型

瑞士奶酪模型分为两部分——“光线”和“奶酪”。“光线”即不安全因素；“奶酪”即有缺陷的组织活动，包括有缺陷的组织构成和有缺陷的干预过程两部分。其主要思想是：组织活动可以分为多个层面，每个层面都有漏洞，像多个带有孔洞的奶酪排列起来，不安全因素像一束光线，当恰好透过每个层面的某个漏洞时，事故便会发生。

瑞士奶酪模型对安全预防工作的启示是：一次安全事故的发生，总是所有环节都有漏洞且又同时被激活才导致的，只要降低事故之光透过所有奶酪片上漏孔的几率，就能降低发生事故的风险。

C.1.4 系统论事故致因理论

系统论事故致因理论认为事故的发生是一种涌现现象，根源在于复杂的部件交互导致系统结构的突变，而涌现是层次结构的跃迁，因此可以说，系统论事故致因理论是一种动态的网状结构（见图 C-3）。系统论事故致因理论体现了复杂系统中非线性、动态性、涌现性的特点，认为引发事故的原因是复杂环境中多因素的耦合作用，是基于涌现现象的动态“网”状结构，即安全事故是复杂的系统涌现现象。

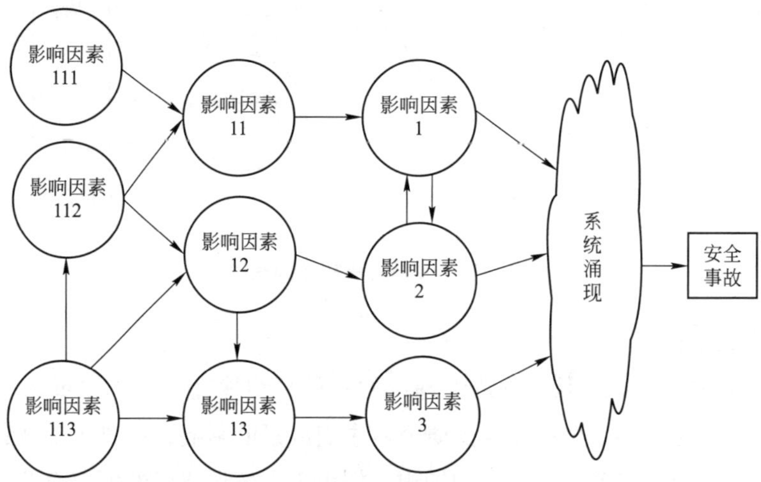

图 C-3 系统论事故致因理论

C.2 安全风险管理

建立安全风险管理体系要求告别过去单一的、静态的管理观念，用系统的观念与方法指导安全风险管理工作的开展。风险管理的目的是创造和保护价值。它提高绩效，鼓励创新，支持目标的实现。

ISO 31000 风险管理标准提供了管理组织面临的风险的指导方针。该文件提供了管理任何类型风险的通用方法，可在组织的整个生命周期内使用，并可应用于包括各级决策的任何活动。

风险管理包括风险辨识、风险评估、风险控制3个过程。

1. 风险辨识方法

目前，安全系统工程中有许多风险识别分析的方法、工具，不同的方法适用于不同的领域和风险管理过程。

根据《风险管理中风险评估技术》ISO/IEC/EN 31010—2009，适合企业生产的风险辨识方法通常包括风险信息资料收集、风险信息分析与风险信息库3个方面；此外，还需要建立风险预警机制。

（1）风险信息资料收集。风险信息资料收集一般包括两个步骤。一是收集本单位安全生产的文献资料并进行分类、归纳、整理；二是对照有关安全生产标准、法规编制检查表进行现场检查，填写风险数据清单。

（2）风险信息分析。风险信息分析指依靠生产技术人员和专家，通过对收集到的风险信息的分析、判断来辨识、确定风险来源。常用的方法有头脑风暴法、德尔菲法和幕景分析法。

（3）风险信息库建立。风险辨识数据库把历史和现场收集的资料变成可用于参照的数据。建立时要注意与传统安全管理相结合。

（4）风险预警。风险预警系统是根据所研究对象的特点，通过收集相关的资料信息，监控风险因素的变动趋势，并评价各种风险状态偏离预警线的强弱程度，向决策层发出预警信号并提前采取预控对策的系统。

2. 风险评估方法

根据风险评估的目的、获得的信息数据和资源，风险分析可以是定性的、半定量的、定量的或以上方法的组合。风险评估方法是指对系统危险、有害因素及其程度进行定性、定量的方法。一般情况下，首先采用定性评估，初步了解风险等级和揭示主要风险。适当时，进行更具体和定量的风险评估。通过风险评估，可以提出科学、合理、可行的安全对策措施建议。

《风险管理风险评估技术》推荐了一系列风险分析评估工具和技术，适合于企业安全生产的风险评估方法主要包括：风险概率估算法、事件后果估算法、预先危险性分析法、专家打分法、矩阵评价法等。

1）定性风险评估方法

定性评估的准确性既依赖于评估者丰富的实践经验，又需要扎实的技术方法和理论依据，只有两者密切结合，定性评估才能做到既快捷又可靠。

（1）风险概率定性估算法。风险事件发生的概率可以根据后验估算法或先验估算法得到，常用的有历史资料法和主观概率法。

（2）风险事件后果估算法。风险如果失控，生产中的危险点就可能转化为事故点。通常，企业在评估风险事件后果时，直接使用事故的经济损失大小及人身伤害的严重程度来衡量。一般来说，对于这种可能风险事件的后果，需要从风险损失的性质、风险损失范围的大小和风险损失的时间 3 个方面来衡量风险损失的大小。

（3）预先危险性分析法。预先危险性分析就是对危险环境和装置的主要作业区域等进行分析，常用于评价在生产中当能量失控时可能出现的危险类别、条件及可能造成的后果，如触电、高空坠落、物体打击等，是进一步进行危险分析的先导，属于定性的安全评价方法。

（4）故障假设分析法。故障假设分析法又称为故障类型及影响分析法，其思路是“如果发生了故障（what）应该怎么办（if）”。

事故预想就是针对某类作业活动或某类设备设施，预先设想其可能会发生的特定的事故的条件、状况等，当事故发生时应如何快速反应和正确处理。事故预想是防范事故的一项有力措施，是“居安思危”的一种体现，也是增强事故应变能力的一种有效的培训手段，其重要性也是全体运行人员应认识到的。

（5）危险和可操作性研究。危险与可操作性研究（HAZOP）是一种系统化、结构化的方法，以多专业团队人员的集体智慧方式，在有经验的组长主持下，采用标准化“引导词”对装置过程系统的中间变量设定“偏离”，沿偏离在系统中反向查找非正常“原因”，沿偏离在系统中正向查找不利“后果”。查找系统中针对各重要“原因-后果”对偶已有的安全措施，提出整改或新的安全措施建议。该方法全面、系统地研究系统中每一个元件，其中重要的参数偏离了指定的设计条件所导致的危险和可操作性问题。通过讨论，分析系统可能出现的偏离、偏离原因、偏离后果及对整个系统的影响。

（6）潜势风险预知方法。潜势风险预知方法，是指利用系统控制水平来评估发生严重伤害风险的可能性。显然，当严重伤害潜势风险小于系统控制水平时，则控制有效，人身伤害的可能性小；当严重伤害潜势风险大于系统控制水平时，发生伤害的可能性就大。

2）定量及半定量风险评估方法

（1）专家打分评价法。专家打分评价法是指通过匿名方式征询有关专家的意见，对专家意见进行统计、处理、分析和归纳，客观地综合多数专家的经验与主观判断，对大量难以采用技术方法进行定量分析的因素做出合理估算，经过多轮意见征询、反馈和调整后，对评价对象进行分析的方法。

（2）风险矩阵评价法。风险程度的高低主要取决于风险发生的可能性与风险影响程度两个因素。这种有两个自变量的函数关系可以用矩阵的方式来表示。风险矩阵评价方法是定性与定量相结合的方法。

（3）作业条件危险性评估法。作业条件危险性评估法（LEC）是一种衡量人们在某种具有潜在危险的环境中作业时危险性的半定量评价方法。该方法以与系统风险率有关的 3 种因素指标值之积来评价系统的人员伤亡风险的大小，并将所得作业条件危险性数值与规定的作业条件危险性等级相比较，从而确定作业条件的危险程度。

危险性可用下式表示：

$$D=L\times E\times C$$

式中：L——发生事故的可能性大小；

E——人体暴露在这种危险环境中的频繁程度；

C——一旦发生事故会造成的损失后果；

D——危险性。

（4）概率危险评价法。概率危险评价法（PRA）的主要意义是识别潜在风险，确定其可能发生的危害和后果，从而采取有效的防范手段来防止其发生，以达到减少人员伤害和财产损失的目的。

（5）模糊数学综合评价法。在安全与风险评估过程中，常常会因为缺乏某些数据，一时很难用量化的方法来描述事件，只能用定性的语言叙述。此时常用模糊数学的基础知识进行安全评估，即模糊综合评价法。铁路灾害风险评价，是复杂而新颖的研究问题，模糊综合评价为解决铁路灾害风险评估问题提供了思路和方法。

（6）多指标安全综合评价方法。该评价法具有多指标，多层次特性，能较好地处理大型复杂系统的安全评价问题，因而得到了广泛的应用。其评价步骤包括：

① 明确评价对象。

② 建立评价指标体系。

③ 定性与定量指标评价值的确定。

④ 评价指标权系数的确定。

⑤ 确定指标间合成关系，求综合评价值。

⑥ 根据评价过程得到的信息，进行系统分析和决策。

其中，最为关键的问题是指标体系的建立、指标评价值和权系数的确定及合成关系的处理。

3. 风险控制方法

风险控制是指在风险辨识和风险评估的基础上，针对企业所存在的风险因素，积极采取控制措施，以消除风险因素或减少风险因素的危险性。

1）预防性措施

预防性措施消除导致事故的因素，常用的有建立风险控制表和进行安全检查。

（1）风险控制表。辨识风险是为了控制风险。在风险原因辨识的基础上，需要建立安全风险控制表。把风险辨识中分析出来的直接原因和间接原因综合导出风险因素，分析出来的风险因素的根本原因就是管理原因，据此可导出控制措施。

（2）安全检查。安全风险管理措施的落实，要通过一系列制度、规程、规章等，运用行政监督、专业培训、人力调配、工作制度等行政手段，来规范人员在安全生产过程中的行为，来推动和加强安全风险管理，实现降低安全生产风险的目的。

2）限制性措施

限制性措施用来减轻事故的后果，常用的风险控制限制性措施有危机预警和应急管理。

（1）危机预警。在识别出危险有害因素、完成风险评估后，应建立危机预警指标，当在生产过程中各种危险接近预警指标、发生安全生产危机时，要采取相应的干预措施，避免生产事故的发生。

（2）应急管理。在完成危机预警的同时，应做好应急救援准备，为科学、及时的应急救援提供依据。

C.3 其他安全管理理论

C.3.1 人因工程理论

人因工程学（human factors engineering）是20世纪中叶发展起来的交叉学科。人因工程学理论的原理是以人为研究主体，研究人-机-环境之间的交互作用，涉及人体、心理、生理等诸多与人相关的学术领域。人因工程理论认为：人的行为受自身因素和环境的影响；同时，人的行为也对环境存在反作用。

1. 人因工程定义

人因工程学这门学科是以人为核心因素，运用心理学、生理学、解剖学、人体测量学等人体科学知识于工程技术设计和作业管理，特别是安全设计和安全管理。以人为本，着眼于提高人的工作绩效（human performance），防止人的失误（human error），在尽可能使系统中人员安全、舒适的条件下，统一考虑人-机器-环境系统总体性能的优化。

2. 人的行为原理

关于人的行为，这是一个非常复杂的问题。在工业生产过程中，人是最活跃的生产力要素，人的行为直接影响生产效率和生产安全。与机械设备在人们规定的约束条件下运转相比，人有较大的行动自由性；与机械设备性能、性能的一致性、稳定性相比，人的许多性能不如机械设备，存在明显的个体差异和不稳定。人的行为遵循“人的原理”。

3. 人失误原因

费雷尔认为，作为事故原因的人、事、物的发生，可以归结到下述3个方面的原因。

（1）超过人的能力的过负荷。

（2）与外界刺激的要求不一致的反应。

（3）由于不知道正确方法或故意采取不恰当的行为。

C. 3. 2 事故预防理论

事故预防工作范围主要是在生产和使用现场保证人员不受伤害，技术装备不受到损害。系统工程的事故预防则主要是研究预测控制和预防系统全寿命过程中发生的事故。

事故预防可以分为两种情况：对重复性事故的预防。这种预防是对发生的事故进行分析，找出事故发生的原因及相互关系，提出防范类似事故重复发生的措施，避免此类事故再次发生。此类预防方法采用传统性事故预防技术；对可能出现事故的预防。利用各种危险因素辨识方法预测出可能出现的事故，对这些事故进行预防。查出事故是由哪些危险因素组合引起的，对可能导致的事故类型进行研究，模拟事故发生的过程，提出消除危险因素的方法，避免事故的发生。

事故预防的基本方法是安全管理。海因里希认为，事故预防是为了控制人的不安全行为、物的不安全状态而开展的以某些知识、态度和能力为基础的综合性工作，系列相互协调的活动。

事故预防理论中最为经典的就是事故预防五阶段工作模型。

（1）建立健全事故预防工作组织，形成由企业领导牵头的，包括安全管理人员和安全技术人员在内的事故预防工作体系，并切实发挥其效能。

（2）通过实地调查、检查、观察及对有关人员的询问，加以认真地判断、研究。通过对事故原始记录的反复研究，收集第一手资料，找出事故预防工作中存在的问题。

（3）分析事故及不安全问题产生的原因。它包括弄清伤亡事故发生的频率、严重程度、场所、工种、生产工序、有关的工具，设备及事故类型等，找出其直接原因和间接原因，主要原因和次要原因。

（4）针对分析事故和不安全问题得到的原因，选择恰当的改进措施。改进措施包括工程技术方面的改进对人员说服教育、人员调整、制定及执行规章制度等，生产作业条件的安排。

（5）实施改进措施。通过工程技术措施实现机械设备、生产作业条件的安全，消除物的不安全状态，通过人员调整、教育、训练消除人的不安全行为。作业实施过程中要进行监督。

C. 3. 3 系统安全管理理论

1. 系统安全管理的目的

系统安全管理是管理工作的重要组成部分，其主要目的在于建立系统安全程序要求，保证系统安全任务和活动计划的实施和完成，并使之与全面的系统程序要求相一致。

2. 系统安全管理的主要目标

系统安全管理最初由我国国家建材局提出并推行，系统安全管理的主要目标是在任务和程序要求相一致的条件下，取得最大程度的安全，并保证管理部门在进行试验、制造、运行及决策之前能充分了解剩余风险，从而在决策时予以重视。

3. 系统安全管理的四个主要阶段

系统安全管理的 4 个主要阶段如下。

（1）计划阶段，确定系统目标和系统安全任务，决定达到目标的方法。

（2）组织阶段，确定执行任务的人选，进行任务和活动的管理分配。

（3）指导阶段，在进行权力分配时，主要考虑各部门的不同责任，基层管理部门主要负责并及时完成安全任务的大多数，系统安全管理部门则负责系统安全任务及使高层管理部门认识剩余风险等。

（4）控制阶段，主要有 4 个部分：测量系统输出，将其与理想输出做出比较，当有重大差异时加以矫正，当符合要求时继续正常工作。

附录 D　常用安全评价方法

常用安全评价方法见表 D-1。

表 D-1 常用安全评价方法

评价方法 （英文名称）	评价目标	定性/ 定量	方法特点	适用范围	应用条件	优、缺点
安全检查表法 （safety checklist analysis，SCA）	危险有害因素分析、安全等级	定性、半定量	① 检查表的编制系统全面，可全面查找危险、有害因素，避免了传统安全检查中易遗漏、疏忽的弊端； ② 检查表中体现了法规、标准的要求，使检查工作法规化、规范化； ③ 针对不同的检查对象和检查目的，可编制不同的检查表，应用灵活广泛； ④ 检查表简明易懂，易于掌握，检查人员按表逐项检查，操作方便可用，能弥补其知识和经验不足的缺陷； ⑤ 编制安全检查表的工作量及难度较大，检查表的质量受制于编制者的知识水平及经验积累	各类系统的设计、验收、运行、管理、事故调查	有事先编制的各类检查表，有赋分、评级标准	① 能够事先编制，故可有充分的时间组织有经验的人员来编写，做到系统化、完整化，不至于漏掉能导致危险的关键因素； ② 可以根据规定的标准、规范和法规，检查遵守的情况，提出准确的评价； ③ 表的应用方式是有问有答，给人的印象深刻，能起到安全教育的作用。表内还可注明改进措施的要求，隔一段时间后重新检查改进情况； ④ 简明易懂，容易掌握； ⑤ 只能作定性的评价，不能给出定量评价结果； ⑥ 只能对已经存在的对象评价
预先危险性分析法 （pre-eminently hazard analysis，PHA）	危险有害因素分析、危险性等级	定性	讨论分析系统存在的危险、有害因素、触发条件、事故类型，评定危险性等级	各类系统设计、施工、生产、维修前的概略分析和评价	分析评价人员熟悉系统，有丰富的知识和实践经验	简便易行；受分析评价人员主观因素影响
故障假设分析法 （what…if）	故障等级、事故概率	定性	创造性的分析方法，通过提问（故障假设）的方式来发现可能潜在事故隐患	系统工艺、操作过程	分析评价人员熟悉系统，有丰富的知识和实践经验	简便易行，各阶段均可采用；受分析评价人员主观因素影响
事件树 （event tree analysis，ETA）	事故原因触发条件、事故概率	定性、定量	归纳法，由初始事件判断系统事故原因及条件内各事件概率，计算系统事故概率	各类局部工艺过程、生产设备、装置事故分析	熟悉系统、元素间的因果关系、有各事件发生概率数据	简便易行，便于安全教育；只有“是/否”两种状态，不适合两种以上状态系统

续表

评价方法（英文名称）	评价目标	定性/定量	方法特点	适用范围	应用条件	优、缺点
故障类型和影响分析（failure mode and effects analysis，FMEA）	故障（事故）原因、影响程度等级	定性	列表、分析系统（单元、元件）故障类型、故障原因、故障影响评定影响程序等级	机械电气系统、局部工艺过程、事故分析	同安全检查表（SCA），有根据分析要求编制的表格	需要他人进行审查，保证完整性；评价人员熟悉设备有要求
故障类型和影响危险性分析（failure modes effects and criticality analysis，FMECA）	故障原因、故障等级、危险指数	定性、定量	在 FMEA 基础上，由元素故障概率，系统重大故障概率计算系统危险性指数	机械电气系统、局部工艺过程、事故分析	同 FMEA，有元素故障率、系统重大故障（事故）概率数据	较 FMEA 复杂、精确
事故树（fault tree analysis，FTA）	事故原因、事故概率	定性、定量	演绎法，由事故和基本事件逻辑推断事故原因，由基本事件概率计算事故概率	宇航、核电、工艺、设备等复杂、系统事故分析	熟练掌握方法和事故、基本事件间的联系，有基本事件概率数据	精确，分析过程也是解决过程；复杂、工作量大、事故树编制易有误、易失真
作业条件危险性评价法（job risk analysis，JRA）	危险性等级	定性、半定量	按规定对系统的事故发生可能性、人员暴露状况、危险程序赋分，计算后评定危险性等级	各类生产作业条件	赋分人员熟悉系统，对安全生产有丰富知识和实践经验	简便、实用、醒目；依据经验确定，局部评价，不能普遍适用
道化学公司危险指数法（dow hazard index，DOW）	火灾、爆炸危险性等级，事故损失	定量	根据物质、工艺危险性计算火灾爆炸指数，判定措施前后系统整体危险性，由范围、单元破坏系数计算系统整体损失	生产、贮存、处理燃爆、化学活泼性、有毒物质的工艺过程及其他有关工艺系统	熟练方法、系统、知识丰富和良好的判断能力，须有各类企业装置经济损失目标值	大量使用图表，简捷明了，参数取位宽，因人而异，只能对系统整体宏观评价
蒙德危险指数法（mond index，MOND）	火灾、爆炸、毒性及系统整体危险性等级	定量	由物质、工艺、毒性、布置危险计算采取措施前后的火灾、爆炸、毒性和整体危险性指数，评定各类危险性等级	生产、贮存、处理燃爆、化学活泼性、有毒物质的工艺过程及其他有关工艺系统	熟练掌握方法、熟悉系统、有丰富知识和良好的判断能力	较道化学公司危险指数法更为全面，突出毒性对评价单元的影响，强调企业管理，只能对系统整体宏观评价
荷兰单元危险性快速排序法（unit hazard index quick sort）	危险性等级	定量	由物质、毒性系数、工艺危险性系数计算火灾爆炸指数和毒性指标，评定单元危险性等级	同 DOW 法的适用范围	熟悉系统、掌握有关方法、具有相关知识和经验	是 DOW 法的简化方法。简捷方便、易于推广

续表

评价方法（英文名称）	评价目标	定性/定量	方法特点	适用范围	应用条件	优、缺点
日本劳动省六阶段法	危险性等级	定性、定量	定性（安全检查表法）、定量（ETA，FTA）的综合性评价	化工厂和有关装置	熟悉系统、掌握有关方法、具有相关知识和经验有类比资料	综合型安全评价，准确性高、工作量大
危险性与可操作性研究（hazard and operability study，HAZOP）	偏离及其原因、后果，系统影响	定性	通过讨论，分析系统可能出现的偏离、偏离原因、偏离后果及对整个系统的影响	化工系统、热力、水力系统的安全分析	分析评价人熟悉系统，有丰富的知识和实践经验	必须由小组完成，受主观因素影响
固有危险性评价法（inherent risk assessment）	危险有害分析、危险性等级	定性	对工艺过程中每一种反应物、产物及中间产物的风险进行分析，来降低系统的固有风险	用于工艺设计初期	工艺过程划分为一些基础单元，通过总结问题得出结论	提出本质安全建议；只对物质，不可避免地会遗漏其他方面的风险
原因后果分析法（cause-consequence analysis，CCA）	事故原因触发条件、事故概率	定性	通过绘制原因-后果图来进行系统或装置的风险分析和评价	适用设计、日常运行、事故调查等对象进行评价	由因果图确定结果，然后从主要原因、次要原因一层层地进行分析，直到基本原因	用简单的模型来表示事故的原因和后果；受分析评价人员主观因素影响
概率风险评估（probability risk assessment，PRA）	事故发生概率、风险等级	定性定量	以事件树和故障树为核心，定性评估与定量计算相结合的风险分析方法	宇航、核电、工艺、设备等复杂、系统安全分析	运用主逻辑图 master logic diagram、ETA、FTA 进行综合评估	全面、客观；复杂、工作量大，需要大量事故数据支持
层次分析法（analytic hierarchy process，AHP）	确定系统综合安全等级	定性定量	把问题层次化，分解为不同的组成因素，最终归结为最底层（方案措施）相对于最高层（总目标）的相对重要性权值的确定或排序问题	适用于多准则、多目标的复杂问题的决策分析	模型与原型有相似关系，必须撇开研究对象的次要成分或过程，明确相互关系、隶属关系、范围	适应生产系统非线性本质，定量数据要求少；只能判断最优方案，不能提供新方案

续表

评价方法（英文名称）	评价目标	定性/定量	方法特点	适用范围	应用条件	优、缺点
模糊数学综合评价法（fuzzy mathematics comprehensive assessment, FMCA）	安全等级	半定量	利用模糊矩阵运算的科学方法，对于多个子系统和多因素进行综合评价	集模糊性与随机性为一体的、多准则的综合评价	评价人员熟悉系统，对安全生产有丰富知识和实践经验	适应生产系统非线性本质；计算复杂，对指标权重矢量的确定主观性较强
神经网络综合评价法（artificial neural networks, ANNs）	综合安全等级	定量	模拟生物神经系统结构、由大量处理单元组成的非线性自适应动态系统，可在不同程度和层次上模仿大脑的信息处理机制	非正态分布、非线性的评估	评价人员熟悉对象，具有安全知识、实践经验、风险分析工具使用、维护能力	适应生产系统非线性本质；随机性强，调试需要大量人力和时间

参 考 文 献

[1] 张景林，林柏泉．安全学原理［M］．北京：中国劳动社会保障出版社，2009.

[2] 傅贵．安全管理学：事故预防的行为控制方法［M］．北京：科学出版社．2013.

[3] 陈宝智，张培红．安全原理［M］．3 版．北京：冶金工业出版社，2016.

[4] 金龙哲，汪澍．安全学原理［M］．2 版．北京：冶金工业出版社，2018.

[5] 王成林．文化的力量：中国铁路安全制度文化选择与建设介评［M］．北京：新华出版社，2010.

[6] 丁圻塄．中国铁路安全志［M］．上海：上海交通大学出版社，2012.

[7] 孔庆春．铁路交通事故应急救援［M］．2 版．北京：中国铁道出版社，2013.

[8] 宋守信．铁路安全风险管理核心理论与关键技术［M］．北京：北京交通大学出版社，2013.

[9] 董锡明．轨道交通安全风险管理［M］．北京：中国铁道出版社，2014.

[10] 张敬文．铁路运输法律法规［M］．北京：人民交通出版社，2015.

[11] 齐凤，薜贵明．铁路运输法规［M］．北京：北京交通大学出版社，2018.

[12] 国家安全生产监督管理总局．中国安全生产年鉴 2004［M］．煤炭工业出版社，2005.

[13] 国家安全生产监督管理总局．中国安全生产年鉴 2005［M］．煤炭工业出版社，2006.

[14] 国家安全生产监督管理总局．中国安全生产年鉴 2006［M］．煤炭工业出版社，2007.

[15] 国家安全生产监督管理总局．中国安全生产年鉴 2007［M］．煤炭工业出版社，2008

[16] 国家安全生产监督管理总局．中国安全生产年鉴 2008［M］．煤炭工业出版社，2009.

[17] 国家安全生产监督管理总局．中国安全生产年鉴：2009［M］．煤炭工业出版社，2010.

[18] 国家安全生产监督管理总局．中国安全生产年鉴：2010［M］．煤炭工业出版

社，2011.

［19］国家安全生产监督管理总局．中国安全生产年鉴：2011［M］．煤炭工业出版社，2012.

［20］国家安全生产监督管理总局．中国安全生产年鉴：2012［M］．煤炭工业出版社，2013.

［21］国家安全生产监督管理总局．中国安全生产年鉴：2013［M］．煤炭工业出版社，2014

［22］国家安全生产监督管理总局．中国安全生产年鉴：2014［M］．煤炭工业出版社，2015.

［23］国家安全生产监督管理总局．中国安全生产年鉴：2015［M］．煤炭工业出版社，2016.

［24］国家安全生产监督管理总局．中国安全生产年鉴：2016［M］．煤炭工业出版社，2017.

［25］张耀威．铁路货运安全设备中智能控制电路的应用［J］．铁道运营技术，1999（1）：14-15.

［26］孙美，徐文荣，郭年根，等．GJS 在铁路工务方面的应用［J］．铁路计算机应用，2001（10）：21-24.

［27］崔丽萍．加强标准化管理 确保安全运输生产［J］．铁道技术监督，2001（10）：6-7.

［28］吕长清，李文耀．中国铁路运输安全工作的回顾与思考［J］．铁道运输与经济，2002（8）：26-29.

［29］张栋波，马修真．瑞典铁路安全设施的特点及发展趋势［J］．大连铁道学院学报，2002（3）：94-96.

［30］杨倩．规范管理 强基达标 确保铁路运输安全：2002 年全国铁路运输安全工作会议综述［J］．中国铁路，2003（1）：17-20.

［31］陈万金，刘素霞，杨涛．安全投入统计指标体系探讨［J］．中国安全科学学报，2004（7）：41-45.

［32］张中五，程永吉．提高设备可靠性 确保铁路运输安全［J］．机械管理开发，2004（2）：119-122.

［33］陈全君．企业安全投入及其指标体系的构建研究［J］．中国煤炭，2005（9）：77-79.

［34］张殿业，金键，杨京帅．铁路运输安全理论与技术体系［J］．中国铁道科学，2005，26（3）：114-118.

［35］王海新．建立铁路行车设备安全隐患指数体系的构想［J］．上海铁道科技，2006（1）：14-17.

［36］刘海莺．中国铁路业规制改革研究［D］．沈阳：辽宁大学，2007.

[37] 戴建勇，刁春聪. 机车上行车安全设备的发展及应用 [J]. 科技资讯，2007 (21)：40-41.

[38] 王小峰. 基于 RCM 的铁路牵引供电设备维修模式的研究 [D]. 成都：西南交通大学，2008.

[39] 陈鲁. 2003—2007 年铁路劳动安全工作回顾和下步工作思考 [J]. 铁道劳动安全卫生与环保，2008 (2)：54-57.

[40] 李磊. 铁路运营安全经济分析 [D]. 成都：西南交通大学，2008.

[41] 彭新. 基于免疫机理的事故主动预防研究 [D]. 湘潭：湖南科技大学，2009.

[42] 李晓建，尹成斐，唐永康. 朔黄重载铁路建设与运营技术 [J]. 神华科技，2009，7 (1)：59-63.

[43] 孙汉武. 铁路安全检查监测保障体系及其应用研究 [D]. 成都：西南交通大学，2010.

[44] 康高亮. 高速铁路工务运营维护与管理 [J]. 中国铁路，2010 (12)：29-33.

[45] 孙晋麟. 日本铁路安全管理体制及启示 [J]. 中国铁路，2011 (3)：73-75.

[46] 秦晓旺. 规避事后假如 严把事先预控：对铁路安全风险管理的认识与思考 [C] // 第三届铁路安全风险管理及技术装备研讨会论文集(中册). 北京：中国铁道学会，2012：528-531.

[47] 高岩，王德，曹宪光，等. 铁路安全风险管理及其有效实施的支撑条件 [J]. 中国铁路，2012 (4)：2-6.

[48] 王令朝. 对铁路安全风险管理工作的思考 [J]. 铁道技术监督，2013，41 (8)：34-37.

[49] 黄洪超. 铁路安全风险管理及其有效实施的条件探索 [J]. 物流工程与管理，2013，35 (1)：176-177.

[50] 赵有明，刘潍清，方鸣. 欧盟铁路行业安全管理框架研究 [J]. 中国铁路，2013 (12)：102-107.

[51] 李凤玲. 美国铁路安全管理法律法规体系及启示 [J]. 中国铁路，2013 (11)：99-101.

[52] 蒋荟. 基于信息融合的铁路行车安全监控体系及关键技术研究 [D]. 北京：中国铁道科学研究院，2013.

[53] 柳景. 关于铁路设备安全管理的分析和思考 [J]. 工程建设标准化，2014 (11)：164.

[54] 刘春青，闫笑鸣，徐世东，等. 欧盟铁路系统技术法规体系构建初探 [J]. 中国标准化，2014 (12)：59-64.

[55] 宋勰. 铁路危险货物运输安全设备设施标准研究：以山东寿光鲁清石化物流有限公

司铁路专用线工程为例［J］. 城市建设理论研究（电子版），2014，4（28）.
［56］张鹏，刘敬辉，吕峰，等. 欧美铁路安全管理模式的分析及启示［J］. 铁道运输与经济，2014，36（11）：40-44.
［57］王霞. 航空公司安全投入决策系统动力学研究［C］//中国系统工程学会. 中国系统工程学会第十八届学术年会论文集：A08 系统工程方法论在社会经济发展中的应用. 合肥：中国系统工程学会，2014：16-17.
［58］冯治钧. 企业安全投入优先次序研究［D］. 沈阳：沈阳航空航天大学，2013.
［59］吕峰. 铁路安全风险管理对策的探讨［J］. 铁道运输与经济，2014，36（12）：38-41.
［60］黄钢. 我国铁路安全风险管理持续发展的研究与思考［J］. 铁道运输与经济，2014，36（9）：1-6.
［61］张超. 铁路安全风险管理及其有效实施的条件探索［J］. 科技传播，2014，6（17）：202.
［62］安治业，戴贤春，刘敬辉，等. 高速铁路运营安全风险控制研究［J］. 铁道运输与经济，2014，36（1）：22-27.
［63］王华东. 铁路车务设备安全管理的研究与探讨［J］. 科技视界，2014（26）：265.
［64］刘全照. 电气化铁路设备安全管理制度的分析［J］. 山东工业技术，2015（2）：257.
［65］赵有明. 高速铁路基础设施服役状态检测技术［J］. 铁道建筑，2015（10）：1-6.
［66］李凤玲，王晓刚. 美国铁路安全监管体制研究［J］. 中国铁路，2015（4）：111-114.
［67］崔艳萍，马欣然. 欧洲铁路行业安全管理的启示［J］. 铁道运输与经济，2015，37（4）：59-63.
［68］杜磊. 铁路企业安全文化体系的构建［D］. 兰州：兰州交通大学，2015.
［69］杨洋. 日本铁路运输安全立法研究［D］. 北京：北京交通大学，2016.
［70］胡月. 铁路安全风险管理及其有效实施的条件探索［J］. 民营科技，2016（6）：116.
［71］杨国礼. 针对铁路安全风险管理持续发展的研究与思考［J］. 黑龙江科技信息，2016（4）：283.
［72］谢冰. 基于铁路安全监督管理信息平台的机车设备风险管理探索研究［J］. 黑龙江科技信息，2016（6）：133.
［73］佘振国，史天运，宁静，等. 铁路安全监测信息整合应用研究［C］//中国智能交通协会. 第十一届中国智能交通年会大会论文集. 北京：中国智能交通协会，2016：606-613.
［74］唐忠江. 铁路信号设备安全管控研究［D］. 中国铁道科学研究院，2016.
［75］李海荣. 铁路牵引供电设备检修运行分析［J］. 科技风，2017（3）：137.

[76] 关则彬．铁路安全风险预警系统研究［J］．铁道运输与经济，2017，39（12）：49-54.
[77] 刘航．关于交通运输部推进交通运输安全体系建设［J］．现代国企研究，2017（22）：134.
[78] 严倩．交通运输企业安全管理体系构建分析［J］．民营科技，2017（5）：105.
[79] 李速明，刘敬辉，马俊琦．铁路安全风险管理现状及发展研究［J］．铁道技术监督，2017，45（5）：32-37.
[80] 王宇光，刘敬辉．中外铁路安全管理体系比较分析［J］．铁道技术监督，2017，45（6）：1-6.
[81] 康宏．对民航企业安全投入的经济贡献率的分析［J］．纳税，2017（28）：133.
[82] 魏嘉怡，张来斌，郑文培，等．基于蝴蝶结模型的海上钻井井漏事故分析［J］．中国海洋平台，2017，32（6）：74-79.
[83] 李纲，柳明飞，吴青，等．基于蝴蝶结模型的科研团队角色识别及其特征研究［J］．图书情报工作，2017，61（5）：87-94.
[84] 王志刚．中美铁路安全法规制度比较及借鉴［J］．中国安全科学学报，2018，28（S2）：11-16.
[85] 张雅莉．铁路运输的安全管理研究［J］．工程技术研究，2018（1）：173-174.
[86] 范郑庭．铁路安全生产事故隐患排查治理分析［J］．科技风，2018（32）：101.
[87] 刘宏，李宗元，张兵建．铁路电务设备生命周期管理及应用研究［J］．铁道通信信号，2018，54（12）：18-21.
[88] 缪孝宏．轨道车运行控制设备安全运用管理［J］．铁路节能环保与安全卫生，2018，8（5）：273-275.
[89] 柴亚武，王雪晴．全生命周期视角下的铁路运输设备采购与价格管理研究［J］．铁路采购与物流，2019，14（2）：23-26.
[90] 张鹏，原亮明．铁路运营安全风险和隐患双重预防模型［J］．中国安全科学学报，2019，29（S1）：163-167.
[91] 吴艳艳．铁路运输安全管理体系构建［J］．新教育时代·教师版，2019（3）.
[92] 刘宁．铁路新职工安全培训工作的思考与建议［J］．铁路节能环保与安全卫生，2019，9（5）：45-48.
[93] 李红霞，杨阳．煤炭企业安全投入对企业绩效影响研究：基于股权集中度的调节作用［J］．财会通讯，2019（24）：90-94.
[94] 程希．安全经济学在铁路运输生产方面应用的探讨［J］．中国安全科学学报，2019，29（S1）：5-10.
[95] 铁道部计划司．1995年铁路运输生产建设统计公报［J］．中国铁路，1996（4）：1-2.
[96] 铁道部计划司．1996年铁路运输生产建设统计公报［J］．中国铁路，1997（3）：6-7.

［97］铁道部计划司．1997 年国家铁路运输生产建设统计公报［J］．中国铁路，1998（3）：1-2.

［98］铁道部统计中心．1998 年国家铁路运输生产建设统计公报［J］．中国铁路，1999（4）：1-2.

［99］铁道部统计中心．1999 年国家铁路运输生产建设统计公报［J］．中国铁路，2000（4）：55-56.

［100］铁道部统计中心．2000 年国家铁路统计公报［J］．中国铁路，2001（4）：55-56.

［101］铁道部统计中心．2001 年铁道统计公报［J］．中国铁路，2002（5）：15-16.

［102］铁道部统计中心．2004 年铁道统计公报［J］．铁道运输与经济，2005，27（4）：87-91.

［103］铁道部统计中心．中华人民共和国铁道部 2005 年铁道统计公报［J］．中国铁路，2006（3）：11-13，35. DOI：10. 3969/j. issn. 1001-683X. 2006. 03. 003.

［104］铁道部统计中心．中华人民共和国铁道部 2006 年铁道统计公报［J］．中国铁路，2007（3）：28-33. DOI：10. 3969/j. issn. 1001-683X. 2007. 03. 007.

［105］铁道部统计中心．中华人民共和国铁道部 2007 年铁道统计公报［J］．中国铁路，2008（3）：21-24，42. DOI：10. 3969/j. issn. 1001-683X. 2008. 03. 003.

［106］铁道部统计中心．中华人民共和国铁道部 2008 年铁道统计公报［J］．中国铁路，2009（6）：3-9. DOI：10. 3969/j. issn. 1001-683X. 2009. 06. 002.

［107］铁道部统计中心．中华人民共和国铁道部 2009 年铁道统计公报［J］．中国铁路，2010（4）：14-20. DOI：10. 3969/j. issn. 1001-683X. 2010. 04. 003.

［108］铁道部统计中心．中华人民共和国铁道部 2010 年铁道统计公报［J］．中国铁路，2011（6）：5-9. DOI：10. 3969/j. issn. 1001-683X. 2011. 06. 002.

［109］铁道部统计中心．中华人民共和国铁道部 2011 年铁道统计公报［J］．中国铁路，2012（5）：9-14. DOI：10. 3969/j. issn. 1001-683X. 2012. 05. 002.